联合均值与方差模型

吴刘仓　徐登可　张忠占　著

科学出版社

北　京

内 容 简 介

本书系统介绍联合均值与方差模型及其拓展模型的理论、方法和应用. 内容主要包括: 联合均值与方差模型的参数极大似然估计、变量选择、经验似然推断方法、缺失数据分析、基于频率和 Bayes 下统计诊断研究. 偏态(SN, StN)数据下联合位置与尺度模型和联合位置、尺度与偏度模型的参数极大似然估计、变量选择、缺失数据分析、统计诊断研究. 双重广义线性模型的经验似然推断、缺失数据分析、变量选择. 此外, 还介绍了这些模型的理论和方法在生物医学、产品的质量管理与控制、经济和金融学、产品设备的性能改进等领域的若干具体实际应用.

本书可作为统计学、生物医学、质量管理与控制、经济和金融中的风险管理、测量仪器或加工设备的精度提高或性能改进等相关专业研究生的教学参考书, 也可供相关专业的教师、科技人员和统计工作者参考.

图书在版编目(CIP)数据

联合均值与方差模型/吴刘仓, 徐登可, 张忠占著. —北京: 科学出版社, 2019.1

ISBN 978-7-03-059218-7

I. ①联⋯ II. ①吴⋯ ②徐⋯ ③张⋯ III. ①方差-统计模型 IV. ① C815

中国版本图书馆 CIP 数据核字(2018) 第 244266 号

责任编辑: 李 欣 李香叶 / 责任校对: 杨聪敏
责任印制: 吴兆东 / 封面设计: 陈 敬

科 学 出 版 社 出版

北京东黄城根北街 16 号
邮政编码: 100717
http://www.sciencep.com

北京虎彩文化传播有限公司印刷

科学出版社发行 各地新华书店经销

*

2019 年 1 月第 一 版 开本: 720 × 1000 1/16
2024 年 2 月第三次印刷 印张: 12 1/4
字数: 247 000

定价: 88.00 元
(如有印装质量问题, 我社负责调换)

前　言

联合均值与方差模型是 20 世纪 80 年代发展起来的一类重要的统计模型, 该模型既可对均值参数建模, 同时又可对方差参数建模, 相比单纯的均值回归模型具有更大的适应性, 可以概括和描述众多的实际问题. 在特别关注方差或波动的领域, 如产品的质量改进试验、经济和金融中风险管理、测量仪器或加工设备的精度提高等领域具有广泛的应用. 一方面, 该模型的一个特点是对方差的重视, 它能更好地解释数据变化的原因和规律, 这是数据分析中的一个重要的发展趋势. 这种思想也体现在质量管理方面, 比如日本田口学派的一个重要贡献是控制产品性能指标的方差. 控制产品性能指标的期望只表明平均来说产品性能指标合乎要求. 但若方差比较大, 则相当一部分产品仍然不合格, 因而控制方差的大小就与产品的合格率发生了紧密的联系. 另一方面, 为了研究影响方差的因素, 从而有效地控制方差, 有必要建立关于方差参数的模型. 联合均值与方差模型的实际背景主要来源于产品的质量改进试验, 典型的例子就是试验设计中的田口方法, 它是日本田口玄一 (Genichi Taguchi) 所创立的一种以低廉的成本实现高性能产品的稳健设计方法. 其基本观点是产品的质量高不仅表现在出厂时能让顾客满意, 而且在使用过程中给顾客和社会带来的损失要小. 用统计的语言描述就是, 使期望达到要求, 同时方差尽量小. 这便引出了均值和方差的同时建模问题. 用所建立的模型来选择使波动达到最小而均值达到要求的设计变量的实施条件. 然而, 为了更全面准确、更及时有效地分析复杂异方差数据, 本书从复杂数据和复杂模型的角度, 针对联合均值与方差模型建立了一套系统处理复杂异方差数据的统计推断方法, 重点研究了缺失数据、偏态数据等复杂数据下复杂联合均值与方差模型的估计理论、统计诊断、变量选择和经验似然推断方法及结合金融、经济、社会科学、气候科学、环境科学、工程技术和生物医学等学科中的一些实际复杂异方差数据作相关统计分析, 解释和分析这些学科中的复杂现象, 为这些学科的研究和发展提供了新的统计分析方法, 拓展和丰富了联合均值与方差模型的理论与方法.

我们希望本书的出版能引起回归分析、产品的质量管理与控制、经济和金融中风险管理、测量仪器或加工设备的精度提高等关注方差或波动领域方面的学者和实际使用者的兴趣. 特别地, 第 2—6 章的部分内容还可以继续深入研究, 希望有兴趣的读者通过本书的介绍能在相关领域进行进一步的研究工作. 全书共六章, 第 1 章主要介绍了联合均值与方差模型及其推广, 同时介绍了本书用到的变量选择方法、经验似然推断方法、统计诊断方法和缺失数据分析. 第 2 章研究了基于正态数据下联合均值与方差模型的变量选择、响应变量随机缺失下的参数估计方法、经验似然推断方法、统计诊断方法. 第 3 章研究了基于偏正态数据和偏 t 正态数据下联合位置与尺度模型的变量选择. 特别地, 对偏正态数据下联合位置与尺度模型深入研究了统计诊断和响应变量随机缺失的参数估计方法. 第 4 章研究了基于 Box-Cox 变换下联合均值与方差模型的变量选择方法和变换参数的截面极大似然估计. 第 5 章研究了双重广义线性模型的经验似然推断和响应变量随机缺失下的参数估计方法以及 t 型双重广义线性模型的变量选择. 第 6 章分别研究了基于偏正态数据和偏 t 正态数据下联合位置、尺度与偏度模型的变量选择方法.

　　本书的出版得到了国家自然科学基金项目 (11861041, 11261025, 11771032, 11301485) 和昆明理工大学应用统计学科团队建设项目 (14078358), 浙江省自然科学基金项目 (LY17A010026) 经费的支持, 特此表示衷心感谢! 本书写作过程中, 自始至终得到科学出版社的关心与帮助, 特别要感谢李欣编辑, 她对本书的写作与出版都给予了大力的支持与帮助, 特此表示衷心感谢!

　　由于作者水平有限, 书中难免有不妥之处, 敬请同行专家、学者和广大读者批评指正.

吴刘仓　徐登可　张忠占

2018 年 8 月

目　　录

第1章 绪　　论

1.1 模　　型

经典的回归模型中, 观测值的方差齐性是一个基本的假定. 在此假定下, 方可进行常规的统计推断. 然而在大多数社会经济现象和质量改进试验中, 存在大量的异方差数据, 所以这种假定不一定成立. 若方差非齐, 我们称为异方差. 处理异方差的方法常见的有两类. 第一类, 数据变换法, 如方差稳定化变换和经典的 Box–Cox 变换. 经过变换后转化为同方差处理. 第二类, 方差建模法. 不仅对均值而且也对方差建立统计模型, 称为异方差回归模型, 我们称为联合均值与方差模型. 因为, 一方面, 在许多应用领域, 特别在经济领域和工业产品的质量改进试验中, 非常有必要对方差建模, 以便更好地了解方差的来源, 达到有效控制方差. 例如, 田口玄一的稳健试验设计. 另一方面, 方差建模本身具有科学意义, 而且对有效估计和正确推断均值参数起到非常关键的作用 (Carroll, 1987; Carroll and Ruppert, 1988). 所以, 方差建模与均值建模具有同等重要的地位. 相比均值建模, 方差建模研究处于起步阶段.

1.1.1 线性回归模型

线性回归模型, 又称为线性模型, 是现代统计学中理论最丰富、应用最广泛的重要分支. 随着高速计算机的日益普及, 在生物、医学、经济、管理、农业、工业、工程技术等领域的应用获得了长足的发展 (Chatterjee and Hadi, 2006; Searle, 1971; Rao and Toutenburg, 1995; Wang and Chow, 1994; Christensen, 1987; 王松桂等, 2004).

正态线性模型的形式如下:

$$\begin{cases} y_i = x_i^{\mathrm{T}}\beta + \varepsilon_i, \\ \varepsilon_i \sim N(0, \sigma^2), \\ i = 1, 2, \cdots, n. \end{cases} \tag{1.1.1}$$

其中 $x_i = (x_{i1}, \cdots, x_{ip})^{\mathrm{T}}$ 是 p 维解释变量, y_i 是其相应的响应变量, $\beta = (\beta_1, \cdots, \beta_p)^{\mathrm{T}}$ 是 p 维未知回归参数, T 是转置.

由于正态线性回归模型的回归函数部分仅回归参数 β 是未知的, 因此若得到 β 的估计, 则自然也得到了回归函数的估计, 从而可以进行统计预测和决策. 在正态线性回归模型下, 估计 β 的常用方法是极大似然估计法, 在观测样本 $(y_i, x_{i1}, x_{i2}, \cdots, x_{ip})$, $i = 1, \cdots, n$, β 的极大似然估计可以表达为

$$\hat{\beta} = \left(\sum_{i=1}^{n} x_i x_i^{\mathrm{T}} \right)^{-1} \sum_{i=1}^{n} x_i y_i.$$

线性回归模型的回归函数形式较为简单, 估计方便, 且由于该模型仅依赖于有限个回归参数, 因此当实际问题与假设模型较为接近时, 其统计推断往往具有较高的精度. 然而, 为准确、及时地分析来自各个领域的复杂现象, 一方面发展了大量有效的复杂模型, 比如: 非参数回归模型、半参数回归模型、变系数回归模型和部分线性变系数回归模型等. 但这些模型本质上都是对响应变量的均值建模, 把方差看作讨厌参数. 另一方面, 因为正态线性回归模型观测值的方差齐性是一个基本的假定, 在此假定下, 方可进行常规的统计推断. 然而在大多数社会经济现象中, 存在大量的异方差数据, 所以观测值的方差齐性这种假定有时并不切合实际. 而在许多应用领域, 特别在经济领域和工业产品的质量改进试验中, 非常有必要对方差建模, 以便更好地了解方差的来源, 达到有效控制方差. 此外, 方差建模本身具有科学意义, 而且对有效估计和正确推断均值参数起到非常关键的作用 (Carroll, 1987; Carroll and Ruppert, 1988). 所以, 方差建模与均值建模具有同等重要的地位. 近些年来, 同时对均值和方差建模引起了许多统计学者的研究兴趣. 下面介绍本书研究的模型.

1.1.2 联合均值与方差模型

Park(1966) 首次研究提出了联合均值与方差模型:

$$\begin{cases} y_i \sim N(\mu_i, \sigma_i^2), \\ \mu_i = x_i^{\mathrm{T}} \beta, \\ \log \sigma_i^2 = z_i^{\mathrm{T}} \gamma, \\ i = 1, 2, \cdots, n. \end{cases} \qquad (1.1.2)$$

其中 $x_i = (x_{i1}, \cdots, x_{ip})^{\mathrm{T}}$ 和 $z_i = (z_{i1}, \cdots, z_{iq})^{\mathrm{T}}$ 是解释变量, y_i 是其相应的响应变量, $\beta = (\beta_1, \cdots, \beta_p)^{\mathrm{T}}$ 是 $p \times 1$ 的均值模型的未知参数向量, $\gamma = (\gamma_1, \cdots, \gamma_q)^{\mathrm{T}}$ 是 $q \times 1$ 的方差模型的未知参数向量. z_i 包含一些或者所有 x_i 和其他不在 x_i 的变量, 即均值模型和方差模型可能包含不同的解释变量或者相同的一些解释变量, 包含相同的解释变量但存在不同的影响方式. 注意 $x = (x_1, \cdots, x_n)^{\mathrm{T}}$ 和 $z = (z_1, \cdots, z_n)^{\mathrm{T}}$ 是解释变量矩阵. 当 $\sigma_i^2 = \sigma^2 (i = 1, 2, \cdots, n)$ 时, 该模型为正态线性回归模型 (1.1.1).

基于正态分布下联合均值与方差模型的研究, 最近这些年已经引起了许多统计学家的研究兴趣. Park(1966) 提出刻度参数的对数线性模型, 并给出了参数的二阶

段估计; Harvey(1976) 在一般条件下讨论了均值与方差效应的极大似然估计和似然比检验; Aitkin(1987) 给出了联合均值与方差模型的极大似然估计; Verbyla(1993) 将 Park 的对数刻度参数模型推广到更一般的函数形式, 给出了参数的极大似然估计和限制极大似然估计, 并讨论了异常点的诊断问题. Engel 和 Huele(1996) 应用联合均值与方差模型得到田口玄一的稳健试验设计; Taylor 和 Verbyla(2004) 针对异常点数据研究提出了基于 t 分布下联合位置与尺度模型, 并研究了该模型参数的估计和检验问题.

第 2 章系统研究了这个模型的变量选择、经验似然推断、响应变量随机缺失下的参数估计、基于频率和 Bayes 下的统计诊断等问题, 而且本书进一步推广该模型, 考虑了缺失数据、偏态数据、尖锋厚尾数据和异常点数据的联合建模的情形, 并研究了其相应的统计推断.

1. 基于偏正态分布下联合位置与尺度模型

在实际问题中, 如金融、经济、社会科学、气候科学、环境科学、工程技术和生物医学等领域, 经常遇到研究的数量关系的响应变量具有非对称性的情形. 常伴有尖锋厚尾特征, 而且存在大量的异方差数据, 人们还非常关注方差的变化, 了解方差的来源, 所以非常有必要对方差建模, 以便更好地了解数据波动的统计变化规律.

针对偏正态 (SN) 数据, 我们研究提出如下感兴趣的基于偏正态分布下联合位置与尺度模型:

$$\begin{cases} y_i \sim \mathrm{SN}(\mu_i, \sigma_i^2, \lambda), \\ \mu_i = x_i^{\mathrm{T}} \beta, \\ \log \sigma_i^2 = z_i^{\mathrm{T}} \gamma, \\ i = 1, 2, \cdots, n. \end{cases} \tag{1.1.3}$$

其中 μ_i 是位置 (location) 参数, σ_i 是尺度 (scale) 参数, λ 是偏度 (skewness) 参数, $x_i = (x_{i1}, \cdots, x_{ip})^{\mathrm{T}}$ 和 $z_i = (z_{i1}, \cdots, z_{iq})^{\mathrm{T}}$ 是解释变量, y_i 是其相应的响应变量, $\beta = (\beta_1, \cdots, \beta_p)^{\mathrm{T}}$ 是 $p \times 1$ 的位置模型的未知参数向量, $\gamma = (\gamma_1, \cdots, \gamma_q)^{\mathrm{T}}$ 是 $q \times 1$ 的尺度模型的未知参数向量. z_i 包含一些或者所有 x_i 和其他不在 x_i 的变量, 即位置模型和尺度模型可能包含不同的解释变量或者相同的一些解释变量, 包含相同的解释变量但存在不同的影响方式.

(1) 当 $\lambda = 0$ 时, 该模型为基于正态分布下联合均值与方差模型 (1.1.2).

(2) 当 $\sigma_i^2 = \sigma^2 (i = 1, 2, \cdots, n)$ 时, 该模型为偏正态线性回归模型.

若 $y \sim \mathrm{SN}(\mu, \sigma^2, \lambda)$, 则有

$$E(y) = \mu + \sqrt{\frac{2}{\pi}} \frac{\lambda}{\sqrt{1 + \lambda^2}} \sigma,$$

$$\mathrm{Var}(y) = \left(1 - \frac{2\lambda^2}{\pi(1+\lambda^2)}\right)\sigma^2.$$

第 3 章分别研究了这个模型的变量选择、统计诊断和响应变量缺失下参数估计等问题, 详见 3.1—3.3 节.

2. 基于 t 分布下联合位置与尺度模型

近年来, 随机误差为 t 的回归 (简称 t 回归) 越来越受到理论与实际应用工作者的关注, 因为对不少具有重尾 (heavy-tail) 的分布数据 (诸如经济、金融中的数据), t 回归的估计比较稳健, 拟合效果比正态回归更好 (Lange et al., 1989; Lin et al., 2009; Barroso and Cordeiro, 2005). 类似于联合均值与方差模型, 在金融、经济等实际问题中, 存在大量的异方差数据, 人们还非常关注方差的变化, 了解方差的来源, 所以非常有必要对方差建模, 以便更好地了解数据波动的统计变化规律. Taylor 和 Verbyla (2004) 针对异常点数据研究提出了如下感兴趣的基于 t 分布下联合位置与尺度模型:

$$\begin{cases} y_i \sim t(\mu_i, \sigma_i^2, \nu), \\ \mu_i = x_i^{\mathrm{T}}\beta, \\ \log \sigma_i^2 = z_i^{\mathrm{T}}\gamma, \\ i = 1, 2, \cdots, n. \end{cases} \tag{1.1.4}$$

其中 μ_i 是位置参数, σ_i 是尺度参数, ν 是自由度, $x_i = (x_{i1}, \cdots, x_{ip})^{\mathrm{T}}$ 和 $z_i = (z_{i1}, \cdots, z_{iq})^{\mathrm{T}}$ 是解释变量, y_i 是其相应的响应变量, $\beta = (\beta_1, \cdots, \beta_p)^{\mathrm{T}}$ 是 $p \times 1$ 的位置模型的未知参数向量, $\gamma = (\gamma_1, \cdots, \gamma_q)^{\mathrm{T}}$ 是 $q \times 1$ 的尺度模型的未知参数向量. z_i 包含一些或者所有 x_i 和其他不在 x_i 的变量, 即位置模型和尺度模型可能包含不同的解释变量或者相同的一些解释变量, 包含相同的解释变量但存在不同的影响方式.

(1) 当 $\nu \to \infty$ 时, 该模型就成为基于正态分布联合均值与方差模型 (1.1.2).

(2) 当 $\sigma_i^2 = \sigma^2 (i = 1, 2, \cdots, n)$ 时, 该模型为 t 回归模型.

若 $y \sim t(\mu, \sigma^2, \nu)$, 则有 $E(y) = \mu$, $\mathrm{Var}(y) = \dfrac{\nu}{\nu-2}\sigma^2$.

3. 基于偏 t 正态 (StN) 分布下联合位置与尺度模型

在实际问题中, 如金融、经济、社会科学、气候科学、环境科学、工程技术和生物医学等领域, 经常遇到研究的数量关系的响应变量具有非对称性的情形, 常伴有尖锋重尾特征, 而且存在大量的异方差数据, 人们还非常关注方差的变化, 了解方差的来源, 所以非常有必要对方差建模, 以便更好地了解数据波动的统计变化规律. 而就像正态分布和 t 分布的差异一样, 偏 t 正态分布比偏正态分布尾部要重.

　　针对稳健性和数据的偏斜性, 我们研究提出如下感兴趣的基于偏 t 正态分布下联合位置与尺度模型:

$$
\begin{cases}
y_i \sim \mathrm{StN}(\mu_i, \sigma_i^2, \lambda, \nu), \\
\mu_i = x_i^{\mathrm{T}}\beta, \\
\log \sigma_i^2 = z_i^{\mathrm{T}}\gamma, \\
i = 1, 2, \cdots, n.
\end{cases}
\tag{1.1.5}
$$

其中 μ_i 是位置参数, σ_i 是尺度参数, λ 是偏度参数, ν 是自由度, $x_i = (x_{i1}, \cdots, x_{ip})^{\mathrm{T}}$ 和 $z_i = (z_{i1}, \cdots, z_{iq})^{\mathrm{T}}$ 是解释变量, y_i 是其相应的响应变量, $\beta = (\beta_1, \cdots, \beta_p)^{\mathrm{T}}$ 是 $p \times 1$ 的位置模型的未知参数向量, $\gamma = (\gamma_1, \cdots, \gamma_q)^{\mathrm{T}}$ 是 $q \times 1$ 的尺度模型的未知参数向量. z_i 包含一些或者所有 x_i 和其他不在 x_i 的变量, 即位置模型和尺度模型可能包含不同的解释变量或者相同的一些解释变量, 包含相同的解释变量但存在不同的影响方式.

　　(1) 当 $\nu \to \infty$ 时, 该模型就成为基于偏正态分布下联合位置与尺度模型 (1.1.3).

　　(2) 当 $\lambda = 0$ 时, 该模型为基于 t 分布下联合位置与尺度模型 (1.1.4).

　　(3) 当 $\sigma_i^2 = \sigma^2 (i = 1, 2, \cdots, n)$ 时, 该模型为偏 t 正态线性回归模型.

　　若 $y \sim \mathrm{StN}(\mu, \sigma^2, \lambda, \nu)$, 则有

$$
E(y) = \mu + \sqrt{\frac{2}{\pi}} \sigma \lambda \left(\frac{\nu}{2}\right)^{\frac{1}{2}} \frac{\Gamma\left(\dfrac{\nu-1}{2}\right)}{\Gamma\left(\dfrac{\nu}{2}\right)} E_V (V + \lambda^2)^{-\frac{1}{2}},
$$

$$
\mathrm{Var}(y) = \sigma^2 \left\{ \frac{\nu}{\nu-2} - \frac{\lambda^2 \nu}{\pi} \left[\frac{\Gamma\left(\dfrac{\nu-1}{2}\right)}{\Gamma\left(\dfrac{\nu}{2}\right)} \right]^2 [E_V (V + \lambda^2)^{-\frac{1}{2}}]^2 \right\},
$$

其中 $V \sim \mathrm{Gamma}\left(\dfrac{\nu-1}{2}, \dfrac{\nu}{2}\right)$.

　　第 3 章研究了这个模型的变量选择问题, 详见 3.4 节.

　　4. 基于 Box-Cox 变换下联合均值与方差模型

　　对于有偏斜的数据, 当分析数量关系时, 为了应用正态线性回归模型, 最常见的方法之一是对响应变量观察值 y 进行一个数据变换 $f(y)$, 使其同时满足线性性、方差齐性和正态性三个条件. 下面的 Box–Cox 变换 (Box and Cox, 1964) 是其中最著名的数据变换之一.

$$
y^{(\lambda)} = \begin{cases}
\dfrac{y^\lambda - 1}{\lambda}, & \lambda \neq 0, \\
\ln y, & \lambda = 0.
\end{cases}
\tag{1.1.6}
$$

Box–Cox 变换通过引进一个新的变换参数 λ, 通过数据本身来决定如何进行变换, 即变换参数 λ 的自适应 (adaptive) 估计 (Atkinson, 1982; Cook and Weisberg, 1982).

然而, 在一定的条件下, 这些假定条件是非常不适合的. 仅仅要求一个变换就使其同时满足线性性、方差齐性和正态性大多数情况是做不到的 (Nelder and Lee, 1991). 例如, $y_i \sim \text{Poisson}(\mu_i), i = 1, 2, \cdots, n$, 为满足线性性需要作变换 $\ln y$, 为满足方差齐性需要作变换 $y^{1/2}$, 为满足正态性需要作变换 $y^{2/3}$. 特别变换后存在大量异方差的情形, 如 Carroll 和 Ruppert(1988). 然而, 当 Box–Cox 变换的同方差假定不成立时, 统计推断将遇到诸多问题, 因为未知参数有 $n + p$ 个, 参数估计的问题变得较为复杂, 甚至是不能识别的 (韦博成等, 2003). 为了克服上面的缺陷, 我们研究提出如下感兴趣的基于 Box–Cox 变换下联合均值与方差模型

$$\begin{cases} y_i^{(\lambda)} \sim N(\mu_i, \sigma_i^2), \\ \mu_i = x_i^{\mathrm{T}}\beta, \\ \log \sigma_i^2 = z_i^{\mathrm{T}}\gamma, \\ i = 1, 2, \cdots, n, \end{cases} \tag{1.1.7}$$

其中 $x_i = (x_{i1}, \cdots, x_{ip})^{\mathrm{T}}$ 和 $z_i = (z_{i1}, \cdots, z_{iq})^{\mathrm{T}}$ 是解释变量, y_i 是其相应的响应变量, $\beta = (\beta_1, \cdots, \beta_p)^{\mathrm{T}}$ 是 $p \times 1$ 的均值模型的未知参数向量, $\gamma = (\gamma_1, \cdots, \gamma_q)^{\mathrm{T}}$ 是 $q \times 1$ 的方差模型的未知参数向量. z_i 包含一些或者所有 x_i 和其他不在 x_i 的变量, 即均值模型和方差模型可能包含不同的解释变量或者相同的一些解释变量, 包含相同的解释变量但存在不同的影响方式.

(1) 当 $\lambda = 1$ 时, 该模型就成为基于正态分布下联合均值与方差模型 (1.1.2).

(2) 当 $\sigma_i^2 = \sigma^2(i = 1, 2, \cdots, n)$ 时, 该模型为数据变换模型.

第 4 章研究了这个模型的变量选择和变换参数 λ 的估计问题.

1.1.3 双重广义线性模型

广义线性回归模型是经典线性回归模型极其重要的发展与推广. 目前, 对均值的广义线性回归模型, 已有大量的文献提出了许多有效和灵活的方法. 然而, 在许多应用方面, 特别在经济领域和工业产品的质量改进试验中, 非常有必要对散度建模, 了解方差的来源, 以便有效控制方差. 典型的例子之一就是试验设计中的田口方法, 它是日本田口玄一所创立的一种以廉价的成本实现高性能产品的稳健设计方法, 其基本观点就是产品质量高不仅表现在出厂时能让顾客满意, 而且在使用过程中给顾客和社会带来的损失要小. 用统计语言描述就是, 使期望达到要求, 同时方差尽量小. 这便引出了均值和散度的同时建模问题. 用所建立的模型来选择使得波动达到最小而均值达到要求的设计变量的实施条件 (王大荣, 2009; Lee Nelder, 2006). 另一方面, 散度建模本身具有科学意义. 而且对有效估计和正确推断均值参

数起到非常关键的作用 (Carroll, 1987; Carroll and Ruppert, 1988). 所以, 散度建模与均值建模同等重要. 相比均值建模, 散度建模研究处于起步阶段.

1. 双重广义线性模型

Pregibon(1984) 在一篇综述文章中首次提出了对散度参数建模的方法, 即考虑下面的双重广义线性模型

$$\begin{cases} \mathrm{Var}(y_i) = \phi_i V(\mu_i), \\ g(\mu_i) = x_i^{\mathrm{T}} \beta, \\ h(\phi_i) = z_i^{\mathrm{T}} \gamma, \\ i = 1, 2, \cdots, n. \end{cases} \tag{1.1.8}$$

其中 ϕ_i 是散度参数, $V(\mu_i)$ 是方差函数, $x_i = (x_{i1}, \cdots, x_{ip})^{\mathrm{T}}$ 和 $z_i = (z_{i1}, \cdots, z_{iq})^{\mathrm{T}}$ 是解释变量, y_i 是其相应的响应变量, $\beta = (\beta_1, \cdots, \beta_p)^{\mathrm{T}}$ 是 $p \times 1$ 的均值模型的未知参数向量, $\gamma = (\gamma_1, \cdots, \gamma_q)^{\mathrm{T}}$ 是 $q \times 1$ 的散度模型的未知参数向量. z_i 包含一些或者所有 x_i 和其他不在 x_i 的变量, 即均值模型和散度模型可能包含不同的解释变量或者相同的一些解释变量, 包含相同的解释变量但存在不同的影响方式. $g(\cdot), h(\cdot)$ 分别是均值与散度的联系函数, 而且要求 $h \geqslant 0$, g^{-1}, h^{-1} 存在且 $h'(\cdot) \neq 0$. 当 $\phi_i = \phi(i = 1, 2, \cdots, n)$ 时, 该模型为广义线性模型.

可以看到, y 的方差 $\mathrm{Var}(y) = \phi V(\mu)$ 由两部分的乘积构成: 一部分是与均值 μ 无关的散度参数 ϕ, 另一部分是均值的函数 $V(\mu)$, 称为方差函数. 方差函数 $V(\mu)$ 的选择依赖于所使用的分布. 例如, 常见的 Tweedie 分布, $V(\mu) = \mu^p$; 特别地, 对于正态分布, $V(\mu) = 1$; 对于对数正态分布和 Gamma 分布, $V(\mu) = \mu^2$; 对于拟高斯 (IG) 分布, $V(\mu) = \mu^3$; 对于 Poisson 分布, $V(\mu) = \mu$.

Smyth(1989) 称上述模型 (1.1.8) 为双重广义线性模型 (double generalized linear model, DGLM), Lee 和 Nelder(2006) 称之为联合广义线性模型 (joint generalized linear model, JGLM). 该模型在工业产品的质量改进试验中得到了广泛的应用.

双重广义线性模型已引起了许多统计学者的研究兴趣, 研究方法大概分为两类. 第一类, 不假定分布的情况下, 只需假定前二阶矩的存在. 主要是利用基于扩展拟似然 (extended quasi-likelihood, EQL)(Nelder and Pregibon, 1987) 和伪似然 (pseudo-likelihood, PL)(Engel and Huele, 1996) 两类推广的似然方法. 第二类, 假定双指数分布族 (double exponential family, DEF)(Efron, 1986). 基于 DEF 下双重广义线性模型的统计推断 (Galfand and Dalal, 1990; Dey et al., 1997; Gijbels, 2010). 关于该模型的参数估计问题, Smyth(1989) 给出了参数的极大似然估计; Nelder 和 Lee(1991, 1998) 利用扩展拟似然函数, 在分布前二阶矩的条件下, 给出了最大扩展拟似然估计 (MEQL); Smyth 和 Verbyla(1999, 2009), Smyth 等 (2001), Smyth(2002) 系统地研究了参数 ϕ 的 REML 类型的估计.

另一方面, 双重广义线性模型的思想与随机效应的思想相结合, 从而引出了许多新的模型和统计分析方法. Lee 和 Nelder(1996) 通过扩大随机效应的分布类, 提出了分层广义线性模型 (hierarchical generalized linear model, HGLM), 并对似然函数进行了扩展, 提出了 h-似然函数, 避免了计算高维积分. Lee 和 Nelder(2006) 通过对 HGLM 中的散度参数建模, 并将 HGLM 的思想融入散度参数模型中, 构造了双重分层广义线性模型 (double hierarchical generalized lincar model, DHGLM), 该模型类包括了经济领域中的 ARCH 模型、GARCH 模型和 SV 模型.

第 5 章研究了双重广义线性模型 (1.1.8) 的经验似然推断和响应变量随机缺失下的参数估计方法, 详见 5.1 节、5.2 节.

2. t 型双重广义线性模型

双重广义线性模型已引起了许多统计学者的研究兴趣. 然而, 双重广义线性模型基于 EQL、PL 和 DEF 的估计方法, 受异常点数据的影响非常大, 所以非常有必要发展一种稳健的估计方法. 本书基于稳健的角度, 推广双重广义线性模型 (1.1.8), 研究提出了一类新的双重广义线性模型, 我们称为 t 型双重广义线性模型, 模型如下:

$$\begin{cases} \mathrm{Var}(y_i) = \dfrac{\nu}{\nu - 2}\phi_i V(\mu_i), \\ g(\mu_i) = x_i^{\mathrm{T}}\beta, \\ h(\phi_i) = z_i^{\mathrm{T}}\gamma, \\ i = 1, 2, \cdots, n. \end{cases} \qquad (1.1.9)$$

其中 $\nu > 0$ 是自由度, ϕ_i 是散度参数, $V(\mu_i)$ 是方差函数, $x_i = (x_{i1}, \cdots, x_{ip})^{\mathrm{T}}$ 和 $z_i = (z_{i1}, \cdots, z_{iq})^{\mathrm{T}}$ 是解释变量, y_i 是其相应的响应变量, $\beta = (\beta_1, \cdots, \beta_p)^{\mathrm{T}}$ 是 $p \times 1$ 的均值模型的未知参数向量, $\gamma = (\gamma_1, \cdots, \gamma_q)^{\mathrm{T}}$ 是 $q \times 1$ 的散度模型的未知参数向量. z_i 包含一些或者所有 x_i 和其他不在 x_i 的变量, 即均值模型和散度模型可能包含不同的解释变量或者相同的一些解释变量, 包含相同的解释变量但存在不同的影响方式. $g(\cdot), h(\cdot)$ 分别是均值与散度的联系函数, 而且要求 $h \geqslant 0$, g^{-1}, h^{-1} 存在且 $h'(\cdot) \neq 0$.

(1) 当 $\nu \to \infty$ 时, 该模型就是上述的双重广义线性模型 (1.1.8).

(2) 当 $\nu \to \infty$ 且 $\phi_i = \phi(i = 1, 2, \cdots, n)$ 时, 该模型为广义线性模型.

第 5 章研究了这个模型的变量选择等问题, 详见 5.2 节.

1.1.4 联合位置、尺度与偏度模型

在诸如金融、经济、社会科学、气候科学、环境科学、工程技术和生物医学等领域, 研究的数据大多不严格服从正态分布或 t 分布等对称分布, 而是有一定的偏斜, 这时为更好地了解数据偏度的来源而对偏度进行建模也十分必要, 在上述这些领域, 方差建模和偏度建模与均值建模同等重要.

1. 偏正态数据下联合位置、尺度与偏度模型

针对偏正态数据, 我们研究提出如下感兴趣的基于偏正态分布下联合位置、尺度与偏度模型

$$\begin{cases} y_i \sim \mathrm{SN}(\mu_i, \sigma_i^2, \lambda_i), \\ \mu_i = x_i^{\mathrm{T}}\beta, \\ \log \sigma_i^2 = z_i^{\mathrm{T}}\gamma, \\ \lambda_i = w_i^{\mathrm{T}}\alpha, \\ i = 1, 2, \cdots, n. \end{cases} \tag{1.1.10}$$

其中 μ_i 是位置参数, σ_i 是尺度参数, λ_i 是偏度参数, $x_i = (x_{i1}, \cdots, x_{ip})^{\mathrm{T}}$, $z_i = (z_{i1}, \cdots, z_{iq})^{\mathrm{T}}$ 和 $w_i = (w_{i1}, \cdots, w_{ir})^{\mathrm{T}}$ 是解释变量, y_i 是其相应的响应变量, $\beta = (\beta_1, \cdots, \beta_p)^{\mathrm{T}}$ 是 $p \times 1$ 的位置模型的未知参数向量, $\gamma = (\gamma_1, \cdots, \gamma_q)^{\mathrm{T}}$ 是 $q \times 1$ 的尺度模型的未知参数向量, $\alpha = (\alpha_1, \cdots, \alpha_r)^{\mathrm{T}}$ 是 $r \times 1$ 的偏度模型的未知参数向量. x_i, z_i, w_i 可能完全相同, 或者部分相同, 或者完全不同, 即位置模型和尺度模型可能包含不同的解释变量或者相同的一些解释变量, 也可能包含相同的解释变量但存在不同的影响方式.

(1) 当 $\lambda = 0$ 时, 该模型为基于正态分布下联合均值与方差模型 (1.1.2).

(2) 当 $\sigma_i^2 = \sigma^2$, $\lambda_i = \lambda$ $(i = 1, 2, \cdots, n)$ 时, 该模型为偏正态线性回归模型.

第 6 章研究了这个模型的变量选择问题, 详见 6.1 节.

2. 偏 t 正态 (StN) 数据下联合位置、尺度与偏度模型

针对稳健性和数据的偏斜性, 我们研究提出如下感兴趣的基于偏 t 正态分布下联合位置、尺度与偏度模型

$$\begin{cases} y_i \sim \mathrm{StN}(\mu_i, \sigma_i^2, \lambda_i, \nu), \\ \mu_i = x_i^{\mathrm{T}}\beta, \\ \log \sigma_i^2 = z_i^{\mathrm{T}}\gamma, \\ \lambda_i = w_i^{\mathrm{T}}\alpha, \\ i = 1, 2, \cdots, n. \end{cases} \tag{1.1.11}$$

其中 μ_i 是位置参数, σ_i 是尺度参数, λ_i 是偏度参数, ν 是自由度, $x_i = (x_{i1}, \cdots, x_{ip})^{\mathrm{T}}$, $z_i = (z_{i1}, \cdots, z_{iq})^{\mathrm{T}}$ 和 $w_i = (w_{i1}, \cdots, w_{ir})^{\mathrm{T}}$ 是解释变量, y_i 是其相应的响应变量, $\beta = (\beta_1, \cdots, \beta_p)^{\mathrm{T}}$ 是 $p \times 1$ 的位置模型的未知参数向量, $\gamma = (\gamma_1, \cdots, \gamma_q)^{\mathrm{T}}$ 是 $q \times 1$ 的尺度模型的未知参数向量, $\alpha = (\alpha_1, \cdots, \alpha_r)^{\mathrm{T}}$ 是 $r \times 1$ 的偏度模型的未知参数向

量. x_i, z_i, w_i 可能完全相同, 或者部分相同, 或者完全不同, 即位置模型和尺度模型可能包含不同的解释变量或者相同的一些解释变量, 也可能包含相同的解释变量但存在不同的影响方式.

(1) 当 $\nu \to \infty$ 时, 该模型就成为基偏正态数据下联合位置、尺度与偏度模型 (1.1.10).

(2) 当 $\lambda = 0$ 时, 该模型为基于 t 分布下联合位置与尺度模型 (1.1.4).

(3) 当 $\sigma_i^2 = \sigma^2, \lambda_i = \lambda \ (i = 1, 2, \cdots, n)$ 时, 该模型为偏 t 正态线性回归模型.

第 6 章研究了这个模型的变量选择问题, 详见 6.2 节.

1.2   变量选择方法

变量选择是统计分析与推断中的重要内容, 也是当今研究的热点课题. 变量选择作为模型选择的一种手段, 基于这样的考虑: 首先, 建立统计模型的目的往往不只是通过模型对数据进行总结, 而是要通过分析认识客观规律, 并在今后的实践中利用这些规律. 一旦选入本来与响应无关的协变量, 不仅干扰了对于变量间关系的理解, 而且, 对有些实际问题, 某些自变量的观测数据的获得代价昂贵, 这样不但浪费人力、物力, 还可能造成损失. 其次, 研究表明, 在回归模型建模过程中, 如果把一些对响应变量影响不大, 甚至没有影响的协变量选入回归模型, 不但计算量大, 估计和预测的精度也会下降 (王大荣和张忠占, 2009; 王大荣, 2009). 当然, 漏选变量所造成的问题也不言而喻. 因此, 对模型的自变量选择做一些理论分析是非常有必要的.

变量选择是现代统计分析中一个重要的课题. 变量选择问题的研究由来已久, 20 世纪 60 年代就已经有不少文献. 以 1974 年赤池弘次 (Hirotsugu Akaike, 也作 Hirotugu Akaike) 提出的 AIC 为标志, 四十多年来, 变量选择 (模型选择) 的研究一直是统计学的重要问题, 方法和理论都有了巨大的发展. 近年来, 由于科学研究的深入, 针对复杂数据和复杂模型的变量选择再度成为热点问题, 并取得了重要的进步.

1.2.1   子集选择法

传统的变量选择方法又称为子集选择 (subset selection) 方法, 即对协变量集合 $\{X_1, X_2, \cdots, X_p\}$ 的所有子集进行比较分析, 通过假设检验或一些信息准则 (Akaike, 1973; Mallows, 1973) 从中选出一个最优的子集来拟合回归模型. "最优" 是相对于某个选择准则而言的, 出发点不同所提出的准则也不同. 常见的准则我们有以下几类.

1. 基于信息论的准则

这一类准则的典型代表是 Akaike(1973) 提出的 AIC 准则. 假设考虑某个含 $k(k \leqslant p)$ 个参数的参数模型, 其密度函数记为 $f(y|\theta_k)$, 对应的似然函数最大值记为 $f(\hat{\theta}_k|y)$, 这里 θ_k 为未知参数, 而 $\hat{\theta}_k$ 为其极大似然估计. Akaike 建议选取使 $\text{AIC} = \ln f(\hat{\theta}_k|y) - k$ 达到最大的变量子集. 在线性回归模型中, 习惯使用

$$\text{AIC} = -2\ln f(\hat{\theta}_k|y) - 2k, \tag{1.2.1}$$

并选择使其值达到最小的变量子集.

注意, 在 (1.2.1) 的表达式中, 第一项表示模型拟合的优良性, 其值越小拟合越好. 不难理解, 模型包含的变量越多, 就能拟合得越好. 第二项表示对模型中所含变量个数 (模型复杂度) 的一种惩罚. 这是一个优美的结果, 它恰恰体现了人们在事物不同方面之间进行权衡的行为哲学. 这种思想至今仍然主导着模型选择的研究.

基于信息论的准则还有其他的一些 AIC 准则的变体, 比如 TIC(Takeuchi, 1976), AIC_u(McQuarrie et al., 1997), GIC(Konishi and Kitagawa, 1996) 等, 更多介绍可参考 Burnham 和 Anderson(2002), Rao 和 Wu(2001), Shen 和 Huang(2006).

2. 基于 Bayes 方法的准则

这一类中的典型代表是 BIC 准则 (Schwarz, 1978), 其出发点是首先假定在备选模型族上有一个均匀分布, 其次利用样本分布求出该模型族上的后验分布, 最后选择具有最大后验概率的模型. 这等价于认为使

$$\text{BIC} = -2\ln f(\hat{\theta}_k|y) - k\log(n) \tag{1.2.2}$$

达到最小的变量子集是最优的. 与 AIC 的结构相比, BIC 有异曲同工之妙, 只是第二项中的惩罚加强了, 从而在选择变量进入模型上更加 "谨慎".

3. 基于预测误差的准则

选择变量的目的除了要找到影响 y 的重要解释变量, 还希望对 y 可能出现的情况进行准确预测. 当把预测作为主要任务时, 常把预测误差 (平方和)(prediction error, PE)

$$\text{PE}(\hat{y}) = E\|y - \hat{y}\|^2 \tag{1.2.3}$$

作为衡量预测优劣的指标, 其值越小预测精度越高, 其中 y 是将来的观测值, 而 $\hat{y}$ 是利用已有数据得到的预测值. PE 可以分解为

$$\text{PE}(\hat{y}) = E\|y - E(y|x)\|^2 + E\|E(y|x) - \hat{y}\|^2,$$

式中第一项是系统本身固有的误差, 第二项是由模型拟合引起的误差, 称为模型误差. 模型误差的大小反映了不同模型的优劣. 这一类中的经典代表是 Mallows(1973) 的 C_p 准则. 目前针对高维数据研究较多的 SCAD 和 LASSO 等方法也都是从预测的角度考虑的.

4. 各种准则的比较

在典型的情况下, AIC 准则对于平均预测误差平方和损失是渐近有效的 (Shibata, 1980), 也是过拟合的. 这意味着, 不论备选模型中是否包括真实模型, 只要样本量足够大, 从预测的角度而言, AIC 基本能挑选到备选模型族中最好的. BIC 准则具有相合性质 (Haughton, 1988), 但一般不具有渐近有效性.

有大量文献研究了 AIC 准则和 BIC 准则的渐近性质并进行了比较, 可见 Shibata (1980, 1981), Stone(1979), Nishii(1984), Yang(2005) 以及其中的文献. 在不同的条件下, AIC 准则和 BIC 准则各有其不可替代的地位. 除了这两类代表外, 还有一类准则, 其性质介于有效性和相合性之间, 如文献提出的 AIC_u 准则.

1.2.2 系数压缩法

子集选择法的一个共性是首先根据已有样本用一个准则选择出变量子集 $\{X_1, X_2, \cdots, X_k\}$, 然后再基于这一样本来估计回归系数. 但是, 由于真实的相关变量往往是不知道的, 而选择变量的过程也会产生一定的偏差. 因此, 很难评价最终模型中回归系数估计的精度. 另外, 当协变量的维数 p 较大时, 对所有的 $2^p - 1$ 个子集进行假设检验, 计算量是相当大的, 因此在实际应用中也难以实现.

随着科学研究的深入, 现代统计前沿的一个研究领域是高维数据问题 (Fan and Li, 2006). 此时子集变量选择方法有时因大量的计算或其他原因而出现困难. 子集选择的另一个不足之处是它的不稳定性, 即变量选择的结果会由于数据集合的微小变化而发生大的变化. 当前研究较多的是系数压缩方法, 它能同时进行变量选择和参数估计. 这类研究至今仍然受到众多统计学家的关注. 基于此, 目前基于惩罚估计方法进行变量选择越来越受到统计学者的重视. 惩罚估计方法的基本思想就是在进行参数估计的同时, 把较小的估计系数压缩为 0, 从而达到变量选择的目的. 该方法可以对参数估计以及变量选择同时进行, 从而大大减少了计算量, 并且克服了传统变量选择的不稳定性. 针对线性模型, 已有大量文献利用惩罚估计方法研究了模型的变量选择问题.

Breiman(1995) 对线性模型, 提出了一个非负绞杀 (non-negative garrote, NNG) 法变量选择方法. 记 $(\hat{\beta}_1, \cdots, \hat{\beta}_p)^{\mathrm{T}}$ 为 $(\beta_1, \cdots, \beta_p)^{\mathrm{T}}$ 的普通最小二乘估计, 那么定义目标函数

$$\sum_{i=1}^{n}\left\{Y_i - \sum_{j=1}^{p} c_j\hat{\beta}_j X_{ji}\right\}^2, \tag{1.2.4}$$

在约束条件 $c_j \geqslant 0, \sum_{j=1}^{p} c_j \leqslant \lambda$ 下, 最小化 (1.2.4) 可得 $\hat{c}_j, j = 1, 2, \cdots, p$, 进而得到 β 的最终估计为 $\tilde{\beta}_j = \hat{c}_j\hat{\beta}_j$. 在上述估计过程中, 通过选取适当的调整参数 λ, 可以压缩某些 $\hat{c}_j$ 为 0, 从而其对应的协变量从最终模型中被剔除, 达到了变量选择的目的.

NNG 变量选择方法的一个缺陷是惩罚估计过程依赖于普通最小二乘估计. 而当 p 较大时, 协变量之间的共线性往往导致普通最小二乘估计表现不好, 进而影响 NNG 变量选择方法的过程.

为此, Tibshirani(1996) 提出了 LASSO(least absolute shrinkage and selection operator) 变量选择方法, 即最小化如下目标函数

$$\sum_{i=1}^{n}\left\{Y_i - \sum_{j=1}^{p} \beta_j X_{ji}\right\}^2 + n\lambda\sum_{j=1}^{p} \lambda|\beta_j|, \tag{1.2.5}$$

其中 λ 为调整参数. 通过选择合适的 λ, 可以把一些较小的系数估计压缩为 0, 进而剔除模型中不重要的变量.

综上所述可知, 系数压缩法本质上是对适当的损失函数 $R(\beta)$ 进行惩罚, 其一般形式为

$$R(\beta) + n\sum_{j=1}^{p} p_\lambda(|\beta_j|), \tag{1.2.6}$$

其中 $p_\lambda(\cdot)$ 表示调整参数为 λ 的惩罚函数对不同的系数可以不一样, 其表现依赖于调整参数 λ 的选取. 不同的惩罚函数, 得到的解的形式也不同. 常见的惩罚函数如下:

(1) L_1 惩罚函数 $p_\lambda(|\theta|) = \lambda|\theta|$ 就是 LASSO;

(2) 自适应 LASSO(adaptive LASSO)(Zou, 2006) 惩罚函数 $p_\lambda(|\theta|) = \lambda|\theta|\omega_j$, 其中 ω_j 是已知的权函数;

(3) L_2 惩罚函数 $p_\lambda(|\theta|) = \lambda|\theta|^2$ 就是岭回归 (ridge regression);

(4) L_q 惩罚函数 $p_\lambda(|\theta|) = \lambda|\theta|^q$ 就是桥回归 (bridge regression) (Fu, 1998; Frank and Friedman, 1993);

(5) SCAD (smoothly clipped absolute deviation) (Fan and Li, 2001) 惩罚函数:

$$p_\lambda^{'}(\theta) = \lambda\left\{I(\theta \leqslant \lambda) + \frac{(a\lambda - \theta)_+}{(a-1)\lambda}I(\theta > \lambda)\right\};$$

(6) Hard 门限惩罚函数 (Antoniadis, 1997), 即 $p_\lambda(|\theta|) = \lambda^2 - (|\theta| - \lambda)^2 I(|\theta| < \lambda)$.

使用 LASSO 变量选择方法, 可以避免使用 β 的普通最小二乘估计, 但是 Fan 和 Li(2001) 指出一个好的惩罚函数使得所得的惩罚估计具有三个性质: ①无偏性; ② 稀疏性; ③连续性. 基于 LASSO 惩罚估计过程所得的估计是有偏的, 而 Hard 门限惩罚所得的惩罚估计不连续. 为了克服上述方法的缺陷, 并且作为改进提出了 SCAD 变量选择方法, 即最小化如下目标函数:

$$\sum_{i=1}^{n}\left\{Y_i - \sum_{j=1}^{p}\beta_j X_{ji}\right\}^2 + n\lambda \sum_{j=1}^{p} p_\lambda(|\beta_j|), \tag{1.2.7}$$

其中 $p_\lambda(\cdot)$ 表示调整参数为 λ 的 SCAD 惩罚函数, 其导数定义为

$$p_\lambda^{'}(\theta) = \lambda\left\{I(\theta \leqslant \lambda) + \frac{(a\lambda - \theta)_+}{(a-1)\lambda}I(\theta > \lambda)\right\},$$

其中 $a > 2, \theta > 0, p_\lambda(0) = 0$.

Fan 和 Li(2001) 证明了 SCAD 变量选择方法可以相合地识别出真实模型, 并且所得的正则估计是相合的. 另外, 在一定的条件下, 还证明了对非零系数的估计与基于真实子模型所得的估计具有相同的渐近分布. SCAD 估计具有的稀疏性和渐近正态性, 称为 Oracle 性质.

因为 LASSO 方法已被广泛的使用, 所以它是否具备 Oracle 性质受到人们关注. Fan 和 Li(2001) 证明了 L_1 惩罚所得估计不具备 Oracle 性质, 并提出一个 LASSO 的新版本, 称为自适应 LASSO, 即最小化如下目标函数:

$$\sum_{i=1}^{n}\left\{Y_i - \sum_{j=1}^{p}\beta_j X_{ji}\right\}^2 + n\lambda \sum_{j=1}^{p} \omega_j|\beta_j|, \tag{1.2.8}$$

其中 ω_j 是已知的权函数. 通过选择合适的 ω_j, 所得估计具备 Oracle 性质.

针对高维数据的变量选择方法还有弹性网方法 (elastic net)(Zou and Hastie, 2005)、Dantizig 选择器 (Dantizig selector)(Candes and Tao, 2007) 等, 有关研究仍在迅速发展, 可参见王大荣和张忠占 (2009), Fan 和 Lv(2010).

上述方法的提出都是针对线性回归模型, 后来被推广到其他复杂模型和复杂数据下的变量选择见 Fan 和 Lv(2010).

本书基于系数压缩法分别研究了正态数据下联合均值与方差模型, 偏态数据 (SN, StN) 下联合位置与尺度模型, Box–Cox 变换下联合均值与方差模型, t 型双重广义线性模型和偏态数据 (SN, StN) 下联合位置、尺度与偏度模型的变量选择方法. 详见 2.1 节、3.1 节、3.4 节、第 4 章、5.3 节、第 6 章.

1.3 经验似然推断方法

经验似然作为一种完全样本下的非参数统计推断方法, 它有类似于 Bootstrap 的抽样特性. 由经验似然构造的置信区间具有域保持性、变换不变性, 并且置信域的形状由数据自行决定 (Owen, 1988, 1991; 王启华, 2004), 所以该方法成为当今统计研究的热点.

经验似然方法的本质是非参数中的似然比方法. 设随机样本 $X_1, X_2, \cdots, X_n$ 相互独立, 且具有共同的累积分布 $F(x)$, 则关于 $F(x)$ 的非参数似然函数可定义为

$$L(F) = \prod_{i=1}^{n} \mathrm{d}F(x_i) = \prod_{i=1}^{n} p_i.$$

其中 $p_i = \mathrm{d}F(x_i) = P\{X = x_i\}, i = 1, \cdots, n$. 经过简单的计算可知 $X_1, X_2, \cdots, X_n$ 的经验分布函数 $F_n(x) = \dfrac{1}{n} \sum_{i=1}^{n} I(X_i \leqslant x)$ 使得上式达到最大, 即 $F_n(x)$ 为 $F(x)$ 的非参数极大似然估计. 因此, 类似于参数似然比, 可定义非参数对数似然比为

$$R(F) = \log \left\{ \frac{L(F)}{L(F_N)} \right\}.$$

计算得 $R(F) = \sum_{i=1}^{n} \log np_i$.

Owen(1991) 定义了总体均值 μ 的经验对数似然比函数:

$$R(\mu) = -2 \max \left\{ \sum_{i=1}^{n} \log np_i \,\Big|\, \sum_{i=1}^{n} p_i X_i = \mu, \sum_{i=1}^{n} p_i = 1, p_i \geqslant 0 \right\}.$$

上式要求在满足约束条件 $\sum_{i=1}^{n} p_i X_i = \mu$ 的情况下使得非参数似然比达到极大. 而均值参数 μ 通过约束条件引入似然比中, 从而得到 μ 的非参数似然比函数, 并且利用该似然比函数作区间估计、假设检验以及其他的统计推断. 目前, 经验似然推断方法已经成功应用于复杂数据和复杂模型的统计推断.

本书分别研究了联合均值与方差模型和双重广义线性模型的经验似然推断. 详见 2.2 节、5.1 节.

1.4 统计诊断方法

在统计分析中, 用选定模型分析数据时, 都需要满足一些假定条件. 但是实际数据灵活多变, 因此在研究过程中, 就会遇到许多问题. 例如, 选择的模型是否能反

映实际问题, 与实际数据之间是否存在较大的偏差等. 如果不考虑这种偏差, 就有可能导致分析结果与真实情况相差甚远, 而且数据集里的每个数据点对统计推断的影响不一定相同, 可能有某些数据点的影响特别大, 即强影响点 (influential point); 还有一些严重偏离既定模型的数据点, 即异常点 (outlier). 另外, 在收集或整理数据过程中的某些误差会不会对统计推断产生较大的影响, 以及如何影响等. 统计诊断的方法就是针对上述种种问题发展起来的.

当数据集中存在强影响点或异常点以及错误指定数据模型或数据模型发生微小扰动时, 有可能导致不合理甚至错误的统计分析结论. 因此, 如何识别数据集中的强影响点或异常点以及评价模型微小扰动对统计推断的影响是统计学中很重要的一个研究领域. 在统计学中, 统计诊断是数据研究分析的一个重要分支. 统计诊断方法大概分为两类. 第一类, 针对数据的数据删除模型. 数据删除模型是统计诊断最常用的模型, 也是基本的模型, 它的主要工作是观测删除模型和未删除模型相应诊断统计量之间的不同. 常见的诊断统计量有: 似然距离、广义 Cook 距离等. 第二类, 针对模型的局部影响分析. 此方法与数据删除模型不同, 局部影响分析的主要工作是加入扰动的概念, 若数据集中的一个数据点或几个数据点比其他数据点受到的扰动更大, 则这个数据点或这几个数据点就是强影响点或异常点. 另外还有基于 Bayes 的统计诊断, 比如四种基于数据删除模型的 Bayes 诊断统计量: K-L 距离、L_1-距离、χ^2(chi-square)-距离和 Cook 后验均值距离.

本书分别研究了正态数据下联合均值与方差模型和偏正态数据下联合位置与尺度模型的统计诊断. 详见 2.4 节、2.5 节、3.3 节.

1.5　缺失数据分析

1.5.1　缺失数据机制

在对有缺失值的数据集处理前, 首先要明确数据的缺失机制, 一般有三种情况:

(1) 完全随机缺失 (MCAR), 即观测数据集与缺失数据集有相同的分布, 在此机制下, 一般的统计推断方法可被使用.

(2) 随机缺失 (MAR), 即目标变量的缺失与否只与观测到的 y 值有关, 即

$$P(\delta_i = 1|y_i, x_i) = P(\delta_i = 1|x_i),$$

当 $\delta_i = 1$ 时, y_i 可被观测.

(3) 非随机缺失 (NMAR), 即目标变量 y 的观测与否与 y 本身有关.

1.5.2　缺失数据处理策略

面对缺失数据时, 我们可以使用以下工具对其进行处理:

(1) 配对删除法 (McLachlan and Krishnan, 2008): 当计算一对变量的协方差矩阵、相关系数矩阵等内容时, 若这对变量的观测值存在缺失的状况, 则就会被删除. 该方法被经常用来估计缺失数据下的模型参数, 这样就能使协方差矩阵或相关系数矩阵的计算仅仅依赖于完全数据.

(2) 插补方法: 基于存在数据所提供的信息, 产生合适的估计值来替代缺失数据. 根据插补值个数的不同, 分为单一插补与多重插补. 单一插补以观测数据为基础创建一个预测分布, 使用预测分布的平均值或从中抽取一个值填充缺失值. 常用的单一插补方法有均值插补: 使用一个变量被观测到的数值的平均值填补相应的缺失值; 基于回归的插补: 通过使用有效变量的观测值来建立一个预测缺失数据的回归模型, 从模型中预测得出缺失数据, 但相似类型的缺失值会有相同的插补值, 从而造成相关系数的减小、方差的低估等, 可以使用随机回归插补的方法来进行修正, 即在回归预测值后增添一个随机项. 多重插补是给一个缺失数据插补多个替代值.

(3) EM 算法: 为每一次迭代由 E 步 (求期望) 与 M 步 (极大化) 构成的一种迭代算法. 其中, E 步是在现有数据和参数的情况下, 用缺失数据的条件期望代替缺失值, M 步则对所得式子进行极大似然估计. EM 算法在数据明显不完整的情况: 缺失数据、截尾数据、删失或分组数据存在下具有高效的应用, 同时, 在数据不完整的情况下不是那么明显, 如随机效应模型、混合模型、对数线性模型、具有潜在分类和潜在变量结构的模型等同样具高效的表现. 该算法操作简单, 应用广泛, 近年来, 通过统计学家不倦的探究, 基于 EM 算法的基础上提出了各种扩展, 因此被统称为 EM 类型的算法.

本书在响应变量随机缺失下, 分别研究了正态数据下联合均值与方差模型、偏态数据下联合位置与尺度模型的插补方法和参数估计. 详见 2.3 节、3.2 节和 5.2 节.

第 2 章　正态数据下联合均值与方差模型

本章主要研究正态数据下联合均值与方差模型的变量选择、经验似然推断、统计诊断、缺失数据分析.

2.1　变 量 选 择

2.1.1　引言

目前, 对均值建模已有大量的文献提出了许多有效和灵活的方法. 然而, 在许多应用方面, 特别在经济领域和工业产品的质量改进试验中, 非常有必要对方差建模, 了解方差的来源, 以便有效控制方差. 另一方面, 方差建模本身具有科学意义. 所以, 方差建模与均值建模同等重要. 相比均值建模, 方差建模研究还处于起步阶段.

基于正态分布下联合均值与方差模型的研究, 最近这些年已经吸引了许多统计学家的研究兴趣. Park(1966) 提出刻度参数的对数线性模型, 并给出了参数的二阶段估计; Harvey(1976) 在一般条件下讨论了均值与方差效应的极大似然估计和似然比检验; Aitkin(1987) 给出了联合均值与方差模型的极大似然估计; Verbyla(1993) 将 Park 的对数刻度参数模型推广到更一般的函数形式, 给出了参数的极大似然估计和限制极大似然估计, 并讨论了异常点的诊断问题. Engel 和 Huele(1996) 应用联合均值与方差模型到田口玄一的稳健试验设计; Taylor 和 Verbyla(2004) 针对有异常值的情况研究提出了基于 t 分布下联合位置与尺度模型参数的估计和检验问题. Smyth(1989), Nelder 和 Lee(1991), Lee 和 Nelder(1998), Smyth 和 Verbyla(1999) 与 Wang 和 Zhang(2009) 在联合均值与散度参数建模的框架下, 研究了广义线性模型和更广泛分布的统计推断.

据我们所知, 目前变量选择方法仅局限于均值模型的变量选择, 如 Fan 和 Lv (2010) 及其中的参考文献. 在实际中, 决定哪些因素驱动方差的变量选择也非常重要. Wang 和 Zhang(2009) 基于扩展拟似然方法研究了联合均值与散度模型中仅均值模型的变量选择.

本节主要目的是基于惩罚似然方法对联合均值与方差模型提出一种可行有效的变量选择方法. 我们的方法能同时对均值模型和方差模型进行变量选择. 而且在适当选择调整参数的条件下, 我们的变量选择方法具有相合性, 回归系数的估计具有 Oracle 性质. 随机模拟和实例研究结果表明该模型和方法是有用和有效的.

本节的组织结构安排如下: 2.1.2 节, 首先介绍了基于惩罚似然函数联合均值与方差模型的变量选择; 其次研究了所提出的变量选择方法的相合性和 Oracle 性质等理论性质; 最后给出了参数估计的标准误差公式和调整参数选择方法. 2.1.3 节给出了基于局部二次逼近的惩罚极大似然估计的迭代计算. 2.1.4 节是模拟研究. 2.1.5 节是一个实例分析说明所提出的变量选择方法. 2.1.6 节是小结.

2.1.2　变量选择过程

1. 惩罚极大似然估计

许多经典的变量选择准则都可看作是基于惩罚极大似然估计的方差和偏差的折中 (Fan and Li, 2001). 假设 (y_i, x_i, z_i), $i = 1, 2, \cdots, n$ 是来自于联合均值与方差模型 (2.1.1) 的随机样本, 且

$$
\begin{cases}
y_i \sim N(\mu_i, \sigma_i^2), \\
\mu_i = x_i^{\mathrm{T}} \beta, \\
\log \sigma_i^2 = z_i^{\mathrm{T}} \gamma, \\
i = 1, 2, \cdots, n.
\end{cases}
\tag{2.1.1}
$$

类似于 Fan 和 Li(2001), 定义惩罚似然函数为

$$
\mathcal{L}(\beta, \gamma) = \ell(\beta, \gamma) - n \sum_{j=1}^{p} p_{\lambda_{1j}}(|\beta_j|) - n \sum_{k=1}^{q} p_{\lambda_{2k}}(|\gamma_k|),
\tag{2.1.2}
$$

其中 $p_{\lambda_j}(\cdot)$ 是调整参数为 λ_j 的惩罚函数, 调整参数可以通过交叉核实 (CV) 或广义交叉核实 (GCV)(Fan and Li, 2001; Tibshirani, 1996) 挑选. 2.1.5 节, 利用 BIC 挑选调整参数. 注意, 惩罚函数和调整参数对所有的 j 不必相同. 例如, 我们希望在最终模型中保留一些重要的变量, 因此就不惩罚它们的系数.

为了叙述简便, 我们重写惩罚似然函数 (2.1.2) 为

$$
\mathcal{L}(\theta) = \ell(\theta) - n \sum_{j=1}^{s} p_{\lambda_j}(|\theta_j|),
\tag{2.1.3}
$$

其中 $\theta = (\theta_1, \cdots, \theta_s)^{\mathrm{T}} = (\beta_1, \cdots, \beta_p; \gamma_1, \cdots, \gamma_q)^{\mathrm{T}}$, $s = p + q$, 除了相差一个与参数无关的常数外, $\ell(\theta) = \ell(\beta, \gamma) = -\dfrac{1}{2} \sum_{i=1}^{n} z_i^{\mathrm{T}} \gamma - \dfrac{1}{2} \sum_{i=1}^{n} \dfrac{(y_i - x_i^{\mathrm{T}} \beta)^2}{\mathrm{e}^{z_i^{\mathrm{T}} \gamma}}$.

极大化 (2.1.3) 中的函数 $\mathcal{L}(\theta)$ 得到 θ 的惩罚极大似然估计, 记为 $\hat{\theta}_n$. 在适当的惩罚函数下, 关于 θ 极大化 $\mathcal{L}(\theta)$ 导致一些参数在最终模型中消失, 相应的解释变量自动剔除, 从而达到变量选择的目的. 因此, 通过极大化 $\mathcal{L}(\theta)$ 同时达到变量选择和参数估计的目的. 2.1.3 节将提供技术细节和惩罚极大似然估计 $\hat{\theta}_n$ 的迭代计算.

2. 渐近性质

在这部分, 我们考虑惩罚极大似然估计的相合性和渐近正态性. 首先介绍一些记号. 假定 θ_0 是 θ 的真值, $\theta_0 = (\theta_{01}, \cdots, \theta_{0s})^{\mathrm{T}} = ((\theta_0^{(1)})^{\mathrm{T}}, (\theta_0^{(2)})^{\mathrm{T}})^{\mathrm{T}}$. 为了下面讨论的方便, 不失一般性, 假定 $\theta_0^{(1)}$ 是 θ_0 的所有非零部分, $\theta_0^{(2)} = 0$. 除此之外, 假定调整参数关于 θ_0 的分量重新排列, $\theta_0^{(1)}$ 的维数为 s_1,

$$a_n = \max_{1 \leqslant j \leqslant s} \{p'_{\lambda_n}(|\theta_{0j}|) : \theta_{0j} \neq 0\}$$

和

$$b_n = \max_{1 \leqslant j \leqslant s} \{|p''_{\lambda_n}(|\theta_{0j}|)| : \theta_{0j} \neq 0\}.$$

为了得到惩罚极大似然估计的相合性和渐近正态性, 需要下列正则条件:

(C2.1.1) $x_i = (x_{i1}, \cdots, x_{ip})^{\mathrm{T}}$ 和 $z_i = (z_{i1}, \cdots, z_{iq})^{\mathrm{T}}$ $(i = 1, \cdots, n)$ 是固定的.

(C2.1.2) 参数空间是紧的, 真实参数 θ_0 为参数空间的内点.

(C2.1.3) x_i 和 z_i 在联合均值与方差模型 (2.1.1) 中是完全有界的, 即它们中的所有分量是一个有限的实数.

(C2.1.4) $y_i, i = 1, 2, \cdots, n$ 相互独立, $y_i \sim N(\mu_i, \sigma_i^2)$, 其中 $\mu_i = x_i^{\mathrm{T}}\beta_0$, $\log \sigma_i^2 = z_i^{\mathrm{T}}\gamma_0$.

定理 2.1.1　假设 $a_n = O_p(n^{-\frac{1}{2}})$, 当 $n \to \infty$ 时, $b_n \to 0$ 和 $\lambda_n \to 0$, 其中 λ_n 是 λ_{1n} 或 λ_{2n}, 取决于 θ_{0j} 是 β_0 或 $\gamma_0(1 \leqslant j \leqslant s)$. 在条件 (C2.1.1)—(C2.1.4) 下, (2.1.3) 中惩罚似然函数 $\mathcal{L}(\theta)$ 依概率 1 存在一个局部极大似然估计 $\hat{\theta}_n$ 满足: $\hat{\theta}_n$ 是 θ_0 的 $\sqrt{n}$ 相合估计.

下面考虑 $\hat{\theta}_n$ 的渐近正态性. 假设

$$a_n = \mathrm{diag}(p''_{\lambda_n}(|\theta_{01}^{(1)}|), \cdots, p''_{\lambda_n}(|\theta_{0s_1}^{(1)}|)),$$

$$c_n = (p'_{\lambda_n}(|\theta_{01}^{(1)}|)\mathrm{sgn}(\theta_{01}^{(1)}), \cdots, p'_{\lambda_n}(|\theta_{0s_1}^{(1)}|)\mathrm{sgn}(\theta_{0s_1}^{(1)}))^{\mathrm{T}},$$

其中 λ_n 的定义与定理 2.1.1 相同, $\theta_{0j}^{(1)}$ 是 $\theta_0^{(1)}$ $(1 \leqslant j \leqslant s_1)$ 的第 j 个分量, $\mathcal{I}_n(\theta)$ 是 θ 的 Fisher 信息阵.

定理 2.1.2　假设惩罚函数 $p_{\lambda_n}(t)$ 满足

$$\liminf_{n \to \infty} \liminf_{t \to 0^+} \frac{p'_{\lambda_n}(t)}{\lambda_n} > 0,$$

而且当 $n \to \infty$ 时, $\bar{\mathcal{I}}_n = \mathcal{I}_n(\theta_0)/n$ 收敛于一个有限的正定阵 $\mathcal{I}(\theta_0)$. 在定理 2.1.1 的条件下, 当 $n \to \infty$ 时, 如果 $\lambda_n \to 0$ 而且 $\sqrt{n}\lambda_n \to \infty$, 则在定理 2.1.1 中的 $\sqrt{n}$ 相合估计 $\hat{\theta}_n = ((\hat{\theta}_n^{(1)})^{\mathrm{T}}, (\hat{\theta}_n^{(2)})^{\mathrm{T}})^{\mathrm{T}}$ 一定满足:

(i) $\hat{\theta}_n^{(2)} = 0$;

(ii) $\sqrt{n}(\bar{\mathcal{I}}_n^{(1)})^{-1/2}(\bar{\mathcal{I}}_n^{(1)} + A_n)\{(\hat{\theta}_n^{(1)} - \theta_0^{(1)}) + (\bar{\mathcal{I}}_n^{(1)} + A_n)^{-1}c_n\} \to \mathcal{N}_{s_1}(0, I_{s_1})$ 依分布, 其中 $\bar{\mathcal{I}}_n^{(1)}$ 是对应于 $\theta_0^{(1)}$ 的 $\bar{\mathcal{I}}_n$ 的 $s_1 \times s_1$ 的子矩阵, 而且 I_{s_1} 是 $s_1 \times s_1$ 的单位阵.

注 1 定理 2.1.1 和定理 2.1.2 的证明类似于 Fan 和 Li(2001). 为了节省空间, 证明略.

注 2 定理 2.1.2 表明惩罚极大似然估计具有 Oracle 性质.

3. $\hat{\theta}_n^{(1)}$ 的标准误差公式

作为定理 2.1.2 的结果, $\hat{\theta}_n^{(1)}$ 的渐近协方差阵为

$$\text{Cov}(\hat{\theta}_n^{(1)}) = \frac{1}{n}(\bar{\mathcal{I}}_n^{(1)} + A_n)^{-1}\bar{\mathcal{I}}_n^{(1)}(\bar{\mathcal{I}}_n^{(1)} + A_n)^{-1}, \tag{2.1.4}$$

由此立即可得 $\hat{\theta}_n^{(1)}$ 的渐近标准误差. 然而, $\bar{\mathcal{I}}_n^{(1)}$ 和 A_n 在真实值 $\theta_0^{(1)}$ 处的估计值是未知的. 一种自然的选择就是在 (2.1.4) 中的 $\bar{\mathcal{I}}_n^{(1)}$ 和 A_n 用 $\hat{\theta}_n^{(1)}$ 估计 $\theta_0^{(1)}$ 可获得 $\hat{\theta}_n^{(1)}$ 的渐近协方差阵估计.

对应 θ_0 的划分, 假定 $\theta = ((\theta^{(1)})^{\text{T}}, (\theta^{(2)})^{\text{T}})^{\text{T}}$. 记

$$\ell'(\theta_0^{(1)}) = \left[\frac{\partial\ell(\theta)}{\partial\theta^{(1)}}\right]_{\theta=\theta_0}, \quad l''(\theta_0^{(1)}) = \left[\frac{\partial^2 l(\theta)}{\partial\theta^{(1)}\partial\theta^{(1)\text{T}}}\right]_{\theta=\theta_0}.$$

令

$$\Sigma_{\lambda_n}(\theta_0^{(1)}) = \text{diag}\left\{\frac{p'_{\lambda_{n1}}(|\theta_{01}^{(1)}|)}{|\theta_{01}^{(1)}|}, \cdots, \frac{p'_{\lambda_{ns_1}}(|\theta_{0s_1}^{(1)}|)}{|\theta_{0s_1}^{(1)}|}\right\}.$$

利用 Fisher 信息阵近似观察信息阵, $\hat{\theta}_n^{(1)}$ 的协方差阵估计为

$$\widehat{\text{Cov}}(\hat{\theta}_n^{(1)}) = \{\ell''(\hat{\theta}_n^{(1)}) - n\Sigma_{\lambda_n}(\hat{\theta}_n^{(1)})\}^{-1}\widehat{\text{Cov}}\{\ell'(\hat{\theta}_n^{(1)})\}\{\ell''(\hat{\theta}_n^{(1)}) - n\Sigma_{\lambda_n}(\hat{\theta}_n^{(1)})\}^{-1},$$

其中 $\widehat{\text{Cov}}\{\ell'(\hat{\theta}_n^{(1)})\}$ 是 $\ell'(\theta_0^{(1)})$ 在 $\theta_0^{(1)} = \hat{\theta}_n^{(1)}$ 处的协方差.

4. 调整参数的选择

许多调整参数选择准则, 如交叉核实、广义交叉核实、AIC 和 BIC 可以用来选择调整参数. Wang 等 (2007) 建议在线性模型和部分线性模型 SCAD 估计利用 BIC 选择调整参数, 而且证明此准则具有相合性, 即利用 BIC 准则能依概率 1 选择真实模型. 因此本节也采用 BIC 准则, 定义如下

$$\text{BIC}(\lambda) = -\frac{2}{n}\ell(\hat{\theta}_n) + \text{df}_\lambda \times \frac{\log(n)}{n},$$

选择最优的 λ, 其中除了相差一个与参数无关的常数外

$$\ell(\hat{\theta}_n) = \ell(\hat{\beta}_n, \hat{\gamma}_n) = -\frac{1}{2}\sum_{i=1}^{n} z_i^{\mathrm{T}}\hat{\gamma}_n - \frac{1}{2}\sum_{i=1}^{n} \frac{(y_i - x_i^{\mathrm{T}}\hat{\beta}_n)^2}{e^{z_i^{\mathrm{T}}\hat{\gamma}_n}},$$

$0 \leqslant \mathrm{df}_\lambda \leqslant s$ 是惩罚极大似然估计 $\hat{\theta}_n$ 的非零分量个数. $\hat{\beta}_n$ 和 $\hat{\gamma}_n$ 是惩罚极大似然估计. Fan 和 Li(2001) 建议实际中取 $a = 3.7$. 因此取 $a = 3.7$, 希望调整参数 λ_{1j} 和 λ_{2k} 的选取可以保证对应零系数的调整参数大于对应非零系数的调整参数. 进而, 我们可以在对非零系数给出相合估计的同时, 把零系数的估计压缩为 0, 从而达到变量选择的目的. 实际中, 取 $\lambda_{1j} = \dfrac{\lambda}{|\hat{\beta}_j^0|}$, $\lambda_{2k} = \dfrac{\lambda}{|\hat{\gamma}_k^0|}$, 其中 $\hat{\beta}_j^0$ 和 $\hat{\gamma}_k^0$ 分别是 β_j 和 γ_k $(j = 1, \cdots, p,\ k = 1, \cdots, q)$. 没有惩罚的极大似然估计调整参数可以通过下式计算得到

$$\hat{\lambda} = \arg\min_\lambda \mathrm{BIC}(\lambda).$$

从 2.1.4 节的模拟研究结果可以看出, 我们所提出的调整参数的选择方法是可行的.

2.1.3　迭代计算

首先, 注意到对数似然函数 $\ell(\theta)$ 的一、二阶导数是连续的. 对给定的 θ_0, 对数似然函数 $\ell(\theta)$ 近似为

$$\ell(\theta) \approx \ell(\theta_0) + \left[\frac{\partial\ell(\theta_0)}{\partial\theta}\right]^{\mathrm{T}}(\theta - \theta_0) + \frac{1}{2}(\theta - \theta_0)^{\mathrm{T}}\left[\frac{\partial^2\ell(\theta_0)}{\partial\theta\partial\theta^{\mathrm{T}}}\right](\theta - \theta_0).$$

而且, 给定初值 θ_0, $p_\lambda(\theta)$ 可二次逼近 (Fan and Li, 2001)

$$p_\lambda(|\theta|) \approx p_\lambda(|\theta_0|) + \frac{1}{2}\frac{p_\lambda'(|\theta_0|)}{|\theta_0|}(\theta^2 - \theta_0^2), \quad \theta \approx \theta_0.$$

因此, 除了相差一个与参数无关的常数项外, 惩罚似然函数 (2.1.3) 可二次逼近

$$\mathcal{L}(\theta) \approx \ell(\theta_0) + \left[\frac{\partial\ell(\theta_0)}{\partial\theta}\right]^{\mathrm{T}}(\theta - \theta_0) + \frac{1}{2}(\theta - \theta_0)^{\mathrm{T}}\left[\frac{\partial^2\ell(\theta_0)}{\partial\theta\partial\theta^{\mathrm{T}}}\right](\theta - \theta_0) - \frac{n}{2}\theta^{\mathrm{T}}\Sigma_\lambda(\theta_0)\theta,$$

其中

$$\Sigma_\lambda(\theta_0) = \mathrm{diag}\left\{\frac{p_{\lambda_{11}}'(|\beta_{01}|)}{|\beta_{01}|}, \cdots, \frac{p_{\lambda_{1p}}'(|\beta_{0p}|)}{|\beta_{0p}|}, \frac{p_{\lambda_{21}}'(|\gamma_{01}|)}{|\gamma_{01}|}, \cdots, \frac{p_{\lambda_{2q}}'(|\gamma_{0q}|)}{|\gamma_{0q}|}\right\},$$

其中 $\theta = (\theta_1, \cdots, \theta_s)^{\mathrm{T}} = (\beta_1, \cdots, \beta_p; \gamma_1, \cdots, \gamma_q)^{\mathrm{T}}$ 和 $\theta_0 = (\theta_{01}, \cdots, \theta_{0s})^{\mathrm{T}} = (\beta_{01}, \cdots, \beta_{0p}; \gamma_{01}, \cdots, \gamma_{0q})^{\mathrm{T}}$. 因此, $\mathcal{L}(\theta)$ 二次最优化的解可通过下列迭代得到

$$\theta_1 \approx \theta_0 + \left\{\frac{\partial^2\ell(\theta_0)}{\partial\theta\partial\theta^{\mathrm{T}}} - n\Sigma_\lambda(\theta_0)\right\}^{-1}\left\{n\Sigma_\lambda(\theta_0)\theta_0 - \frac{\partial\ell(\theta_0)}{\partial\theta}\right\}.$$

其次, 对数似然函数 $\ell(\theta)$ 可写为

$$\ell(\theta) = \ell(\beta, \gamma) = -\frac{1}{2}\sum_{i=1}^{n} z_i^{\mathrm{T}}\gamma - \frac{1}{2}\sum_{i=1}^{n}\frac{(y_i - x_i^{\mathrm{T}}\beta)^2}{\mathrm{e}^{z_i^{\mathrm{T}}\gamma}}.$$

因此,

$$U(\theta) = \frac{\partial\ell(\theta)}{\partial\theta} = (U_1^{\mathrm{T}}(\beta), U_2^{\mathrm{T}}(\gamma))^{\mathrm{T}},$$

其中

$$U_1(\beta) = \frac{\partial\ell}{\partial\beta} = \sum_{i=1}^{n}\frac{(y_i - x_i^{\mathrm{T}}\beta)x_i}{\mathrm{e}^{z_i^{\mathrm{T}}\gamma}}, \quad U_2(\gamma) = \frac{\partial\ell}{\partial\gamma} = -\frac{1}{2}\sum_{i=1}^{n} z_i + \frac{1}{2}\sum_{i=1}^{n}\frac{(y_i - x_i^{\mathrm{T}}\beta)^2 z_i}{\mathrm{e}^{z_i^{\mathrm{T}}\gamma}}.$$

Fisher 信息阵为

$$\mathcal{I}_n(\theta) = \begin{pmatrix} \mathcal{I}_{11} & \mathcal{I}_{12} \\ \mathcal{I}_{21} & \mathcal{I}_{22} \end{pmatrix},$$

其中 $\mathcal{I}_{11} = \sum\limits_{i=1}^{n}\frac{x_i x_i^{\mathrm{T}}}{\mathrm{e}^{z_i^{\mathrm{T}}\gamma}}$, $\mathcal{I}_{12} = \mathcal{I}_{21} = 0$, $\mathcal{I}_{22} = \frac{1}{2}\sum\limits_{i=1}^{n} z_i z_i^{\mathrm{T}}$.

利用 Fisher 信息阵近似代替观测信息阵, 可以得到下列迭代的数值解

$$\begin{aligned}
\theta_1 &\approx \theta_0 + \left\{\frac{\partial^2\ell(\theta_0)}{\partial\theta\partial\theta^{\mathrm{T}}} - n\Sigma_\lambda(\theta_0)\right\}^{-1}\left\{n\Sigma_\lambda(\theta_0)\theta_0 - \frac{\partial\ell(\theta_0)}{\partial\theta}\right\} \\
&\approx \theta_0 + \{\mathcal{I}_n(\theta_0) + n\Sigma_\lambda(\theta_0)\}^{-1}\{U(\theta_0) - n\Sigma_\lambda(\theta_0)\theta_0\} \\
&= \{\mathcal{I}_n(\theta_0) + n\Sigma_\lambda(\theta_0)\}^{-1}\{U(\theta_0) + \mathcal{I}_n(\theta_0)\theta_0\}.
\end{aligned}$$

最后, 下面的算法总结了在联合均值与方差模型 (2.1.1) 中参数的惩罚极大似然估计的迭代计算.

算法　步骤 1　取 β 和 γ 没有惩罚的极大似然估计 $\beta^{(0)}, \gamma^{(0)}$ 作为初始估计, 即 $\theta^{(0)} = ((\beta^{(0)})^{\mathrm{T}}, (\gamma^{(0)})^{\mathrm{T}})^{\mathrm{T}}$.

步骤 2　给定当前值 $\beta^{(m)}, \gamma^{(m)}$, $\theta^{(m)} = ((\beta^{(m)})^{\mathrm{T}}, (\gamma^{(m)})^{\mathrm{T}})^{\mathrm{T}}$, 迭代

$$\theta^{(m+1)} = \{\mathcal{I}_n(\theta^{(m)}) + n\Sigma_\lambda(\theta^{(m)})\}^{-1}\{U(\theta^{(m)}) + \mathcal{I}_n(\theta^{(m)})\theta^{(m)}\}.$$

步骤 3　重复步骤 2 直到收敛条件满足.

2.1.4　模拟研究

下面对 2.1.2 节所提出的变量选择方法的有限样本性质进行模拟研究. 类似 Li 和 Liang (2008) 与 Zhao 和 Xue (2010), 利用广义均方误差 (GMSE) 来评价 $\hat{\beta}_n$ 和 $\hat{\gamma}_n$ 的估计精度, 定义为

$$\mathrm{GMSE}(\hat{\beta}_n) = E\left[(\hat{\beta}_n - \beta_0)^{\mathrm{T}}E(XX^{\mathrm{T}})(\hat{\beta}_n - \beta_0)\right],$$

$$\text{GMSE}(\hat{\gamma}_n) = E\left[(\hat{\gamma}_n - \gamma_0)^{\text{T}} E(ZZ^{\text{T}})(\hat{\gamma}_n - \gamma_0)\right].$$

从下面联合均值与方差模型产生模拟数据

$$\begin{cases} y_i \sim N(\mu_i, \sigma_i^2), \\ \mu_i = x_i^{\text{T}} \beta, \\ \log \sigma_i^2 = z_i^{\text{T}} \gamma, \\ i = 1, 2, \cdots, n. \end{cases}$$

取 $\beta_0 = (1, 1, 0, 0, 1, 0, 0, 0)^{\text{T}}$, $\gamma_0 = (0.5, 0.5, 0, 0, 0.5, 0, 0, 0)^{\text{T}}$, x_i 和 z_i 的分量独立产生于 $U(-1, 1)$. 基于 1000 次重复试验, 表 2.1.1 给出的 1000 次模拟中, 联合均值与方差模型参数的零系数估计的平均情况, "C" 表示把真实零系数估计成 0 的平均个数, "IC" 表示把真实非零系数估计成 0 的平均个数, "GMSE" 表示 $\hat{\beta}_n$ 和 $\hat{\gamma}_n$ 的广义均方误差.

我们对联合均值与方差模型基于不同样本量和不同惩罚函数: SCAD(Fan and Li, 2001)、LASSO(Tibshirani, 1996)、Hard (Antoniadis, 1997) 下的变量选择方法进行比较研究, 结果见表 2.1.1.

表 2.1.1   基于不同惩罚函数和不同样本量的变量选择方法比较

模型	n	SCAD			LASSO			Hard		
		C	IC	GMSE	C	IC	GMSE	C	IC	GMSE
均值模型	100	4.8050	0.0010	0.0296	4.3970	0	0.0366	4.8710	0.0010	0.0293
	150	4.8630	0	0.0161	4.5170	0	0.0207	4.9210	0	0.0164
	200	4.9170	0	0.0110	4.5470	0	0.0146	4.9330	0	0.0119
方差模型	100	4.7230	0.2260	0.1731	4.2660	0.0940	0.1697	4.5290	0.1140	0.1602
	150	4.8110	0.0490	0.0739	4.3540	0.0090	0.0998	4.8120	0.0240	0.0700
	200	4.8470	0.0130	0.0443	4.3820	0.0010	0.0658	4.8680	0.0060	0.0442

从表 2.1.1 的结果可观察到以下的结论:

(1) 根据模型误差和模型复杂性, 基于 SCAD, LASSO 和 Hard 变量选择方法的表现, 随着样本量 n 的增大而越来越好.

(2) 给定惩罚函数, 变量选择方法的表现, 随着样本量 n 的增大而越来越好. $\hat{\beta}_n$ 和 $\hat{\gamma}_n$ 的广义均方误差, 随着样本量 n 的增大而越来越小.

(3) 给定样本量 n, 基于 SCAD 和 Hard 变量选择方法的表现类似. 而且基于 SCAD 和 Hard 变量选择方法的表现都好于 LASSO 方法.

(4) 给定惩罚函数和样本量 n, 基于模型误差和模型复杂性, 均值模型的变量选择的表现好于方差模型.

2.1.5   实例分析

用 Atkinson(1982), Cook 和 Weisberg(1983), Aitkin(1987) 和 Verbyla(1993) 研

究的 MINITAB 树的数据 (Ryan et al., 1976), 并应用 2.1.2 节的方法进行变量选择分析. 在 MINITAB 树的数据中, 31 棵樱桃树的体积为响应变量, 其树高 H 和直径 D 为解释变量. 一种较直观的物理模型是树的体积 $V^{1/3}$ 对树高 H 和树的直径 D 的关系.

本节取 $Y = V^{1/3}$, $X_1 = H$, $X_2 = D$, $X_3 = H^2$, $X_4 = HD$, $X_5 = D^2$, 考虑下列模型

$$\begin{cases} y_i \sim N(\mu_i, \sigma_i^2), \\ \mu_i = \beta_0 + x_{i1}\beta_1 + x_{i2}\beta_2 + x_{i3}\beta_3 + x_{i4}\beta_4 + x_{i5}\beta_5, \\ \log \sigma_i^2 = \gamma_0 + x_{i1}\gamma_1 + x_{i2}\gamma_2 + x_{i3}\gamma_3 + x_{i4}\gamma_4 + x_{i5}\gamma_5, \\ i = 1, 2, \cdots, 31. \end{cases}$$

我们采用 2.1.2 节提出的变量选择方法, 通过计算得表 2.1.2.

表 2.1.2　MINITAB 树 $V^{1/3}$ 的联合均值与方差模型的变量选择

模型	方法	常数项	H	D	H^2	HD	D^2
均值模型	SCAD	0	0.0134	0.1504	0	0	0
	LASSO	0	0.0134	0.1504	0	0	0
	Hard	0	0.0134	0.1503	0	0	0
方差模型	SCAD	-37.2695	0.0974	3.5480	0	0	-0.1231
	LASSO	-36.9593	0.0981	3.4942	0	0	-0.1212
	Hard	-31.4957	0.0972	3.7147	0	0	-0.1257

从表 2.1.2 的结果可以看出, 根据变量选择情况, 基于 SCAD, LASSO 和 Hard 方法完成得非常类似. 在均值模型挑选了两个非零系数 β_1, β_2, 方差模型挑选了三个非零系数 γ_1, γ_2 和 γ_5. 结果表明 H^2, HD 和 D^2 对树的平均体积没有显著影响, H^2 和 HD 对树的体积波动没有显著影响, 所得结果与 Aitkin(1987) 和 Verbyla(1993) 的发现基本一致.

2.1.6　小结

在联合均值与方差建模和同时变量选择与估计的框架下, 本节基于惩罚似然的方法提出了一种变量选择方法. 与均值模型类似, 方差模型可能依赖于许多感兴趣的解释变量, 均值模型与方差模型同时变量选择对避免建模的偏差和减少模型的复杂性是非常重要的.

所得的研究结果表明, 在一定的条件下, 所提出的方法能同时对均值模型与方差模型进行变量选择. 而且, 适当地选择调整参数, 所提出的估计方法具有相合性和 Oracle 性质. 随机模拟和实例研究结果表明该模型和方法是有用和有效的. 由于正态分布是指数族的特例, 此方法可以进一步推广到在联合均值与方差模型的框架下的其他指数族模型的变量选择.

2.2   经验似然推断

随着全面质量管理的推广, 人们对质量的要求越来越高. 从专业、管理和统计的角度出发进行质量改进, 俨然成为了大家关注的焦点. 就统计学而言, 在很多实际问题中, 影响质量波动的方差可能会是变化的. 为了有效地控制方差, 了解方差的来源, 就有必要对方差建模. 联合均值与方差模型是处理异方差数据的重要研究工具.

目前针对联合均值与方差模型研究都需要假定响应变量服从特定的某种分布, 然而考虑到实际情况, 收集到的数据可能不会严格或近似服从某种分布. 因此, 需要一种不假定分布的研究方法和联合均值与方差模型相结合. 在不假定分布的情况下, 经验似然这一非参数统计方法与经典的或现代的统计方法比较, 有很多突出的优点, 如用经验似然方法构造置信区间除有域保持性、变换不变性及置信域的形状由数据自行决定等诸多优点外, 还有 Bartlett 纠偏性及无须构造轴统计量等优点.

Owen(1991) 首次将经验似然方法应用到线性模型的统计推断中, 构造了回归系数的经验似然比统计量, 并证明了它具有渐近 χ^2 分布; Qin 和 Lawless(1993) 构造了估计方程中参数的经验似然比统计量, 证明了它也具有渐近 χ^2 分布, 同时将经验似然推广到半参数模型中; Wang 和 Jing(1999) 利用经验似然方法研究了部分线性回归模型, 构造了模型中未知参数的置信域; You 和 Zhou(2006) 把经验似然方法应用到半参数变系数部分线性模型的统计推断. 陈放等 (2010) 研究了右删失数据下非线性回归模型的经验似然推断; 冯三营等 (2010) 研究了非线性半参数 EV 模型的经验似然置信域; 杨宜平等 (2010) 研究了响应变量存在缺失时部分线性模型的经验似然推断; 丁先文等 (2012) 研究了非线性回归模型的经验似然诊断; 闫莉和陈夏 (2013) 利用经验似然方法研究了缺失数据下广义线性模型中参数的置信域问题. 本节研究一般线性联合均值与方差模型的经验似然推断.

本节的组织结构安排如下: 2.2.1 节介绍了一般联合均值与方差模型. 2.2.2 节研究了该模型的经验似然推断过程. 2.2.3 节和 2.2.4 节通过模拟研究和实例分析说明所提出的经验似然推断方法. 2.2.5 节是小结.

2.2.1   一般联合均值与方差模型

考虑不假定分布的一般联合均值与方差模型:

$$\begin{cases} y_i \sim (\mu_i, \sigma_i^2), \\ \mu_i = x_i^{\mathrm{T}}\beta, \\ \log \sigma_i^2 = z_i^{\mathrm{T}}\gamma, \\ i = 1, 2, \cdots, n. \end{cases} \tag{2.2.1}$$

其中 $x_i = (x_{i1}, \cdots, x_{ip})^{\mathrm{T}}$ 和 $z_i = (z_{i1}, \cdots, z_{iq})^{\mathrm{T}}$ 是解释变量, y_i 是其相应的响应变量, $\beta = (\beta_1, \cdots, \beta_p)^{\mathrm{T}}$ 是 $p \times 1$ 的均值模型的未知参数向量, $\gamma = (\gamma_1, \cdots, \gamma_q)^{\mathrm{T}}$ 是 $q \times 1$ 的方差模型的未知参数向量. z_i 包含一些或者所有 x_i 和其他不在 x_i 的变量, 即均值模型和方差模型可能包含不同的解释变量或者相同的一些解释变量, 包含相同的解释变量但不同的影响方式. 注意 $y_i \sim N(\mu_i, \sigma_i^2)$ 时, 就是基于正态分布下的联合均值与方差模型 (1.1.2). 本小节的主要目的就是研究不假定分布, 只假定在一、二阶矩存在的情况下, 上述模型的经验似然推断.

设 $X_1, X_2, \cdots, X_n \sim F\left(\dfrac{x - \mu}{\sigma}\right)$, 其密度函数为: $\dfrac{1}{\sigma} f\left(\dfrac{x - \mu}{\sigma}\right)$, 并记

$$\rho(x) = -\log f(x) + \log f(0), \tag{2.2.2}$$

则 (μ, σ) 的极大似然估计为

$$(\hat{\mu}, \hat{\sigma}) = \arg\max_{\mu, \sigma > 0} \prod_{i=1}^{n} \frac{1}{\sigma} f\left(\frac{x_i - \mu}{\sigma}\right) = \arg\max_{\mu, \sigma > 0} \sum_{i=1}^{n} \left[\log f\left(\frac{x_i - \mu}{\sigma}\right) - \log(\sigma)\right]$$

$$= \arg\min_{\mu, \sigma > 0} \sum_{i=1}^{n} \left[\rho\left(\frac{x_i - \mu}{\sigma}\right) + \log(\sigma)\right], \tag{2.2.3}$$

那么略去常系数后的对数似然函数可以表示为

$$L(\mu, \sigma) = \sum_{i=1}^{n} \left[\rho\left(\frac{x_i - \mu}{\sigma}\right) + \log(\sigma)\right], \tag{2.2.4}$$

其中 $\rho(x) = -\log f(x) + \log f(0)$, 当响应变量服从标准正态分布时, 有 $\rho(x) = \dfrac{1}{2} x^2$.

2.2.2 经验似然推断过程

总体均值的经验似然推断中由下面方程

$$\int (x - \mu) \mathrm{d}F(X) = 0 \tag{2.2.5}$$

确定. 考虑更一般的情形, 对 $\theta \in \Theta \subseteq R^p$, 设 $m(X, \theta) \in R^p$ 由方程

$$\int m(x, \theta) \mathrm{d}F(X) = 0 \tag{2.2.6}$$

确定. 得到 θ 的经验似然估计为

$$\Re(\theta) = \sup\left\{\prod_{i=1}^{n} n p_i \,\middle|\, \sum_{i=1}^{n} p_i m(X_i, \theta) = 0, \sum_{i=1}^{n} p_i = 1, p_i \geqslant 0\right\}. \tag{2.2.7}$$

Qin 和 Lawless (1993) 证明了下面结果: 设 $\theta_0 \in \Theta$ 使 $\text{Var}[m(X, \theta_0)]$ 有限且有秩 $p > 0$, 若 θ_0 满足 $E[m(X, \theta_0)] = 0$, 则 $-2\log\Re(\theta_0) \xrightarrow{\mathcal{L}} \chi^2_{(p)}$, 其中 "$\xrightarrow{\mathcal{L}}$" 是依分布收敛.

估计方程有着相当灵活的形式, 线性模型等经典模型也是其中的一种特例. 若同时关注均值与方差的波动, 则需要一种研究异方差的工具. 为了构建对均值与方差的约束条件, 可使用联合均值与方差模型.

Owen (1991) 中最初的经验似然定理条件限定了样本独立同分布, 而一般联合均值与方差模型的特点是不假定分布, 类似的有双重广义线性模型. 不假定数据服从某一分布, 或者服从有着特定参数的某一分布是这类模型的特点, 同样最初的经验似然定理也不再适用. 因此在不假定分布的条件下, 对数经验似然比函数是否服从 χ^2 分布, 继续构造出置信域仍需证明. Owen (1991) 给出了经验似然方法的三种扩展, 其中第三种便是只假定样本相互独立, 不要求同分布时, 对数经验似然比函数仍服从 χ^2 分布. 本节对这一扩展做了进一步的推广, 即感兴趣的参数不再是均值参数, 而是均值模型中未知参数与方差模型中未知参数的组合.

将一般联合均值与方差模型代入 $L(\mu, \sigma)$, 并略去常系数, 有

$$L(\beta, \gamma) = \sum_{i=1}^{n} \left[\rho\left(\frac{y_i - x_i^{\mathrm{T}}\beta}{\frac{1}{2}\exp\left(z_i^{\mathrm{T}}\gamma\right)} \right) + \frac{1}{2}z_i^{\mathrm{T}}\gamma \right], \tag{2.2.8}$$

对于具体的情况, 可以求出关于 β, γ 的极值点

$$\begin{cases} 0 = \dfrac{\partial L(\beta, \gamma)}{\partial \beta} = \displaystyle\sum_{i=1}^{n} \dfrac{\partial \rho(\cdot)}{\partial \beta}, \\ 0 = \dfrac{\partial L(\beta, \gamma)}{\partial \gamma} = \displaystyle\sum_{i=1}^{n} \left(\dfrac{\partial \rho(\cdot)}{\partial \gamma} + \dfrac{1}{2}z_i \right), \end{cases} \tag{2.2.9}$$

其中 $\rho(\cdot) = \rho\left(\dfrac{y_i - x_i^{\mathrm{T}}\beta}{\frac{1}{2}\exp\left(z_i^{\mathrm{T}}\gamma\right)} \right)$. 构造出的经验似然比表示为

$$\Re(\beta, \gamma) = \sup\left\{ \prod_{i=1}^{n} np_i \,\middle|\, \sum_{i=1}^{n} p_i \frac{\partial \rho(\cdot)}{\partial \beta} = 0, \sum_{i=1}^{n} p_i \frac{\rho(\cdot)}{\partial \gamma} + \frac{1}{2}z_i = 0, \sum_{i=1}^{n} p_i = 1, p_i \geqslant 0 \right\}, \tag{2.2.10}$$

然后构造拉格朗日算子表示如下

$$G = \sum_{i=1}^{n} \log(np_i) - n\lambda_1^{\mathrm{T}} \sum_{i=1}^{n} p_i \frac{\partial \rho(\cdot)}{\partial \beta} - n\lambda_2^{\mathrm{T}} \sum_{i=1}^{n} p_i \frac{\partial \rho(\cdot)}{\partial \gamma} + \lambda_3 \left(\sum_{i=1}^{n} p_i - 1 \right), \tag{2.2.11}$$

其中 λ_1, λ_2 是分别与 β, γ 维数相同的列向量. 此时, 问题由求解 $\sum\limits_{i=1}^{n} np_i$ 的极值转化为求解 G 的极值.

对 G 关于各未知参数求偏导得

$$0 = \frac{\partial G}{\partial p_i} = \frac{1}{p_i} - n\lambda_1^{\mathrm{T}}\frac{\partial \rho(\cdot)}{\partial \beta} - n\lambda_2^{\mathrm{T}}\frac{\partial \rho(\cdot)}{\partial \gamma} + \lambda_3, \tag{2.2.12}$$

$$0 = \frac{\partial G}{\partial \lambda_1} = \sum_{i=1}^{n} p_i \frac{\partial \rho(\cdot)}{\partial \beta}, \tag{2.2.13}$$

$$0 = \frac{\partial G}{\partial \lambda_2} = \sum_{i=1}^{n} p_i \frac{\partial \rho(\cdot)}{\partial \gamma}, \tag{2.2.14}$$

$$0 = \frac{\partial G}{\partial \lambda_3} = \sum_{i=1}^{n} p_i - 1, \tag{2.2.15}$$

(2.2.15) 式两边同乘 p_i 并求和, 得 $\lambda_3 = -n$, 再代回 (2.1.15) 式中得

$$p_i = \frac{1}{n}\frac{1}{\lambda_1^{\mathrm{T}}\dfrac{\partial \rho(\cdot)}{\partial \beta} + \lambda_2^{\mathrm{T}}\dfrac{\partial \rho(\cdot)}{\partial \gamma} + 1}, \tag{2.2.16}$$

将 (2.2.16) 式代入 (2.2.13), (2.2.14) 式中可得

$$\sum_{i=1}^{n}\frac{1}{n}\frac{\dfrac{\partial \rho(\cdot)}{\partial \beta}}{\lambda_1^{\mathrm{T}}\dfrac{\partial \rho(\cdot)}{\partial \beta} + \lambda_2^{\mathrm{T}}\dfrac{\partial \rho(\cdot)}{\partial \gamma} + 1} = 0, \tag{2.2.17}$$

$$\sum_{i=1}^{n}\frac{1}{n}\frac{\dfrac{\partial \rho(\cdot)}{\partial \gamma}}{\lambda_1^{\mathrm{T}}\dfrac{\partial \rho(\cdot)}{\partial \beta} + \lambda_2^{\mathrm{T}}\dfrac{\partial \rho(\cdot)}{\partial \gamma} + 1} = 0. \tag{2.2.18}$$

联立 (2.2.17), (2.2.18) 两式, 解得 $\lambda_1 = \lambda_1(\beta, \gamma)$, $\lambda_2 = \lambda_2(\beta, \gamma)$. 代入 (2.2.16) 式可得

$$p_i = \frac{1}{n}\frac{1}{\lambda_1^{\mathrm{T}}(\beta, \gamma)\dfrac{\partial \rho(\cdot)}{\partial \beta} + \lambda_2^{\mathrm{T}}(\beta, \gamma)\dfrac{\partial \rho(\cdot)}{\partial \gamma} + 1}, \tag{2.2.19}$$

最后得出截面经验似然比函数

$$\Re(\beta, \gamma) = \prod_{i=1}^{n}\frac{1}{\lambda_1^{\mathrm{T}}(\beta, \gamma)\dfrac{\partial \rho(\cdot)}{\partial \beta} + \lambda_2^{\mathrm{T}}(\beta, \gamma)\dfrac{\partial \rho(\cdot)}{\partial \gamma} + 1}. \tag{2.2.20}$$

定理 2.2.1 Z_{in} 是一组相互独立的随机向量, $Z_{in} \in R^p$, $1 \leqslant i \leqslant n$, $p \leqslant n \leqslant \infty$, 记 $E(Z_{in}) = \mu_n$, $\mathrm{Var}(Z_{in}) = V_{in}$, $V_n = \dfrac{1}{n}\sum\limits_{i=1}^{n} V_{in}$, $\sigma_{1n} = \max \mathrm{eig}(V_n)$, $\sigma_{pn} = \min \mathrm{eig}(V_n)$, 当 $n \to \infty$ 时, 若以下条件成立:

(1) $P(\mu_n \in \mathrm{ch}(Z_{1n}, \cdot, Z_{pn})) \to 1$;

(2) $\dfrac{1}{n^2}\sum\limits_{i=1}^{n} (E\|Z_{in} - \mu_n\|^4)\sigma_{1n}^2 \to 0$;

(3) $\exists c > 0$ 对 $\forall n \geqslant p$ 有 $\dfrac{\sigma_{pn}}{\sigma_{1n}} \geqslant c$,

则有 $-2\log \Re(\theta_0) \xrightarrow{\ \mathcal{L}\ } \chi_{(p)}^2$, 其中 "$\xrightarrow{\ \mathcal{L}\ }$" 是依分布收敛.

当对 β 构造置信域时, 其截面经验似然比函数为 $\Re(\beta)$. 同时, 由定理 2.2.1 可知, $-2\log \Re(\beta)$ 近似服从自由度为 p 的标准 χ^2 分布, 从而构造出的置信域为

$$\{\beta : -2\log \Re(\beta) \leqslant \chi_{(p,\alpha)}^2\}, \tag{2.2.21}$$

其中 $\chi_{(p,\alpha)}^2$ 是自由度为 p 的标准 χ^2 分布的 $1 - \alpha$ 分位点. 同理可得 γ 的置信域为

$$\{\gamma : -2\log \Re(\gamma) \leqslant \chi_{(q,\alpha)}^2\}. \tag{2.2.22}$$

2.2.3　模拟研究

设响应变量 $y_i(i = 1, 2, \cdots, n)$ 是相互独立的且服从分布 $t(\mu_i, \sigma_i^2, 4)$ 的随机变量, 模拟次数 200 次, $\beta = (0.5, 1, -0.5)^{\mathrm{T}}$, $\gamma = (0.2, 0.5, -0.3)^{\mathrm{T}}$.

考虑单个参数的截面经验似然比:

$$\Re(\theta) = \prod_{i=1}^{n} \frac{1}{\lambda_1^{\mathrm{T}}(\theta)g_1(\cdot) + \lambda_2^{\mathrm{T}}(\theta)g_2(\cdot) + 1}, \tag{2.2.23}$$

其中

$$g_1(\cdot) = \frac{(y_i - x_i^{\mathrm{T}}\beta)x_i}{\nu \exp(z_i^{\mathrm{T}}\gamma) + (y_i - x_i^{\mathrm{T}}\beta)^2}, \quad g_2(\cdot) = -\frac{\nu + 1}{2}\frac{(y_i - x_i^{\mathrm{T}}\beta)^2 z_i}{\nu \exp(z_i^{\mathrm{T}}\gamma) + (y_i - x_i^{\mathrm{T}}\beta)^2} + \frac{1}{2}z_i.$$

当未知参数分别为 β_1, γ_2 时, 我们对置信度为 95% 时的置信区间的平均长度以及平均覆盖率进行模拟研究.

表 2.2.1 说明了随着样本量的增大, 均值模型参数 β_1 与方差模型参数 γ_2 的置信区间平均长度明显变小, 平均覆盖率略微上升并趋近于 95%, 即样本量越大, 该方法所确定的置信区间越精确. 而且均值模型参数的置信区间比方差模型的平均长度短, 平均覆盖率大.

表 2.2.1 不同样本量下 95% 置信区间的平均长度和平均覆盖率

n	β_1 的置信区间		γ_2 的置信区间	
	平均长度	平均覆盖率/%	平均长度	平均覆盖率/%
50	0.756	87.0	1.557	80.7
100	0.679	91.1	1.179	87.9
150	0.594	93.4	1.018	92.2

2.2.4 实例分析

现在利用 2.2.2 节的方法对 2011 年我国部分地区产品质量的质量损失率与产品质量等级品率的数据进行分析, 数据见表 2.2.2.

表 2.2.2 2011 年我国部分地区产品质量情况

地区	质量损失率	产品质量等级品率		
		优等品率/%	一等品率/%	合格品率/%
北京	0.54	74.92	23.69	1.39
天津	0.10	71.10	22.92	5.98
河北	0.08	28.55	63.99	7.45
山西	0.05	25.80	30.73	43.47
内蒙古	0.07	50.31	22.55	27.14
黑龙江	0.18	20.30	39.51	40.19
江苏	0.10	34.41	35.39	30.20
浙江	0.20	44.54	48.26	7.21
安徽	0.12	46.46	41.78	11.77
福建	0.34	67.14	28.34	4.52
山东	0.47	44.69	30.63	24.69
河南	0.19	51.51	21.81	26.68
湖北	0.32	45.41	29.99	24.60
湖南	0.73	58.90	29.17	11.93
广东	0.13	66.14	27.45	6.42
海南	0.03	84.79	1.97	13.24
四川	0.46	49.59	42.36	8.05
贵州	0.02	95.52	2.02	2.46
云南	0.07	23.41	71.58	5.01
甘肃	0.02	14.23	85.13	0.64
青海	0.09	18.53	21.9	59.57
宁夏	0.10	23.55	36.06	40.39
新疆	0.01	78.56	21.23	0.21

数据来源:《中国统计年鉴 -2012》.

通过计算, 可以得到以下结果:

$$\begin{cases} y_i \sim (\mu_i, \sigma_i^2), \\ \mu_i = 0.00498x_{i1} - 0.000627x_{i2} + 0.000595x_{i3}, \\ \log \sigma_i^2 = 0.00513x_{i1} - 0.107x_{i2} - 0.0419x_{i3}, \\ i = 1, 2, \cdots, 23. \end{cases} \quad (2.2.24)$$

其中 y 表示质量损失率, x_{i1} 表示优等品率, x_{i2} 表示一等品率, x_{i3} 表示合格品率. 产品质量为优等品且大于一等品且大于合格品. 若某件产品为一等品, 那么它将不再属于合格品行列.

由各参数的数值可以看出: 对均值影响最大的是 $\beta_1 = 0.00498$, 对方差影响最大的是 $\gamma_2 = -0.107$. 结果表明, 除贵州这一特例外, 随着优等品率的提升, 质量损失率反而是增加的, 即在特定条件下一味地追求生产优等品会导致质量损失的增加. 同时, 随着一等品率 γ_2 的增加, 质量损失率的波动会相应减少.

对 β_1, γ_2 构造置信度为 95% 的置信区间, 如图 2.2.1 和图 2.2.2 所示.

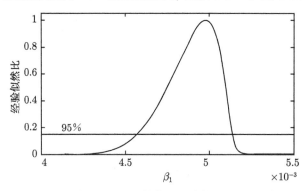

图 2.2.1　β_1 的截面经验似然比

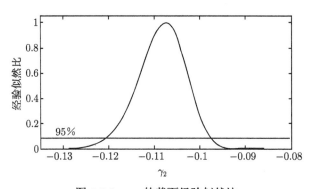

图 2.2.2　γ_2 的截面经验似然比

由图 2.2.1 和图 2.2.2 可以看出, 当数据近似服从非中心的 t 分布时, 截面经验似然比可能会出现不同程度的偏斜情况.

β_1 的截面经验似然比有着较为明显的左偏现象, 其置信度为 95% 的置信区间为 $(0.004603, 0.005124)$, 置信度为 0.9130. γ_2 的截面经验似然比有着轻微的左偏现象, 其置信度为 95% 的置信区间为 $(-0.1208, -0.0981)$, 置信度为 0.9565. 若决策者要同时兼顾两个参数的取值, 例如, 此例当中对均值影响最大的参数 β_1 和对方差影响最大的参数 γ_2, 则可以构造这两个参数的置信域.

图 2.2.3 说明了随着 β_1 的增大, γ_2 的取值范围与一维的结果类似, 并非是一个对称变化的过程. 若想更加妥善地控制质量损失率, 模型中 β_1 系数应当控制在其置信区间较为接近右端点的部分.

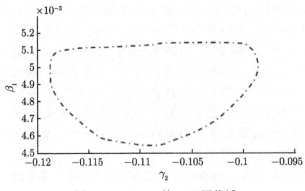

图 2.2.3　β_1, γ_2 的 95% 置信域

2.2.5　小结

本节研究了联合均值与方差模型中的经验似然置信域问题. 模拟研究的结果表明, 随着样本量的增大, 均值参数与方差参数的平均置信区间长度变小且平均覆盖率趋于 95%; 均值参数的模拟结果要优于方差参数. 本节可以进一步模拟该方法多个参数的置信域, 同时加入其他区间估计方法作为对比, 还可以考虑复杂数据下联合均值与方差模型的经验似然的推断, 如缺失数据、删失数据等.

2.3　缺失数据分析

2.3.1　引言

在现实数据的采集过程中, 很多抽样调查数据和试验数据都会受到无回答的干扰或者是因为某种原因而丢失, 我们称这样的数据为无响应. 对含有无响应的数据采用完全数据的统计方法进行统计分析, 则分析结果会出现较大偏差. 因此, 对缺失数据的统计推断研究是现在统计学的一个热点. 按照数据的缺失机制, 可以将缺失数据分为完全随机缺失 (MCAR)、随机缺失 (MAR) 和非随机缺失 (NMAR). 本节主要研究响应变量随机缺失的情形.

对于缺失数据问题, 特别是缺失数据下的均值回归模型, 国内外统计学家已经进行了深入的研究. Little 和 Rubin(2002) 给出了处理缺失数据的基本方法及基于似然方法下的缺失数据分析; Wang 和 Rao(2001, 2002) 研究了缺失数据下线性回归模型的经验似然; Chen 等 (2006) 给出了数据随机缺失下的局部拟似然估计; 李志强和薛留根 (2007, 2008) 在响应变量随机缺失下, 给出了广义变系数模型中响应变量的均值拟似然借补估计并证明了它们具有渐近正态性, 利用拟似然方法给出了广义变系数模型中非参数函数系数的估计; 李英华和秦永松 (2008) 研究了响应变量随机缺失下线性模型回归系数最小二乘估计的弱相合性、强相合性及渐近正态性; 王秀丽等 (2011) 在协变量缺失下给出了线性模型中参数的经验似然推断, 并利用逆概率加权的方法构造出未知参数的估计函数; 杨宜平 (2011) 在线性模型协变量随机缺失下, 给出了加权的经验似然方法和借补的经验似然方法. 另一方面, 基于正态分布下联合均值与方差模型的研究, 也吸引了许多学者的研究兴趣, Harvey(1976) 在一般条件下讨论了均值与方差效应的极大似然估计和似然比检验; Aitkin(1987) 给出了联合均值与方差模型的极大似然估计; 吴刘仓等 (2012) 研究了联合均值与方差模型的变量选择.

目前据我们所知, 对缺失数据的研究仅限于均值模型, 几乎没有文献研究缺失数据下的联合均值与方差模型, 然而在实际应用中为了更好地了解方差的来源, 对方差建模是非常必要的. 本节的主要目的是, 研究在响应变量随机缺失下, 基于正态分布的联合均值与方差模型的参数估计, 利用均值插补、回归插补及随机回归插补的方法填补缺失的响应变量值, 再利用完全数据的参数估计方法估计均值参数和方差参数, 由模拟和实例结果表明, 在该模型下随机回归插补与前两种插补方法相比, 表现出了对该模型均值参数和方差参数估计的有效性.

本节的组织结构安排如下: 2.3.2 节, 主要介绍均值插补、回归插补和随机回归插补方法. 2.3.3 节和 2.3.4 节通过模拟研究和一个实例分析说明所提出的插补方法. 2.3.5 节是小结.

2.3.2   缺失数据的插补方法和参数估计

设 $(y_i, x_i, z_i, \delta_i)$ 为来自模型 (1.1.2) 的不完全随机样本, 其中 x_i 可以完全观测, y_i 不能完全观测, 并假定 $\delta_i = 1$ 时, y_i 可以观测, $\delta_i = 0$ 时, y_i 缺失. 本节假定 y_i 为随机缺失, 即 $P(\delta_i = 1|y_i, x_i, z_i) = P(\delta_i = 1|x_i, z_i)$. y_i 在 MAR 机制下, 模型 (1.1.2) 可以写为

$$\begin{cases} \delta_i y_i \sim N(\mu_i, \sigma_i^2), \\ \mu_i = x_i^{\mathrm{T}}\beta, \\ \log \sigma_i^2 = z_i^{\mathrm{T}}\gamma, \\ i = 1, 2, \cdots, n. \end{cases} \tag{2.3.1}$$

为了方便, 令 $r = \sum\limits_{i=1}^{n} \delta_i$ 表示没有缺失数据 (有回答) 的单元数, $m = n - r$ 表示有缺失数据 (无回答) 的单元数, $s_r = i : \delta_i = 1(i = 1, 2, \cdots, n)$ 表示没有缺失数据的单元集, $s_m = i : \delta_i = 0(i = 1, 2, \cdots, n)$ 表示有缺失数据的单元集.

1. 完全数据下的极大似然估计

对于在完全数据下基于正态分布的联合均值与方差模型的参数估计已经有了很成熟的计算方法, 可以通过极大似然估计的方法对联合模型参数进行求解. 对于模型 (1.1.2), 假设 (y_i, x_i, z_i) 是可以观察到的第 i 个观测值, 由模型 (1.1.2) 知其对数似然函数 $\ell(\beta, \gamma)$ 可写为

$$\ell(\beta, \gamma) = -\frac{1}{2}\sum_{i=1}^{n} z_i^{\mathrm{T}}\gamma - \frac{1}{2}\sum_{i=1}^{n} \frac{(y_i - x_i^{\mathrm{T}}\beta)^2}{\mathrm{e}^{z_i^{\mathrm{T}}\gamma}}.$$

令 $\theta = (\beta^{\mathrm{T}}, \gamma^{\mathrm{T}})^{\mathrm{T}}$, 因此,

$$U(\theta) = \frac{\partial \ell(\theta)}{\partial \theta} = (U_1^{\mathrm{T}}(\beta), U_2^{\mathrm{T}}(\gamma))^{\mathrm{T}},$$

其中

$$U_1(\beta) = \frac{\partial \ell}{\partial \beta} = \sum_{i=1}^{n} \frac{(y_i - x_i^{\mathrm{T}}\beta)x_i}{\mathrm{e}^{z_i^{\mathrm{T}}\gamma}}, \quad U_2(\gamma) = \frac{\partial \ell}{\partial \gamma} = -\frac{1}{2}\sum_{i=1}^{n} z_i + \frac{1}{2}\sum_{i=1}^{n} \frac{(y_i - x_i^{\mathrm{T}}\beta)^2 z_i}{\mathrm{e}^{z_i^{\mathrm{T}}\gamma}}.$$

Fisher 信息阵为

$$\mathcal{I}_n(\theta) = \begin{pmatrix} \mathcal{I}_{11} & \mathcal{I}_{12} \\ \mathcal{I}_{21} & \mathcal{I}_{22} \end{pmatrix},$$

其中 $\mathcal{I}_{11} = \sum\limits_{i=1}^{n} \dfrac{x_i x_i^{\mathrm{T}}}{\mathrm{e}^{z_i^{\mathrm{T}}\gamma}}$, $\mathcal{I}_{12} = \mathcal{I}_{21} = 0$, $\mathcal{I}_{22} = \dfrac{1}{2}\sum\limits_{i=1}^{n} z_i z_i^{\mathrm{T}}$.

利用 Gauss-Newton 迭代法 (韦博成, 2006) 可以得到参数的极大似然估计的估计值.

2. 缺失数据下基于均值插补的参数估计

均值插补是指用回答单元的均值代替无回答的缺失值. 均值插补一般分为单一均值插补和分层均值插补, 单一均值插补是指将所有回答单元的观测值只计算出一个均值代替无回答的缺失值, 分层均值插补是指在进行插补之前, 利用辅助信息,

对总体进行分层, 使各层中的各单元尽可能相似, 然后在每一层中, 用该层有回答单元的均值插补该层无回答的缺失值. 在一定程度上, 分层均值插补比单一均值插补更为精细.

在联合均值与方差模型 (1.1.2) 中, 取缺失值 $y_i^* = \dfrac{\sum\limits_{i \in s_r} y_i}{\sum\limits_{i=1}^{n} \delta_i}$, 则补全后的 "完全数据" 为 $y_{i1} = \delta_i y_i + (1 - \delta_i) y_i^*$, 由此利用 Gauss-Newton 迭代法 (韦博成, 2006) 可以得到缺失数据下基于均值插补的均值模型与方差模型的参数估计值. 均值插补改变了变量分布, 在均值点上的数据集中, 按标准方差计算公式会低估估计量的方差, 所以均值插补方法比较适合进行简单的描述性研究, 而不适合较复杂的需要方差估计的分析.

3. 缺失数据下基于回归插补的参数估计

回归插补是根据响应变量 y 和与之对应的协变量 x 之间的关系, 建立回归模型, 即 $\hat{y}_i = x_i^{\mathrm{T}} \beta$. 然后依据已有的协变量 x 的信息, 对相应的目标变量 y 进行插补.

在联合均值与方差模型 (1.1.2) 中, 对 $(y_i, x_i, z_i), i \in s_r$ 利用极大似然估计的方法得到不完全数据下的均值参数估计 $\hat{\beta}_0$, 取缺失值 $\hat{y}_i^* = x_i^{\mathrm{T}} \hat{\beta}_0, i \in s_m$, 记补全后的 "完全数据" 为 $y_{i2} = \delta_i y_i + (1 - \delta_i) y_i^*$, 利用 Gauss-Newton 迭代法 (韦博成, 2006) 可得, 缺失数据下基于回归插补的均值模型与方差模型的参数估计值. 回归插补是从确定性的角度对缺失值进行了插补, 违背了插补缺失值的不确定性.

4. 缺失数据下基于随机回归插补的参数估计

回归插补方法是从确定性的角度对缺失值进行插补, 即插补是根据某种函数关系, 得到一个确定的插补值, 其基本表达式可以写成 $y_i = f(x_i)$. 如果在确定性插补方法的基础上给插补值增加一个随机成分, 即 $y_i = f(x_i) + e_i$. 因此可以将回归插补写为 $\hat{y}_i^* = x_i^{\mathrm{T}} \hat{\beta} + e_i$, 这时的回归插补就称为随机回归插补. 该随机项反映所预测值的不确定性影响. 在正态回归模型中, 该随机项服从正态分布, 其均值为零, 方差为回归中剩余方差.

在联合均值与方差模型 (1.1.2) 中, 对 $(y_i, x_i, z_i), i \in s_r$ 利用极大似然估计的方法得到不完全数据下的均值参数估计 $\hat{\beta}_0$ 及方差参数估计 $\hat{\gamma}_0$, 取缺失值 $\hat{y}_i^* = x_i^{\mathrm{T}} \hat{\beta}_0 + e_i, i \in s_m$, 其中 $e_i \sim N(0, \exp(z_i^{\mathrm{T}} \hat{\gamma}_0))$. 记补全后的 "完全数据" 为 $y_{i3} = \delta_i y_i + (1 - \delta_i) y_i^*$, 利用 Gauss-Newton 迭代法 (韦博成, 2006) 可得缺失数据下基于随机回归插补的均值模型与方差模型的参数估计值.

2.3.3　模拟研究

下面我们对 2.3.2 节提出的三种插补方法的参数估计的有限样本性质进行模拟

研究, 利用均方误差来评价 $\hat{\beta}$, $\hat{\gamma}$ 的估计精度, 定义为

$$\mathrm{MSE}(\hat{\beta}) = E(\hat{\beta} - \beta_0)^{\mathrm{T}}(\hat{\beta} - \beta_0),$$

$$\mathrm{MSE}(\hat{\gamma}) = E(\hat{\gamma} - \gamma_0)^{\mathrm{T}}(\hat{\gamma} - \gamma_0).$$

取 $\beta_0 = (3, 1.5, 2)^{\mathrm{T}}$, $\gamma_0 = (1, 0.7, 0.5)^{\mathrm{T}}$, x_i 和 z_i 的分量独立产生于 $U(-1, 1)$, 样本量 $n = 50, 100, 150$, 缺失概率 $p = 0.1, 0.3, 0.5$, 模拟次数为 1000. 模拟结果见表 2.3.1.

表 2.3.1 三种插补方法估计的模拟结果比较

样本量 n	缺失概率 p	插补方法	$\hat{\beta}^{\mathrm{T}}$	MSE$(\hat{\beta})$	$\hat{\gamma}^{\mathrm{T}}$	MSE$(\hat{\gamma})$
50	0.1	完全数据	(2.9959, 1.4991, 1.9965)	0.1705	(1.0857, 0.7479, 0.5274)	0.5814
		均值插补	(2.7692, 1.4023, 1.8542)	0.3367	(0.8270, 0.5689, 0.4025)	0.9398
		回归插补	(2.9930, 1.4980, 1.9974)	0.1984	(1.0991, 0.7596, 0.5261)	0.7398
		随机回归插补	(2.9925, 1.4995, 2.0019)	0.2137	(1.1107, 0.7692, 0.5254)	0.7571
	0.3	完全数据	(3.0120, 1.4881, 1.9994)	0.1769	(1.0731, 0.7517, 0.5135)	0.5906
		均值插补	(2.1641, 1.0856, 1.4299)	1.6604	(0.4662, 0.3224, 0.2363)	1.2540
		回归插补	(3.0076, 1.4973, 1.9949)	0.2795	(1.1116, 0.7524, 0.5141)	1.4922
		随机回归插补	(3.0057, 1.5011, 1.9986)	0.3249	(1.1354, 0.7672, 0.5354)	1.3336
	0.5	完全数据	(3.0044, 1.5259, 2.0088)	0.1742	(1.0665, 0.7555, 0.5339)	0.6124
		均值插补	(1.4592, 0.7418, 0.9839)	4.5013	(0.2997, 0.2017, 0.1705)	1.6166
		回归插补	(2.9969, 1.5245, 2.0311)	0.4823	(1.1034, 0.8297, 0.6057)	4.2354
		随机回归插补	(3.0046, 1.5169, 2.0361)	0.5501	(1.1520, 0.8784, 0.6414)	2.8951
100	0.1	完全数据	(2.9898, 1.4975, 2.0035)	0.0757	(1.0338, 0.7493, 0.5265)	0.2334
		均值插补	(2.7340, 1.3717, 1.8387)	0.2349	(0.7453, 0.5347, 0.3738)	0.5013
		回归插补	(2.9892, 1.5007, 2.0050)	0.0848	(1.0286, 0.7523, 0.5213)	0.2849
		随机回归插补	(2.9909, 1.5011, 2.0040)	0.0936	(1.0345, 0.7528, 0.5258)	0.2878
	0.3	完全数据	(2.9943, 1.4948, 1.9933)	0.0740	(1.0280, 0.7135, 0.5210)	0.2265
		均值插补	(2.1207, 1.0628, 1.4185)	1.4879	(0.4479, 0.2922, 0.2172)	0.8262
		回归插补	(2.9869, 1.4961, 1.9942)	0.1196	(1.0380, 0.7297, 0.5355)	0.4753
		随机回归插补	(2.9840, 1.4971, 1.9861)	0.1407	(1.0453, 0.7264, 0.5478)	0.4489
	0.5	完全数据	(3.0053, 1.4981, 2.0095)	0.0753	(1.0437, 0.7147, 0.5341)	0.2226
		均值插补	(1.4640, 0.7377, 0.9879)	4.1757	(0.2930, 0.2103, 0.1459)	1.1492
		回归插补	(3.0046, 1.5024, 2.0186)	0.1763	(1.1006, 0.7403, 0.5412)	1.0125
		随机回归插补	(3.0049, 1.5035, 2.0215)	0.2124	(1.0943, 0.7484, 0.5502)	0.7205
150	0.1	完全数据	(2.9964, 1.4949, 1.9981)	0.0468	(1.0155, 0.7160, 0.5144)	0.1312
		均值插补	(2.7285, 1.3668, 1.8157)	0.2017	(0.7142, 0.5010, 0.3563)	0.3881
		回归插补	(2.9955, 1.4945, 1.9962)	0.0525	(1.0195, 0.7204, 0.5173)	0.1562
		随机回归插补	(2.9980, 1.4959, 1.9949)	0.0577	(1.0208, 0.7251, 0.5223)	0.1620
	0.3	完全数据	(3.0015, 1.4985, 1.9971)	0.0485	(1.0226, 0.7206, 0.5164)	0.1363
		均值插补	(2.1267, 1.0607, 1.4158)	1.4110	(0.4250, 0.2959, 0.2146)	0.7480
		回归插补	(3.0078, 1.4983, 2.0003)	0.0713	(1.0374, 0.7308, 0.5306)	0.2726
		随机回归插补	(3.0075, 1.5008, 1.9991)	0.0837	(1.0490, 0.7305, 0.5259)	0.2653
	0.5	完全数据	(2.9990, 1.5079, 1.9917)	0.0473	(1.0204, 0.7182, 0.5113)	0.1419
		均值插补	(1.4633, 0.7376, 0.9882)	4.0867	(0.2828, 0.2218, 0.1439)	1.0371
		回归插补	(2.9993, 1.5039, 2.0013)	0.1053	(1.0416, 0.7298, 0.5280)	0.5521
		随机回归插补	(2.9996, 1.5004, 1.9974)	0.1283	(1.0481, 0.7407, 0.5393)	0.3957

通过对模拟结果的比较可以得到以下结论:

(1) 给定缺失率 p, 随着样本量 n 的增大, 四种估计方法的均方误差越来越小;

(2) 给定样本量 n, 随着缺失率 p 的减小, 四种估计方法的均方误差越来越小;

(3) 针对三种插补方法而言, 随机回归插补方法的方差参数估计好于回归插补方法, 而且随着样本量的增大及缺失概率的增加, 这种规律体现得更加明显, 随机回归插补的均值参数估计与回归插补方法得到的估计结果基本类似, 回归插补方法在均值参数估计及方差参数估计时均好于均值插补方法.

2.3.4 实例分析

我们用 Atkinson(1982), Cook 和 Weisberg(1983), Aitkin(1987) 和 Verbyla(1993) 研究的 MINITAB 树的数据 (Ryan et al., 1976) 应用 2.3.2 节的方法进行分析. 在 MINITAB 树的数据中, 31 棵樱桃树的体积为响应变量, 其树高 H 和直径 D 为解释变量. 一种较直观的物理模型是树的体积 $V^{1/3}$ 对树高 H 和树的直径 D 的关系.

本节取 $Y = V^{1/3}$, $X_1 = H$, $X_2 = D$, 考虑下列模型

$$\begin{cases} y_i \sim N(\mu_i, \sigma_i^2), \\ \mu_i = \beta_0 + x_{i1}\beta_1 + x_{i2}\beta_2, \\ \log \sigma_i^2 = \gamma_0 + x_{i1}\gamma_1 + x_{i2}\gamma_2, \\ i = 1, 2, \cdots, 31. \end{cases}$$

采用 2.3.2 节中的三种插补估计方法, 分别计算在完全数据下的参数估计值及在树的体积数据随机缺失 30% 后采用不同的插补方法得到的参数估计值, 见表 2.3.2.

表 2.3.2 MINITAB 树 $V^{1/3}$ 的联合均值与方差模型的参数估计

模型	插补方法	常数项	H	D
均值模型	完全数据	0.0624	0.1491	0.0125
	均值插补	1.6760	0.1321	-0.0042
	回归插补	0.0016	0.1696	0.0090
	随机回归插补	-0.0054	0.1647	0.0102
方差模型	完全数据	-108.7059	-1.7782	1.6416
	均值插补	8.6415	0.1774	-0.1849
	回归插补	-24.2793	-0.7207	0.3700
	随机回归插补	-52.8140	-2.8742	1.1661

经计算比较可发现:

(1) 随机回归插补与回归插补对均值参数的估计结果基本相同, 并且都接近于完全数据下的均值参数估计结果, 但从方差参数的估计结果来看, 与随机回归方法

相比, 回归插补的方差参数估计结果明显偏小, 随机回归插补方法得到的方差参数估计更接近于完全数据下的估计结果.

(2) 随机回归插补及回归插补方法得到的估计结果均远远优于均值插补方法得到的估计结果.

2.3.5　小结

本节在响应变量随机缺失下研究了基于正态数据下联合均值与方差模型的参数估计, 主要研究了均值插补、回归插补、随机回归插补三种插补方法. 模拟和实例研究结果表明, 在该模型下随机回归插补与前两种插补方法相比, 表现出了对该模型均值参数和方差参数估计的优越性.

2.4　基于频率下的统计诊断

2.4.1　引言

本节研究联合均值与方差模型 (1.1.2), 基于数据删除模型的参数估计和统计诊断, 比较删除模型与未删除模型相应统计量之间的差异. 研究了基于联合均值与方差模型的诊断统计量和局部影响分析. 通过模拟研究和实例分析, 给出了不同的诊断统计量来判别异常点或强影响点, 研究结果表明本节提出的理论和方法是有用和有效的.

本节的组织结构安排如下: 2.4.2 节介绍了联合均值与方差模型及其删除模型, 给出了基于数据删除模型的统计诊断量似然距离和 Cook 距离. 2.4.3 节研究了联合模型的局部影响分析. 2.4.4 节说明所提出统计诊断方法在有限样本下的效果. 2.4.5 节是实例分析. 2.4.6 节是本节的小结.

2.4.2　基于数据删除模型的统计诊断

该部分在数据删除模型的基础上, 详细介绍了诊断统计量似然距离和 Cook 距离的计算方法与表达式, 以及诊断结果的解释说明.

对于联合均值与方差模型, 为了评价第 i 个数据点 (x_i, y_i) 在联合均值与方差模型中的作用和影响, 可通过比较第 i 个点 (x_i, y_i) 删除前后统计推断结果的变化, 来检测这个点是否为异常点或强影响点. 删除第 i 个数据点以后的模型称为数据删除模型 (case-deletion model, CDM). 数据删除模型是统计诊断的最基本的模型, 比较删除模型与未删除模型相应统计量之间的差异是统计诊断最基本的方法. 数据删除模型的统计诊断方法具体实施步骤如下.

步骤 1　指出如何得到估计参数 $\hat{\theta}$ 与 $\hat{\theta}(i)$, 通常可以给出它们之间的关系式或近似关系式;

步骤 2   定义某种合适的"广义距离" D_i, 来度量 $\hat{\theta}$ 与 $\hat{\theta}(i)$ 之间的"差异", D_i 通常称为诊断统计量;

步骤 3   对每个数据点分别计算广义距离, 可通过列表或画图, 找出一个或几个特别大的 D_i (也可能没有特别大的), 则相应的数据点可能为异常点或强影响点.

由于 $\hat{\theta}$ 和 $\hat{\theta}(i)$ 是向量, 不便于比较大小, 所以需要其他的方法来检测异常点或强影响点. 因此导出在联合均值与方差模型下基于数据删除模型的诊断统计量, 如广义 Cook 距离与 Cook 距离、似然距离等.

1. 似然距离及其计算

由韦博成等 (2009) 可知, 对于本节中的未删除模型及其删除模型, 对应于第 i 个数据点的似然距离为

$$\mathrm{LD}_i = 2\{L(\hat{\theta}) - L(\hat{\theta}(i))\}. \tag{2.4.1}$$

由于 $L(\hat{\theta})$ 为全局最大值, 因此恒有 $\mathrm{LD}_i \geqslant 0$. 似然距离 LD_i 反映了第 i 个数据点 (x_i, y_i) 对参数 θ 的极大似然估计的影响. 对于远大于其他似然距离的点, 说明删除该点对参数估计值影响较大, 即该点为强影响点或异常点. 本节中的模型, 似然距离没有显式, 因此需要用近似计算得出其数值解.

对 (2.4.1) 式在 $\hat{\theta}$ 处进行 Taylor 展开可得

$$\begin{aligned}
\mathrm{LD}_i &= -2\{L(\hat{\theta}(i)) - L(\hat{\theta})\} \\
&= -2\left\{\dot{L}(\hat{\theta})(\hat{\theta}(i) - \hat{\theta}) + \frac{1}{2}(\hat{\theta}(i) - \hat{\theta})^{\mathrm{T}}\ddot{L}(\hat{\theta})(\hat{\theta}(i) - \hat{\theta}) + \text{余项}\right\},
\end{aligned}$$

由于 $\dot{L}(\hat{\theta}) = 0$, 从而得到似然距离的近似公式如下

$$\mathrm{LD}_i^I = (\hat{\theta} - \hat{\theta}(i))^{\mathrm{T}}[-\ddot{L}(\hat{\theta})](\hat{\theta} - \hat{\theta}(i)) \quad \text{或} \quad \mathrm{LD}_i^I = (\hat{\theta} - \hat{\theta}(i))^{\mathrm{T}}[I(\hat{\theta})](\hat{\theta} - \hat{\theta}(i)).$$

应用 Gauss-Newton 迭代法 (韦博成, 2006) 可得参数的估计值 $\hat{\theta}$ 和 $\hat{\theta}(i)$. 为了计算的简便, 本节使用 Fisher 信息阵计算似然距离.

2. 广义 Cook 距离及其计算

由 2.4.2 节知, 可以得到参数的估计值 $\hat{\theta}$ 和 $\hat{\theta}(i)$, 但对于解释变量为二维及以上的情形, 参数 $\hat{\theta}$ 和 $\hat{\theta}(i)$ 均为向量, 难以比较大小. 这里我们应用 Cook 距离来刻画参数 $\hat{\theta}$ 和 $\hat{\theta}(i)$ 的变化.

广义 Cook 距离 $\mathrm{GD}_i = \|\hat{\theta} - \hat{\theta}(i)\|_M^2$, 其中 M 为某一权矩阵. 广义 Cook 距离定义为

$$\mathrm{GD}_i = \|\hat{\theta} - \hat{\theta}(i)\|_M^2 = \frac{(\hat{\theta} - \hat{\theta}(i))^{\mathrm{T}} H(\hat{\theta} - \hat{\theta}(i))}{c}, \tag{2.4.2}$$

其中 H 为正定的权矩阵; $c > 0$ 为尺度因子. M 和 c 可以选取各种不同的值, 但是对于比较 $\hat{\theta}$ 与 $\hat{\theta}(i)$ 之间差异影响并不大, 本节取 $H = (x^{\mathrm{T}}, z^{\mathrm{T}})^{\mathrm{T}}$ 和 $c = rp\hat{\sigma}^2 (r$ 为常系数), 且

$$
\begin{aligned}
H = X^{\mathrm{T}}X &= \sum_{j=1}^{n} x_j x_j^{\mathrm{T}} = \sum_{j \neq i} x_j x_j^{\mathrm{T}} + x_i x_i^{\mathrm{T}} \\
&= X^{\mathrm{T}}(j)X(j) + x_i x_i^{\mathrm{T}}, \quad c = rp\hat{\sigma}^2 = rp\exp(z_i^{\mathrm{T}}\gamma).
\end{aligned}
$$

在具体的数据分析中, 先逐点计算出 Cook 距离 GD_i, $i = 1, 2, \cdots, n$. 通过画散点图, 找出其中特别大的 GD_i, 相应的数据点就是对参数 θ 的估计影响比较大的点, 可能为异常点或强影响点.

2.4.3 局部影响分析

局部影响分析是 Cook(1986) 首先提出来的一种统计诊断方法, 主要特点是引入扰动的概念, 将异常点或强影响点定义为比其他点受到更大扰动的点. 该部分将介绍均值扰动模型和方差加权模型.

1. 均值扰动模型

均值扰动模型如下:

$$
\begin{cases}
y_i \sim N(\mu_i + \omega_i, \sigma_i^2), \\
\mu_i = x_i^{\mathrm{T}}\beta, \\
\log \sigma_i^2 = z_i^{\mathrm{T}}\gamma, \\
i = 1, 2, \cdots, n.
\end{cases}
\tag{2.4.3}
$$

其中 $\omega = (\omega_1, \cdots, \omega_n)^{\mathrm{T}}, \omega_0 = (0, \cdots, 0)^{\mathrm{T}}$ 表示联合均值与方差模型没有扰动, $\theta = (\beta^{\mathrm{T}}, \gamma^{\mathrm{T}})^{\mathrm{T}}$. 相应对数似然函数可表示为

$$
L(\theta|\omega) = \frac{1}{2}\sum_{i=1}^{n}\log(2\pi) - \frac{1}{2}\sum_{i=1}^{n} z_i^{\mathrm{T}}\gamma - \frac{1}{2}\sum_{i=1}^{n}\frac{(y_i - x_i^{\mathrm{T}}\beta - \omega_i)^2}{\exp(z_i^{\mathrm{T}}\gamma)}.
$$

$L(\theta|\omega)$ 的前二阶导数可表示为

$$
\frac{\partial L}{\partial \beta} = \sum_{i=1}^{n}\frac{(y_i - x_i^{\mathrm{T}}\beta - \omega_i)x_i}{\exp(z_i^{\mathrm{T}}\gamma)},
$$

$$
\frac{\partial L}{\partial \gamma} = \frac{1}{2}\sum_{i=1}^{n}\frac{(y_i - x_i^{\mathrm{T}}\beta - \omega_i)^2 z_i}{\exp(z_i^{\mathrm{T}}\gamma)} - \frac{1}{2}\sum_{i=1}^{n} z_i,
$$

$$
\frac{\partial^2 L}{\partial \beta \partial \omega_i} = -\frac{x_i}{\exp(z_i^{\mathrm{T}}\gamma)},
$$

$$
\frac{\partial^2 L}{\partial \gamma \partial \omega_i} = -\frac{(y_i - x_i^{\mathrm{T}}\beta - \omega_i)z_i}{\exp(z_i^{\mathrm{T}}\gamma)}.
$$

2. 方差加权模型

方差加权模型如下:

$$\begin{cases} y_i \sim N(\mu_i, \sigma_i^2/\omega_i), \\ \mu_i = x_i^{\mathrm{T}}\beta, \\ \log \sigma_i^2 = z_i^{\mathrm{T}}\gamma, \\ i = 1, 2, \cdots, n. \end{cases} \tag{2.4.4}$$

其中 $\omega = (\omega_1, \cdots, \omega_n)^{\mathrm{T}}, \omega_0 = (1, \cdots, 1)^{\mathrm{T}}$ 表示联合均值与方差模型没有扰动, $\theta = (\beta^{\mathrm{T}}, \gamma^{\mathrm{T}})^{\mathrm{T}}$. 相应对数似然函数可表示为

$$L(\theta|\omega) = \frac{1}{2}\sum_{i=1}^{n}\log\frac{2\omega_i}{\pi} - \frac{1}{2}\sum_{i=1}^{n}z_i^{\mathrm{T}}\gamma - \frac{1}{2}\sum_{i=1}^{n}\frac{(y_i - x_i^{\mathrm{T}}\beta)^2\omega_i}{\exp(z_i^{\mathrm{T}}\gamma)}.$$

$L(\theta|\omega)$ 的前二阶导数可表示为

$$\frac{\partial L}{\partial \beta} = \sum_{i=1}^{n}\frac{(y_i - x_i^{\mathrm{T}}\beta)x_i\omega_i}{\exp(z_i^{\mathrm{T}}\gamma)},$$

$$\frac{\partial L}{\partial \gamma} = \frac{1}{2}\sum_{i=1}^{n}\frac{(y_i - x_i^{\mathrm{T}}\beta)^2 z_i\omega_i}{\exp(z_i^{\mathrm{T}}\gamma)},$$

$$\Delta\beta(i) = \frac{\partial^2 L}{\partial\beta\partial\omega_i} = \frac{(y_i - x_i^{\mathrm{T}}\beta)x_i}{\exp(z_i^{\mathrm{T}}\gamma)},$$

$$\Delta\gamma(i) = \frac{\partial^2 L}{\partial\gamma\partial\omega_i} = \frac{(y_i - x_i^{\mathrm{T}}\beta)^2 z_i}{2\exp(z_i^{\mathrm{T}}\gamma)}.$$

由模型 (2.4.3), (2.3.4) 可得到 $\theta = (\beta^{\mathrm{T}}, \gamma^{\mathrm{T}})^{\mathrm{T}}$ 的影响矩阵表示如下:

$$-\ddot{F}(\theta) = -\frac{\partial^2 L(\hat{\theta}(\omega))}{\partial\omega\partial\omega^{\mathrm{T}}}\bigg|_{(\omega_0,\hat{\theta})} = \Delta\theta^{\mathrm{T}}[-\ddot{L}(\hat{\theta})]^{-1}\Delta\theta, \quad \text{其中} \quad \Delta\theta = \Delta(\beta^{\mathrm{T}}, \Delta(\gamma^{\mathrm{T}})^{\mathrm{T}}).$$

2.4.4　模拟研究

下面用 Monte Carlo 随机模拟方法来验证上述诊断统计量的可行性和有效性. 考虑模型 (1.1.2), 选取 $\beta = (3, 2, 1.5)^{\mathrm{T}}$, $\gamma = (0.3, 0.2, 0.1)^{\mathrm{T}}$.

首先, 产生 200 个 1×7 的数组, 这个数组中第 2 列到第 7 列的每个元素为 -1 到 1 之间连续均匀分布的随机数, 第 2 列到第 4 列为解释变量 X 的值, 第 5 列到第 7 列为解释变量 Z 的值. 第 1 列为相应的服从正态分布的随机数, 作为被解释变量 Y 的值. 然后将被解释变量 Y 的第 3 行的值从原始的 0.9789 改为 4.9789, 第 190 行的值从原始的 -0.3918 改为 -3.3918, 即人为地制造两个异常点, 然后根据上

述的诊断方法, 得出结果. 判断上述统计量是否有效. 模拟结果如图 2.4.1 和图 2.4.2 所示.

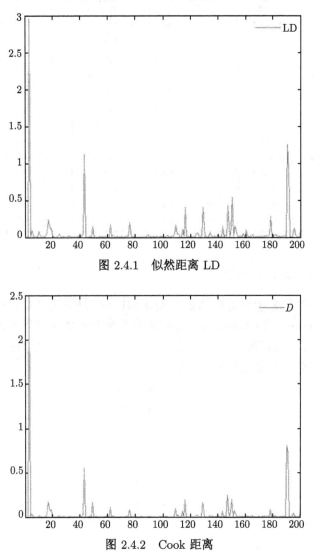

图 2.4.1 似然距离 LD

图 2.4.2 Cook 距离

2.4.5 实例分析

Ratkowsky(1983) 的洋葱数据, 反映洋葱产量和种植密度之间的关系, 见表 2.4.1. 其中 x_i 表示洋葱的种植密度, y_i 表示相应的种植产量.

表 2.4.1　洋葱数据

编号	x_i	y_i	编号	x_i	y_i	编号	x_i	y_i
1	20.64	176.58	15	45.34	128.70	29	73.36	76.81
2	26.91	159.07	16	45.71	152.17	30	80.73	76.63
3	26.91	122.41	17	46.82	100.36	31	89.58	90.53
4	28.02	128.32	18	47.18	123.32	32	95.47	71.28
5	32.44	125.77	19	47.92	114.44	33	98.05	56.61
6	34.28	126.81	20	48.66	131.27	34	98.42	75.09
7	35.76	147.77	21	53.45	115.12	35	102.48	65.26
8	36.49	117.29	22	55.66	95.52	36	105.8	64.48
9	38.71	133.49	23	59.35	94.94	37	106.53	61.84
10	39.44	128.87	24	59.72	119.28	38	108.75	65.19
11	39.81	110.04	25	63.04	93.64	39	115.38	57.10
12	40.92	111.15	26	67.09	85.73	40	150.77	52.68
13	42.76	134.12	27	68.93	89.26	41	152.24	47.01
14	43.50	99.94	28	69.30	88.55	42	155.19	44.28

1. 洋葱数据的正态性检验

用 MATLAB 软件对洋葱数据进行 QQ 图检验, 得到图 2.4.3. 利用 MATLAB 中的函数 skewness( ) 和 kurtosis( ) 分别求得洋葱数据的偏度值 0.0967 和峰度值 2.2459, 而正态分布的偏度值为 0, 峰度值为 3. 综上可得, 洋葱数据近似服从正态分布, 所以可用本节提出的方法进行分析.

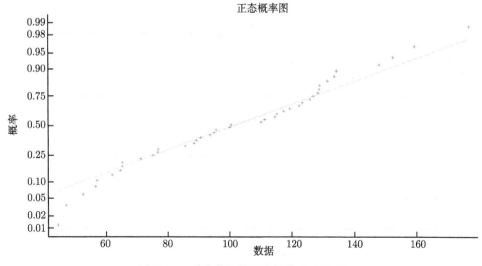

图 2.4.3　洋葱数据的正态性检验 QQ 图

2. 似然距离和 Cook 距离的实例分析

采用 2.4.2 节提出的诊断统计量, 通过计算得到以下结果. 从图 2.4.4 可以看出第 1, 33, 40, 41, 42 号点是异常点或强影响点, 从图 2.4.5 可以看出第 33, 40, 41, 42 号点是异常点或强影响点.

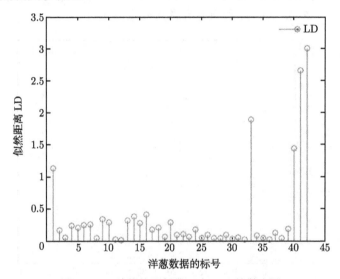

图 2.4.4 洋葱数据似然距离 LD 的散点图

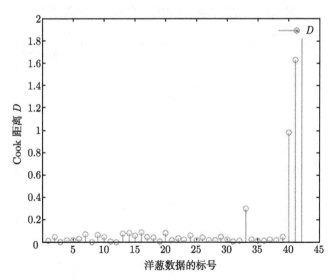

图 2.4.5 洋葱数据 Cook 距离 D 的散点图

3. 局部影响的实例分析

采用 2.4.3 节提出的均值扰动和方差加权扰动两种方法, 通过计算得到以下结果.

由图 2.4.6 可以看出第 40, 41, 42 号点是异常点或强影响点, 由图 2.4.7 可以看出第 1, 2, 7, 16, 33, 40, 41, 42 号点是异常点或强影响点.

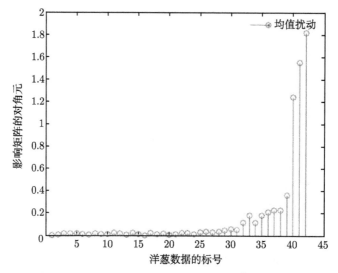

图 2.4.6　均值扰动影响矩阵对角元 $-\bar{F}$ 的散点图

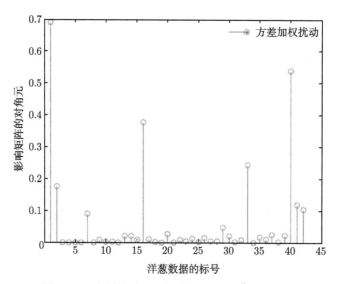

图 2.4.7　方差扰动影响矩阵对角元 $-\bar{F}$ 的散点图

4. 实例分析小结

从上面的分析中可以看出, 虽然诊断的结果有区别, 但都可得第 1, 33, 40, 41, 42 号点是异常点或强影响点. 另外, 从局部影响分析可以看出, 第 2, 7, 16 号点也有可能是异常点或强影响点. 我们实例分析中所用的洋葱数据反映的是洋葱产量和种植密度之间的关系. 从数据中我们可以看出, 随着洋葱种植密度的增加, 洋葱产量基本呈现出一种下降的趋势. 虽然有一定的波动, 但相比之下, 波动不太大, 在误差的允许范围之内.

我们先观察都诊断出的点, 即第 1, 33, 40, 41, 42 号点. 可以发现, 当它们的种植密度与其他点相近时, 洋葱的产量有大幅度的增加或减少, 是异常的. 再观察局部影响分析比其他统计量多诊断出来的点, 即第 2, 7, 16 号点. 从洋葱数据中可以观察出, 与种植密度相近的其他点相比, 第 2, 7, 16 号点的洋葱产量均有大幅度的增加, 也可说明是异常点.

综上所述, 我们可以得到第 1, 2, 7, 16, 33, 40, 41, 42 号点均为异常点. 由以上分析结果可以观察出, 在本节所用的模型中, 虽然似然距离和 Cook 距离都能诊断出部分异常点或强影响点. 但局部影响分析中, 方差加权扰动模型的诊断效果比较好.

2.4.6 小结

本节针对联合均值与方差模型, 基于数据删除方法和局部影响分析, 进行了统计诊断方法的研究. 研究结果表明, 我们的方法能同时对均值模型和方差模型进行统计诊断, 根据选取参数的不同, 可以从不同的角度得到统计诊断的结果, 相互比较使诊断结果更接近于真实情况. 模拟和实例的分析表明了该研究模型和诊断方法的可行性和有效性.

2.5 基于 Bayes 下的统计诊断

本节在 Bayes 的框架下, 基于数据删除方法研究了联合均值与方差模型 (1.1.2) 的统计诊断. 研究了四种基于数据删除模型的 Bayes 诊断统计量: K-L 距离、L_1-距离、χ^2-距离和 Cook 后验均值距离, 均可基于完全数据和删除数据, 通过 MCMC 算法从后验分布中抽样得到. 模拟数据和实例数据的分析结果表明本节提出的理论和方法是行之有效的.

2.5.1 引言

在统计分析中, 用选定模型分析数据时, 都需要满足一些假定条件. 但是实际数据灵活多变, 因此在研究过程中, 就会遇到许多问题. 例如, 选择的模型是否能反映实际问题, 与实际数据之间是否存在较大的偏差等. 如果不考虑这种偏差, 就有可能导致分析结果与真实情况相差甚远. 而且数据集里的每个数据点对统计推断的影响不一定相同, 可能有某些数据点的影响特别大, 即强影响点 (influential point); 还有一些严重偏离既定模型的数据点, 即异常点. 另外, 在收集或整理数据过程中的某些误差会不会对统计推断产生较大的影响, 以及如何影响等. 针对上述种种问题, 统计学者们发展起来了统计诊断的方法.

由于在生物医学、环境科学、工程技术等领域中, 对于所研究的问题, 考虑到样本的珍稀程度以及获取样本的成本较高等方面的因素, 我们很难获得大量样本. 为了使基于小样本做统计分析依然能得到较准确的结果, Thomas Bayes 创立了 Bayes 统计理论. 借助对于所研究问题的经验信息, 结合样本做统计分析.

其中, 在 Bayes 统计诊断方面, Bayes 数据删除影响诊断引起了越来越多的相关方向的研究者的关注, 主要从两个方面来展开. 一是考虑删除数据对后验分布的影响, 比较完全数据的后验分布和删除数据的后验分布之间的差异, 一般用 Φ-差异统计量来度量这种差异, 主要包括 K-L 距离、L_1-距离、χ^2-距离等. 这种方法被应用于广义线性模型、非线性模型、生存模型、时间序列模型、潜变量模型等不同的模型中. Weiss 和 Cook(1992) 基于数据删除诊断方法, 介绍了 K-L 距离在广义线性模型中的应用; Peng 和 Dey(1995) 基于 Φ-差异统计量, 提出了几种 Bayes 诊断度量, 并应用于一般线性模型和非线性模型中; Weiss 和 Cho(1998) 考虑数据删除分别对联合后验密度和边缘后验密度的影响, 并将其应用到正态线性模型和分层正态随机效应模型中; Cho 等 (2009) 用数据删除方法, 基于联合后验和边缘后验分布, 提出了一种新的 K-L 距离; Zhu 等 (2012) 系统研究了三种 Bayes 数据删除影响测度 (Φ-差异统计量、Cook 后验众数距离统计量、Cook 后验均值距离统计量) 的统计性质, 并把这些诊断方法应用到带有缺失数据的统计模型中.

另一种方法是考虑删除数据对预测分布的影响, 比较完全数据的预测分布和删除数据的预测分布之间的差异, 见 Johnson 和 Geisser(1983)、Johnson 等 (1985)、Gelfand 等 (1992)、Geisser(1993)、Gelfand 和 Dey(1994). Johnson 和 Geisser(1983) 提出了预测密度函数的概念, 基于 K-L 距离, 从预测的角度做强影响点的诊断.

基于以上综述可知, 尽管 Bayes 诊断方法越来越丰富, 但目前大多数文献集中于研究复杂数据和复杂模型下均值回归模型的统计诊断, 在联合模型方面却很少涉及. 但是, 在实际应用中, 方差的作用是举足轻重的. 分析实际问题的时候, 经常需要知道有哪些因素对方差产生了较大的影响. 因此, 考虑到联合模型及统计诊断在数据分析中的重要作用, 本节基于数据删除的方法, 研究联合均值与方差模型的 Bayes 统计诊断.

本节的内容安排如下: 2.5.2 节基于联合均值与方差模型, 给出未知参数的先验分布, 应用 Bayes 方法, 推导出联合模型的参数估计理论; 2.5.3 节结合有关数据删除诊断方法的参考文献, 在 Bayes 框架下, 计算出四个联合模型的统计诊断量的表达式; 2.5.4 节利用联合分布的随机数, 结合本节的估计方法和诊断方法, 得出计算结果, 验证本节所提出方法的可行性和有效性; 2.5.5 节用一个有关儿童心脏病的实际数据, 进行实例分析, 并与参考文献中的结果进行比较, 说明本节所提出方法的效果; 2.5.6 节是小结.

2.5.2 Bayes 联合模型

1. 联合均值与方差模型

对于联合均值与方差模型:

$$
\begin{cases}
y_i \sim N(\mu_i, \sigma_i^2), \\
\mu_i = x_i^{\mathrm{T}}\beta, \\
\log \sigma_i^2 = z_i^{\mathrm{T}}\gamma, \\
i = 1, 2, \cdots, n.
\end{cases}
\tag{2.5.1}
$$

其中 $x_i = (x_{i1}, \cdots, x_{ip})^{\mathrm{T}}$ 和 $z_i = (z_{i1}, \cdots, z_{iq})^{\mathrm{T}}$ 是解释变量, y_i 是相应的被解释变量, $\beta = (\beta_1, \cdots, \beta_p)^{\mathrm{T}}$ 是均值模型的未知参数向量, $\gamma = (\gamma_1, \cdots, \gamma_q)^{\mathrm{T}}$ 是方差模型的未知参数向量. z_i 可能包含 x_i 中的部分或全部变量, 以及其他不在 x_i 中的变量, 即均值模型和方差模型可能有部分相同或全部相同的解释变量, 甚至完全不同的解释变量, 但相同的解释变量在均值模型和方差模型中有不同的影响方式. 本节主要基于 Bayes 估计理论来研究模型 (2.5.1) 的统计诊断方法.

2. Bayes 估计

1) 参数的先验概率密度函数

为了用 Bayes 方法来估计模型 (2.5.1) 中的参数 β 和 γ, 记为 $\theta = (\beta^{\mathrm{T}}, \gamma^{\mathrm{T}})^{\mathrm{T}}$, 我们需要给定所估计参数的先验分布. 这里, 假定 β 和 γ 是相互独立的, 且均服从正态分布, 即 $\beta \sim N(b, B)$, $\gamma \sim N(g, G)$, 其中 b, B, g, G 均为已知量. 基于模型 (2.5.1) 可得似然函数为

$$
\begin{aligned}
L(\beta, \gamma | Y, X, Z) &= \prod_{i=1}^{n} \frac{1}{\sqrt{2\pi \exp(z_i^{\mathrm{T}}\gamma)}} \exp\left[-\frac{(y_i - x_i^{\mathrm{T}}\beta)^2}{2\exp(z_i^{\mathrm{T}}\gamma)} \right] \\
&\propto |\Sigma|^{-\frac{1}{2}} \exp\left\{ -\frac{1}{2}(Y - X\beta)^{\mathrm{T}}|\Sigma|^{-1}(Y - X\beta) \right\},
\end{aligned}
\tag{2.5.2}
$$

其中 $\Sigma = \mathrm{diag}\left\{ \exp(z_1^{\mathrm{T}}\gamma), \exp(z_2^{\mathrm{T}}\gamma), \cdots, \exp(z_n^{\mathrm{T}}\gamma) \right\}$.

由给定参数的先验概率密度函数可得联合后验概率密度函数为

$$
p(\beta, \gamma | Y, X, Z) \propto |\Sigma|^{-\frac{1}{2}} \exp\left\{ -\frac{1}{2}(Y - X\beta)^{\mathrm{T}}|\Sigma|^{-1}(Y - X\beta) \right.
$$

$$-\frac{1}{2}(\beta-b)^{\mathrm{T}}B^{-1}(\beta-b)-\frac{1}{2}(\gamma-g)^{\mathrm{T}}G^{-1}(\gamma-g)\Big\}. \quad (2.5.3)$$

2) MH 算法

基于联合后验概率密度函数 (2.5.3) 式, 结合参数的先验分布, 可得参数 β 的条件分布为

$$p(\beta|Y,X,Z,\gamma) \propto \exp\Big\{-\frac{1}{2}(Y-X\beta)^{\mathrm{T}}|\Sigma|^{-1}(Y-X\beta)-\frac{1}{2}(\beta-b)^{\mathrm{T}}B^{-1}(\beta-b)\Big\}$$

$$\propto \exp\Big\{-\frac{1}{2}(\beta-b^*)^{\mathrm{T}}B^{*-1}(\beta-b^*)\Big\}, \quad (2.5.4)$$

其中, $B^* = (B^{-1}+X^{\mathrm{T}}|\Sigma|^{-1}X)^{-1}, b^* = B^*(B^{-1}b+X^{\mathrm{T}}|\Sigma|^{-1}X).$

参数 γ 的条件分布为

$$p(\gamma|Y,X,Z,\beta) \propto |\Sigma|^{-\frac{1}{2}}\exp\Big\{-\frac{1}{2}(Y-X\beta)^{\mathrm{T}}|\Sigma|^{-1}(Y-X\beta)-\frac{1}{2}(\gamma-g)^{\mathrm{T}}G^{-1}(\gamma-g)\Big\}. \quad (2.5.5)$$

由 (2.5.4) 式可以明显地看出, 参数 β 的条件分布是一个正态分布 $N(b^*,B^*)$, 可以用 Gibbs 抽样直接得到参数 β 的估计结果. 但参数 γ 的条件分布 $p(\gamma|Y,X,Z,\beta)$ 是一个未知的分布, 很难直接进行抽样. 因此, 我们用 MH 算法来估计参数 γ, 根据 Lee 等 (2000), 我们选取正态分布 $N(\gamma^{(l)},\delta_\gamma^2\Omega_\gamma^{-1})$ 作为参数 γ 的建议分布 (proposal distribution). 其中 δ_γ^2 的选择标准是使参数 γ 的抽样接受率在 0.25 到 0.45 之间, 见 Gelman 等 (1995). 本节选取 $\delta_\gamma^2 = 1.5$, 抽样接受率为 0.37. Ω_γ 选取如下:

$$\Omega_\gamma = \frac{1}{2}\sum_{i=1}^n \frac{(y_i-x_i^{\mathrm{T}}\beta^{(l)})^2}{\exp(z_i^{\mathrm{T}}\gamma^{(l)})}z_iz_i^{\mathrm{T}}+G^{-1}. \quad (2.5.6)$$

参数 γ 的接受率为

$$\alpha(\gamma^*,\gamma^{(l)}) = \min\Big\{1,\frac{p(\gamma^*|Y,X,Z,\beta)}{p(\gamma^{(l)}|Y,X,Z,\beta)}\Big\}, \quad (2.5.7)$$

其中 γ^* 是从建议分布 $N(\gamma^{(l)},\delta_\gamma^2\Omega_\gamma^{-1})$ 中抽取的备选样本, 根据接受率决定是否接受样本 γ^*.

根据 (2.5.4) 式和参数 γ 的建议分布 $N(\gamma^{(l)},\delta_\gamma^2\Omega_\gamma^{-1})$, 利用 Gibbs 抽样, 可得到未知参数 β 和 γ 的抽样结果, 抽样过程如下所示:

步骤 1　给定未知参数的初始值 $\theta^{(0)} = (\beta^{T(0)^{\mathrm{T}}},\gamma^{T(0)})$;

步骤 2　根据 $\theta^{(l)} = (\beta^{T(l)},\ \gamma^{T(l)})^{\mathrm{T}}$, 我们计算 $\Sigma^{(l)} = \mathrm{diag}\{\exp(z_1^{\mathrm{T}}\gamma^{(l)}),\exp(z_2^{\mathrm{T}}\gamma^{(l)}),\cdots,\exp(z_n^{\mathrm{T}}\gamma^{(l)})\}$;

步骤 3　根据 $\theta^{(l)} = (\beta^{T(l)},\gamma^{T(l)})^{\mathrm{T}}$, 从 β 的条件分布 (2.5.4) 式中抽样得到 $\beta^{(l+1)}$, 从 γ 的建议分布 $N(\gamma^{(l)},\delta_\gamma^2\Omega_\gamma^{-1})$ 中抽样得到 $\gamma^{(l+1)}$;

步骤 4 重复步骤 2 和步骤 3.

3) Bayes 估计

综上所述, 我们用 Gibbs 算法和 MH 算法进行抽样, 得到的参数 β 和 γ 的随机样本, 记为 $\theta^{T(l)} = (\beta^{T(l)}, \gamma^{T(l)})^{\mathrm{T}}, l = 1, 2, \cdots, n$, 则 β, γ 的 Bayes 估计如下:

$$\hat{\beta} = \frac{1}{n}\sum_{l=1}^{n}\beta^{(l)}, \quad \hat{\gamma} = \frac{1}{n}\sum_{l=1}^{n}\gamma^{(l)}, \tag{2.5.8}$$

即以后验均值作为参数的估计值. 本节的估计中, 抽样 10000 次, 取后 5000 个样本的均值作为参数估计值.

估计方差即为抽样所得随机样本的协方差矩阵的对角线元素, 其中协方差矩阵记为

$$\widehat{\mathrm{Var}}(\theta) = \frac{1}{n-1}\sum_{l=1}^{n}(\theta^{(l)} - \hat{\theta})(\theta^{(l)} - \hat{\theta})^{\mathrm{T}}. \tag{2.5.9}$$

2.5.3 诊断统计量

结合本节的联合模型, 提出四种基于数据删除模型的 Bayes 诊断统计量: K-L 距离、L_1-距离、χ^2-距离和 Cook 后验均值距离, 均可基于完全数据和删除数据, 通过 MCMC 算法从后验分布中抽样得到.

为了表述方便, 将完全数据记为 D, 删除数据记为 $D_{[i]}$, 表示第 i 个数据被删除后的数据集. $p(\theta|D) \propto l(\beta, \gamma|D)\pi(\beta, \gamma)$ 记为完全数据的联合后验概率密度函数, $p(\theta|D_{[i]}) \propto l(\beta, \gamma|D_{[i]})\pi(\beta, \gamma)$ 记为删除数据的联合后验概率密度函数, 其中 $\pi(\beta, \gamma)$ 是参数 β, γ 的联合先验概率密度函数.

1. Φ-差异统计量

为了比较删除数据前后对参数的后验分布的影响, 我们根据 Csiszár(1967), 结合本节的数据删除模型, 将 Φ-差异统计量的一般定义表示如下:

$$D_{\Phi} = D(p(\theta|D), p(\theta|D_{[i]})) = \int \Phi\left\{\frac{p(\theta|D_{[i]})}{p(\theta|D)}\right\}p(\theta|D)\mathrm{d}\theta, \tag{2.5.10}$$

其中 $\Phi(x)$ 是一个凸函数, 且 $\Phi(1) = 0$.

根据 Dey 和 Birmiwal(1994), 凸函数 $\Phi(x)$ 有几种选择, 例如, $\Phi(x) = -\log x$ 表示 K-L 距离; $\Phi(x) = \frac{(\sqrt{x}-1)^2}{2}$ 表示 Hellinger 距离; $\Phi(x) = (x-1)^2$ 定义为 χ^2-距离; $\Phi(x) = \frac{|x-1|}{2}$ 定义为 L_1-距离; 本节结合 K-L 距离、χ^2-距离和 L_1-距离的定义, 以及联合均值与方差模型, 提出了三种 Bayes 诊断统计量.

第一种 Bayes 诊断统计量为 K-L 距离, 表示如下

$$
\begin{aligned}
D_{kl}(i) &= \int p(\theta|D) \log \left\{ \frac{p(\theta|D)}{p(\theta|D_{[i]})} \right\} \mathrm{d}\theta \\
&= \log E_\theta \left\{ \frac{l(\theta|D_{[i]})}{l(\theta|D)} \middle| D \right\} + E_\theta \left[\log \left\{ \frac{l(\theta|D)}{l(\theta|D_{[i]})} \middle| D \right\} \right],
\end{aligned}
\tag{2.5.11}
$$

$D_{kl}(i)$ 表示删除第 i 个数据点后, 对参数 θ 的联合后验概率密度函数的影响. 其中, (2.5.11) 式可以直接从参数 β, γ 的条件后验概率密度函数中抽样算出. 较大的 K-L 距离 $D_{kl}(i)$ 的值, 表示删除第 i 个数据点对参数的后验分布的影响比较大, 可判断第 i 个数据点是强影响点或异常点.

第二种 Bayes 诊断统计量为 χ^2-距离, 表示如下

$$
\begin{aligned}
D_{\chi^2}(i) &= \int \left(\frac{p(\theta|D_{[i]})}{p(\theta|D)} - 1 \right)^2 p(\theta|D)\mathrm{d}\theta \\
&= E_\theta \left\{ \frac{l(\theta|D_{[i]})}{l(\theta|D)} \middle| D \right\} E_\theta \left\{ \frac{l(\theta|D)}{l(\theta|D_{[i]})} \middle| D \right\} - 1,
\end{aligned}
\tag{2.5.12}
$$

较大的 χ^2-距离 $D_{\chi^2}(i)$ 的值, 表示第 i 个数据点是强影响点或异常点.

第三种 Bayes 诊断统计量为 L_1 距离, 表示如下

$$
\begin{aligned}
D_{L_1}(i) &= \frac{1}{2} \int \left| \frac{p(\theta|D_{[i]})}{p(\theta|D)} - 1 \right| p(\theta|D)\mathrm{d}\theta \\
&= \frac{\sum \left| \frac{l(\theta|D_{[i]})}{l(\theta|D)} - E_\theta \left\{ \frac{l(\theta|D_{[i]})}{l(\theta|D)} \middle| D \right\} \right|}{2 \sum \frac{l(\theta|D_{[i]})}{l(\theta|D)}},
\end{aligned}
\tag{2.5.13}
$$

较大的 L_1-距离 $D_{L_1}(i)$ 的值, 表示第 i 个数据点是强影响点或异常点.

2. CM-距离

第四种 Bayes 诊断统计量为 CM-距离, 称之为 Cook 后验均值距离, 刻画了完全数据和删除数据之间参数 θ 的后验均值之间的差异. 根据 Zhu 等 (2012), 将 CM-距离表示如下

$$
\mathrm{CM}(i) = (\hat{\theta}_{[i]} - \hat{\theta})^{\mathrm{T}} W_\theta (\hat{\theta}_{[i]} - \hat{\theta}),
\tag{2.5.14}
$$

其中 $\hat{\theta}_{[i]}$ 表示删除第 i 个数据点后, 参数 θ 的后验均值; $\hat{\theta}$ 表示完全数据下参数 θ 的后验均值; W_θ 表示完全数据下参数 θ 的后验协方差矩阵的逆. $\mathrm{CM}(i)$ 表示删除第 i 个数据点后, 参数 θ 的估计受到的影响, $\mathrm{CM}(i)$ 的值越大, 说明第 i 个数据点的存在与否对参数 θ 的后验均影响越大, 可判断为强影响点或异常点.

2.5.4 模拟研究

本节将应用随机模拟, 对上节提出的估计方法和诊断方法进行模拟计算, 说明所提出方法的效果.

1. 参数估计

在本节的模拟分析中, 模型 (2.5.1) 记为

$$
\begin{cases}
y_i \sim N(\mu_i, \sigma_i^2), \\
\mu_i = \beta_0 + \beta_1 x_{i1} + \beta_2 x_{i2}, \\
\log \sigma_i^2 = \gamma_0 + \gamma_1 z_{i1} + \gamma_2 z_{i2}, \\
i = 1, 2, \cdots, n.
\end{cases}
$$

其中跟 Cepeda 和 Gamerman(2001) 一样, 参数的真值记为 $\beta^{\mathrm{T}} = (\beta_0, \beta_1, \beta_2) = (-35, 35, -1.7), \gamma^{\mathrm{T}} = (\gamma_0, \gamma_1, \gamma_2) = (-8, 2.6, -0.4)$. 解释变量 $x_{i1} \sim U(0,4), x_{i2} \sim U(10,23), z_{i1} \sim U(0,4), z_{i2} \sim U(0,10)$. 取先验分布 $(\beta^{\mathrm{T}}, \gamma^{\mathrm{T}})^{\mathrm{T}} \sim N(0, 10^k I_6)$, 其中 I_6 是一个 6×6 的单位矩阵, 在这里, 取 $k = 4$. k 值可以控制先验信息的方差, k 值较大时, 说明先验分布的方差较大. 即使先验分布选择不当, 也不会对后验分布产生较大的影响.

样本量分别为 50 和 300 时, 参数估计结果如表 2.5.1 所示.

表 2.5.1 基于不同样本量的模拟数据参数估计结果

样本量 n		均值模型			方差模型		
		β_0	β_1	β_2	γ_0	γ_1	γ_2
	真值	-35	35	-1.7	-8	2.6	-0.4
50	估计值	-34.9800	35.0078	-1.7015	-8.1278	2.6066	0.4068
	标准差	0.0999	0.0461	0.0055	0.5684	0.1823	0.0744
300	估计值	-34.9950	35.0004	-1.7002	-8.0375	2.6023	0.4055
	标准差	0.0405	0.0199	0.0023	0.2294	0.0694	0.0345

观察表 2.5.1 的结果可得以下结论:

(1) 随着样本量 n 的增大, 估计值越来越接近真实值, 估计的标准差也越来越小, 即估计的效果随着样本量 n 的增大而增强, 与实际情况相符.

(2) 说明本节针对联合均值与方差模型的 Bayes 估计效果较好, 基于估计结果做 Bayes 统计诊断是可行的.

2. 统计诊断

为了验证 2.5.3 节提出的诊断统计量的有效性, 根据 2.5.4 节参数估计中产生的随机数, 制造几个异常点, 即令 $y_i' = 1.25 \times y_i (i = 16, 75, 137)$.

基于 2.5.3 节提出的诊断统计量的计算结果如图 2.5.1 — 图 2.5.4 所示.

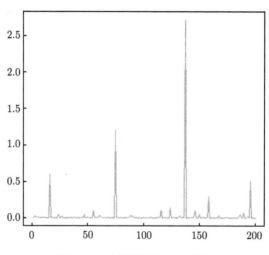

图 2.5.1   模拟数据 K-L 距离

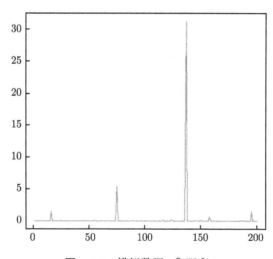

图 2.5.2   模拟数据 χ^2-距离

由图 2.5.1 和图 2.5.2 可以明显观察到, 第 16, 75, 137, 195 号点可能为强影响点或异常点; 由图 2.5.3 和图 2.5.4 可以明显观察到, 第 16, 75, 137, 158, 195 号点可能为强影响点或异常点. 其中, 第 16, 75, 137 号点是我们制造的异常点, 均被检测出来. 说明本节结合联合均值与方差模型提出的 Bayes 诊断统计是行之有效的.

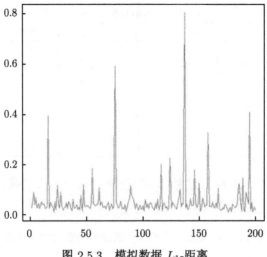

图 2.5.3 模拟数据 L_1-距离

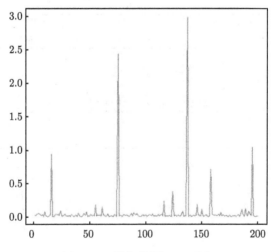

图 2.5.4 模拟数据 CM-距离

2.5.5 实例分析

1. 参数估计

实例数据来自加利福尼亚大学 (University of California) 在美国洛杉矶 (Los Angeles) 开展的儿童紫绀型先天性心脏病研究项目, 见 Weiss 和 Cho(1998)、Mickey 等 (1967)、Cook 和 Weisberg(1982). 其中, x 代表儿童开始说话时的年龄 (单位: 月), 是解释变量; y 代表 21 个儿童的 Gesell 自适应评分, 是被解释变量.

实例数据见表 2.5.2.

表 2.5.2   紫绀型先天性心脏病儿童的 Gesell 自适应评分数据

编号	x	y	编号	x	y	编号	x	y
1	15	95	8	11	100	15	11	102
2	26	71	9	8	104	16	10	100
3	10	83	10	20	94	17	12	105
4	9	91	11	7	113	18	42	57
5	15	102	12	9	96	19	17	121
6	20	87	13	10	83	20	11	86
7	18	93	14	11	84	21	10	100

将表 2.5.2 中的实例数据应用到本节的联合均值与方差模型中进行 Bayes 估计, 可得参数的估计结果见表 2.5.3.

表 2.5.3   紫绀型先天性心脏病数据参数估计结果

	均值模型		方差模型	
	β_0	β_1	γ_0	γ_1
估计值	108.4982	−1.0117	4.6364	0.0129
标准差	6.6613	0.4818	0.9867	0.0678

2. 统计诊断

将实例数据应用到 2.5.3 节提出的诊断统计量中, 计算结果如图 2.5.5—图 2.5.8 所示.

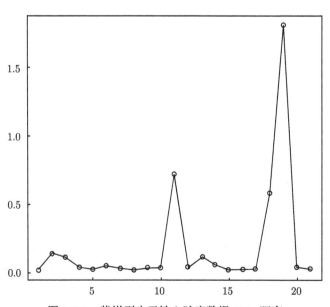

图 2.5.5   紫绀型先天性心脏病数据 K-L 距离

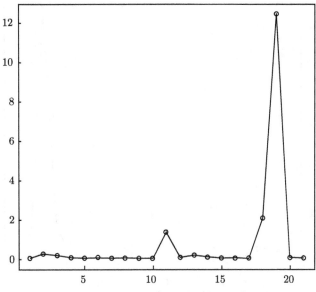

图 2.5.6 紫绀型先天性心脏病数据 χ^2-距离

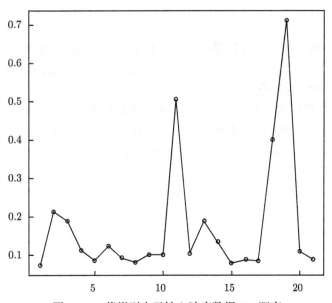

图 2.5.7 紫绀型先天性心脏病数据 L_1-距离

由图 2.5.5, 图 2.5.6, 图 2.5.8 可明显看出, 第 11, 18, 19 号点可能为强影响点或异常点; 由图 2.5.7 可以看出, 第 2, 11, 18, 19 号点可能为强影响点或异常点. 而 Weiss 和 Cho(1998)、Cook 和 Weisberg(1982) 的研究结果表明第 2, 18, 19 号点为强影响点, 从而说明本节提出的方法是有效的.

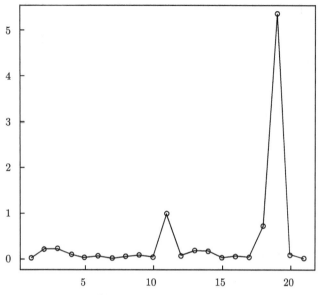

图 2.5.8　紫绀型先天性心脏病数据 CM-距离

2.5.6　小结

本节基于 Bayes 方法, 研究提出了联合均值与方差模型的数据删除统计诊断, 研究了四种基于数据删除模型的 Bayes 诊断统计量. 通过模拟和实例分析, 说明了所提出方法的可行性和有效性.

其中, 本节只研究了联合后验分布的数据删除诊断, 还可将本方法推广到边缘后验分布, 研究数据删除对单个参数估计的影响. 受 McCulloch(1989)、Linde(2007)、Ibrahim 等 (2011)、Zhu 等 (2011) 中方法的启发, 我们也可基于 Bayes 方法, 对联合模型做局部影响分析.

第 3 章 偏态数据下联合位置与尺度模型

本章主要研究两种偏态 (SN, StN) 数据下联合位置与尺度模型的变量选择问题. 另外, 针对偏正态数据下联合位置与尺度模型还深入研究了该模型的统计诊断及其响应变量随机缺失下的参数估计方法.

3.1 偏正态数据下的变量选择

3.1.1 引言

统计分布是用来描述随机现象的基本工具, 是统计研究的基础, 任何统计方法都离不开统计分布的概念和各种具体分布的性质 (方开泰和许建伦, 1987). 正态分布在统计分布中占有重要的地位. 近年来, 偏正态分布 (skewness normal distribution, SN)(Azzalini, 1985; Azzalini and Capitanio, 1999) 成为非对称分布研究的重要分支. 在许多实际问题中, 如金融、经济、社会科学、气候科学、环境科学、工程技术和生物医学等领域, 经常遇到研究的数量关系的响应变量具有非对称性的情形. 而且常伴有尖锋厚尾特征. 为准确、及时地分析研究这样一类问题, 统计学者提出了许多具有非对称线性回归统计模型 (Azzalini and Capitanio, 2003), 其中最重要的是偏正态线性回归模型, 即

$$\begin{cases} y_i = x_i^{\mathrm{T}}\beta + \varepsilon_i, \\ \varepsilon_i \sim \mathrm{SN}(0, \sigma^2, \lambda), \\ i = 1, 2, \cdots, n. \end{cases} \tag{3.1.1}$$

其中 y_i 为响应变量, $x_i = (x_{i1}, \cdots, x_{ip})^{\mathrm{T}}$ 为 p 维解释变量, $\beta = (\beta_1, \beta_2, \cdots, \beta_p)$ 为 p 维未知回归参数, T 为转置. σ 为尺度参数, λ 为偏度参数, 当 $\lambda = 0$ 时, 该模型为正态线性回归模型.

在金融、经济、社会科学、气候科学、环境科学、工程技术和生物医学等实际问题中, 存在大量的异方差数据, 人们还非常关注方差的变化, 了解方差的来源, 所以非常有必要对方差建模, 以便更好地了解数据的波动变化规律.

综上所述, 本节针对偏正态数据提出如下感兴趣的基于偏正态分布下联合位置与尺度模型

$$
\begin{cases}
y_i \sim \mathrm{SN}(\mu_i, \sigma_i^2, \lambda), \\
\mu_i = x_i^{\mathrm{T}}\beta, \\
\log \sigma_i^2 = z_i^{\mathrm{T}}\gamma, \\
i = 1, 2, \cdots, n.
\end{cases}
\tag{3.1.2}
$$

模型 (3.1.2) 是联合均值与方差模型 (1.1.2) 的进一步推广. 特别地, 当 $\lambda = 0$ 时, 该模型为联合均值与方差模型 (1.1.2).

当观测的数据出现偏斜情形, Azzalini 和 Capitanio (2003) 指出用数据变换方法会遇到诸多问题. Azzalini(1985) 首次提出偏正态分布, 随后关于它的性质 (Azzalini, 1986; Azzalini and Chiogna, 2004)、估计 (Gupta R D and Gupta R C, 2008)、统计诊断 (Xie et al., 2009a)、推广 (Lin et al., 2009; Gupta R C and Gupta R D, 2004) 以及多元偏正态 (Azzalini and Valle, 1996; Arnold and Beaver, 2002) 已经被系统深入地研究. Vallea 等 (2005) 研究了偏正态测量误差模型. 偏正态分布应用方面, Azzalini 和 Capitanio (1999) 利用偏正态线性回归分析了体育运动数据, Gupta 和 Chen (2001) 利用偏正态线性回归分析了双胞胎流行病发生率, Cancho 等 (2010) 利用偏正态线性回归分析了油橄榄数据.

目前据我们所知, 变量选择方法仅局限于均值模型的变量选择, 如文献 Fan 和 Lv (2010) 及其中的参考文献. 在实际中, 因素驱动方差的变量选择也非常重要. 然而, 几乎没有文献研究方差模型的变量选择. Wang 和 Zhang(2009) 基于扩展拟似然方法研究了联合均值与散度模型中仅均值模型的变量选择. Zhang 和 Wang(2011) 基于信息论的理论基础, 利用调整截面似然研究提出了一种新的 PICa 准则, 同时进行联合均值与方差模型的变量选择.

本节的主要目的是利用联合惩罚似然方法对研究提出的基于偏正态分布下联合位置与尺度模型 (3.1.2) 提出一种可行有效的变量选择方法. 我们的方法能同时对位置模型和尺度模型进行变量选择, 而且该方法能同时对位置模型和尺度模型进行估计和变量选择. 在适当选择调整参数的条件下, 该变量选择方法具有相合性, 回归系数的估计具有 Oracle 性质. 随机模拟和实例研究结果表明该模型和方法是有用和有效的. 特别地, 当 $\lambda = 0$ 时, 我们提出的方法也适用于联合均值与方差模型.

本节结构安排如下: 3.1.2 节给出了变量选择过程, 证明了提出的惩罚极大似然估计具有相合性和 Oracle 性质, 给出了迭代计算; 3.1.3 节通过随机模拟研究了变量选择的有限样本性质; 3.1.4 节通过实例分析说明了变量选择方法的应用; 3.1.5 节给出了 3.1.2 节中定理的证明; 3.1.6 节是小结.

3.1.2 变量选择过程

1. 惩罚极大似然估计

假设 $(y_i, x_i, z_i)(i = 1, 2, \cdots, n)$ 是来自于基于偏正态分布下联合位置与尺度模型 (3.1.2) 的随机样本. 类似于 Fan 和 Li(2001).

定义惩罚似然函数为

$$\mathcal{L}(\beta, \gamma) = \ell(\beta, \gamma) - n \sum_{j=1}^{p} p_{\tau_{1j}}(|\beta_j|) - n \sum_{k=1}^{q} p_{\tau_{2k}}(|\gamma_k|), \tag{3.1.3}$$

其中 $p_{\tau_j}(\cdot)$ 是调整参数为 τ_j 的一般的惩罚函数, 调整参数可以通过交叉核实或广义交叉核实 (Fan and Li, 2001; Tibshirani,1996) 挑选. 3.1.5 节, 我们利用 BIC 挑选调整参数. 注意, 惩罚函数和调整参数对所有的 j 不必相同. 例如, 我们希望在最终模型中保留一些重要的变量, 因此就不惩罚它们的系数.

为了叙述简便, 重写惩罚似然函数 (3.1.3) 为

$$\mathcal{L}(\theta) = \ell(\theta) - n \sum_{j=1}^{s} p_{\tau_j}(|\theta_j|), \tag{3.1.4}$$

其中 $\theta = (\theta_1, \cdots, \theta_s)^{\mathrm{T}} = (\beta_1, \cdots, \beta_p; \gamma_1, \cdots, \gamma_q)^{\mathrm{T}}$, $s = p + q$, 除了相差一个与参数无关的常数外, 有

$$\ell(\theta) = \ell(\beta, \gamma) = -\frac{1}{2} \sum_{i=1}^{n} z_i^{\mathrm{T}} \gamma - \frac{1}{2} \sum_{i=1}^{n} \frac{(y_i - x_i^{\mathrm{T}} \beta)^2}{e^{z_i^{\mathrm{T}} \gamma}} + \sum_{i=1}^{n} \log \Phi(k_i),$$

其中 $k_i = \dfrac{\lambda(y_i - x_i^{\mathrm{T}} \beta)}{e^{\frac{1}{2} z_i^{\mathrm{T}} \gamma}}$, $\Phi(\cdot)$ 为标准正态分布的分布函数.

极大化 (3.1.4) 中的函数 $\mathcal{L}(\theta)$ 得到 θ 的惩罚极大似然估计, 记为 $\hat{\theta}$. 在适当的惩罚函数下, 关于 θ 极大化 $\mathcal{L}(\theta)$ 导致一些参数在最终模型中消失, 相应的解释变量自动剔除, 从而达到变量选择的目的. 因此, 通过极大化 $\mathcal{L}(\theta)$ 同时达到变量选择和参数估计的目的. 3.1.3 节提供技术细节和惩罚极大似然估计 $\hat{\theta}$ 的迭代计算.

2. 渐近性质

在这部分, 我们考虑惩罚极大似然估计的相合性和渐近正态性. 首先介绍一些记号. 假定 θ_0 是 θ 的真值, $\theta_0 = (\theta_{01}, \cdots, \theta_{0s})^{\mathrm{T}} = ((\theta_0^{(1)})^{\mathrm{T}}, (\theta_0^{(2)})^{\mathrm{T}})^{\mathrm{T}}$. 为了下面讨论的方便, 不失一般性, 假定 $\theta_0^{(1)}$ 是 θ_0 的所有非零部分, $\theta_0^{(2)} = 0$. 除此之外, 假定调整参数关于 θ_0 的分量重新排列, $\theta_0^{(1)}$ 的维数为 s_1, 且

$$a_n = \max_{1 \leqslant j \leqslant s} \{p'_{\tau_n}(|\theta_{0j}|) : \theta_{0j} \neq 0\}$$

和

$$b_n = \max_{1 \leqslant j \leqslant s} \{|p''_{\tau_n}(|\theta_{0j}|)| : \theta_{0j} \neq 0\},$$

其中为了强调调整参数 τ 依赖于样本量 n, 记 $\tau = \tau_n$.

为了得到惩罚极大似然估计的相合性和渐近正态性, 需要下列正则条件:

(C3.1.1) $x_i = (x_{i1}, \cdots, x_{ip})^{\mathrm{T}}$ 和 $z_i = (z_{i1}, \cdots, z_{iq})^{\mathrm{T}}$ $(i = 1, \cdots, n)$ 是固定的.

(C3.1.2) 参数空间是紧的, 真实参数 θ_0 为参数空间的内点.

(C3.1.3) x_i 和 z_i 在基于偏正态分布下联合位置与尺度模型 (3.1.2) 中是完全有界的, 即它们中的所有分量是一个有限的实数.

(C3.1.4) $y_i, i = 1, 2, \cdots, n$ 相互独立, $y_i \sim \mathrm{SN}(\mu_i, \sigma_i^2, \lambda)$, 其中 $\mu_i = x_i^{\mathrm{T}}\beta_0$, $\log \sigma_i^2 = z_i^{\mathrm{T}}\gamma_0$.

定理 3.1.1　假设 $a_n = O_p(n^{-\frac{1}{2}})$, 当 $n \to \infty$ 时, $b_n \to 0$ 和 $\tau_n \to 0$, 其中 τ_n 是 τ_{1n} 或 τ_{2n}, 取决于 θ_{0j} 是 β_0 或 $\gamma_0(1 \leqslant j \leqslant s)$. 在条件 (C3.1.1)—(C3.1.4) 下, (3.1.4) 中惩罚似然函数 $\mathcal{L}(\theta)$ 依概率 1 存在一个局部极大似然估计 $\hat{\theta}_n$ 满足 $\|\hat{\theta} - \theta_0\| = O_p(n^{-\frac{1}{2}})$.

下面考虑 $\hat{\theta}_n$ 的渐近正态性. 假设

$$A_n = \mathrm{diag}(p''_{\tau_n}(|\theta_{01}^{(1)}|), \cdots, p''_{\tau_n}(|\theta_{0s_1}^{(1)}|)),$$

$$c_n = (p'_{\tau_n}(|\theta_{01}^{(1)}|)\mathrm{sgn}(\theta_{01}^{(1)}), \cdots, p'_{\tau_n}(|\theta_{0s_1}^{(1)}|)\mathrm{sgn}(\theta_{0s_1}^{(1)}))^{\mathrm{T}},$$

其中 τ_n 的定义与定理 3.1.1 相同, $\theta_{0j}^{(1)}$ 是 $\theta_0^{(1)}$ $(1 \leqslant j \leqslant s_1)$ 的第 j 个分量, $\mathcal{I}_n(\theta)$ 是 θ 的 Fisher 信息阵.

定理 3.1.2 (Oracle 性质)　假设惩罚函数 $p_{\tau_n}(t)$ 满足

$$\liminf_{n \to \infty} \liminf_{t \to 0^+} \frac{p'_{\tau_n}(t)}{\tau_n} > 0,$$

而且当 $n \to \infty$ 时, $\bar{\mathcal{I}}_n = \mathcal{I}_n(\theta_0)/n$ 收敛于一个有限的正定阵 $\mathcal{I}(\theta_0)$. 在定理 3.1.1 的条件下, 当 $n \to \infty$ 时, 如果 $\tau_n \to 0$ 而且 $\sqrt{n}\tau_n \to \infty$, 则在定理 3.1.1 中的 $\sqrt{n}$ 相合估计 $\hat{\theta}_n = ((\hat{\theta}_n^{(1)})^{\mathrm{T}}, (\hat{\theta}_n^{(2)})^{\mathrm{T}})^{\mathrm{T}}$ 一定满足:

(i) (稀疏性) $\hat{\theta}_n^{(2)} = 0$;

(ii) (渐近正态性) $\sqrt{n}(\bar{\mathcal{I}}_n^{(1)})^{-1/2}(\bar{\mathcal{I}}_n^{(1)} + A_n)\{(\hat{\theta}_n^{(1)} - \theta_0^{(1)}) + (\bar{\mathcal{I}}_n^{(1)} + A_n)^{-1}c_n\} \xrightarrow{\mathcal{L}} \mathcal{N}_{s_1}(0, I_{s_1})$, 其中 "$\xrightarrow{\mathcal{L}}$" 是依分布收敛, $\bar{\mathcal{I}}_n^{(1)}$ 是对应于 $\theta_0^{(1)}$ 的 $\bar{\mathcal{I}}_n$ 的 $s_1 \times s_1$ 的子矩阵, 而且 I_{s_1} 是 $s_1 \times s_1$ 的单位阵.

注 1　定理 3.1.2 表明惩罚极大似然估计具有 Oracle 性质.

注 2　定理 3.1.1 和定理 3.1.2 证明见 3.1.5 节.

3. 迭代计算

1) 算法研究

首先, 注意到对数似然函数 $\ell(\theta)$ 的一、二阶导数是连续的. 对给定的 θ_0, 对数似然函数 $\ell(\theta)$ 近似为

$$\ell(\theta) \approx \ell(\theta_0) + \left[\frac{\partial \ell(\theta_0)}{\partial \theta}\right]^{\mathrm{T}} (\theta - \theta_0) + \frac{1}{2}(\theta - \theta_0)^{\mathrm{T}} \left[\frac{\partial^2 \ell(\theta_0)}{\partial \theta \partial \theta^{\mathrm{T}}}\right] (\theta - \theta_0).$$

而且, 给定初值 θ_0, $p_\tau(\theta)$ 可二次逼近

$$p_\tau(|\theta|) \approx p_\tau(|\theta_0|) + \frac{1}{2} \frac{p'_\tau(|\theta_0|)}{|\theta_0|}(\theta^2 - \theta_0^2), \quad \theta \approx \theta_0.$$

因此, 除了相差一个与参数无关的常数项外, 惩罚似然函数 (3.1.4) 可二次逼近

$$\mathcal{L}(\theta) \approx \ell(\theta_0) + \left[\frac{\partial \ell(\theta_0)}{\partial \theta}\right]^{\mathrm{T}} (\theta - \theta_0)$$

$$+ \frac{1}{2}(\theta - \theta_0)^{\mathrm{T}} \left[\frac{\partial^2 \ell(\theta_0)}{\partial \theta \partial \theta^{\mathrm{T}}}\right] (\theta - \theta_0) - \frac{n}{2}\theta^{\mathrm{T}}\Sigma_\tau(\theta_0)\theta,$$

其中

$$\Sigma_\tau(\theta_0) = \mathrm{diag}\left\{\frac{p'_{\tau_{11}}(|\beta_{01}|)}{|\beta_{01}|}, \cdots, \frac{p'_{\tau_{1p}}(|\beta_{0p}|)}{|\beta_{0p}|}, \frac{p'_{\tau_{21}}(|\gamma_{01}|)}{|\gamma_{01}|}, \cdots, \frac{p'_{\tau_{2q}}(|\gamma_{0q}|)}{|\gamma_{0q}|}\right\},$$

其中 $\theta = (\theta_1, \cdots, \theta_s)^{\mathrm{T}} = (\beta_1, \cdots, \beta_p; \gamma_1, \cdots, \gamma_q)^{\mathrm{T}}$ 和 $\theta_0 = (\theta_{01}, \cdots, \theta_{0s})^{\mathrm{T}} = (\beta_{01}, \cdots, \beta_{0p}; \gamma_{01}, \cdots, \gamma_{0q})^{\mathrm{T}}$. 因此, $\mathcal{L}(\theta)$ 二次最优化的解可通过下列迭代得到

$$\theta_1 \approx \theta_0 + \left\{\frac{\partial^2 \ell(\theta_0)}{\partial \theta \partial \theta^{\mathrm{T}}} - n\Sigma_\tau(\theta_0)\right\}^{-1} \left\{n\Sigma_\tau(\theta_0)\theta_0 - \frac{\partial \ell(\theta_0)}{\partial \theta}\right\}.$$

其次, 对数似然函数 $\ell(\theta)$ 可写为

$$\ell(\theta) = \ell(\beta, \gamma) = -\frac{1}{2}\sum_{i=1}^{n} z_i^{\mathrm{T}}\gamma - \frac{1}{2}\sum_{i=1}^{n} \frac{(y_i - x_i^{\mathrm{T}}\beta)^2}{\mathrm{e}^{z_i^{\mathrm{T}}\gamma}} + \sum_{i=1}^{n} \log \Phi(k_i),$$

其中 $k_i = \frac{\lambda(y_i - x_i^{\mathrm{T}}\beta)}{\mathrm{e}^{\frac{1}{2}z_i^{\mathrm{T}}\gamma}}$, $\Phi(\cdot)$ 为标准正态分布的分布函数.

因此,

$$U(\theta) = \frac{\partial \ell(\theta)}{\partial \theta} = (U_1^{\mathrm{T}}(\beta), U_2^{\mathrm{T}}(\gamma))^{\mathrm{T}},$$

其中

$$U_1(\beta) = \frac{\partial \ell(\theta)}{\partial \beta} = \sum_{i=1}^{n} \frac{(y_i - x_i^{\mathrm{T}}\beta)x_i}{\mathrm{e}^{z_i^{\mathrm{T}}\gamma}} - \sum_{i=1}^{n} \frac{1}{\Phi(k_i)}\varphi(k_i)\frac{\lambda x_i}{\mathrm{e}^{\frac{1}{2}z_i^{\mathrm{T}}\gamma}},$$

$$U_2(\gamma) = \frac{\partial \ell(\theta)}{\partial \gamma} = -\frac{1}{2}\sum_{i=1}^{n} z_i + \frac{1}{2}\sum_{i=1}^{n} \frac{(y_i - x_i^{\mathrm{T}}\beta)^2 z_i}{\mathrm{e}^{z_i^{\mathrm{T}}\gamma}} - \frac{1}{2}\sum_{i=1}^{n} \frac{1}{\Phi(k_i)}\varphi(k_i)k_i z_i,$$

所以

$$H(\theta) = \frac{\partial^2 \ell(\theta)}{\partial \theta \partial \theta^{\mathrm{T}}} = \begin{pmatrix} \dfrac{\partial^2 \ell(\theta)}{\partial \beta \partial \beta^{\mathrm{T}}} & \dfrac{\partial^2 \ell(\theta)}{\partial \beta \partial \gamma^{\mathrm{T}}} \\[3mm] \dfrac{\partial^2 \ell(\theta)}{\partial \gamma \partial \beta^{\mathrm{T}}} & \dfrac{\partial^2 \ell(\theta)}{\partial \gamma \partial \gamma^{\mathrm{T}}} \end{pmatrix},$$

其中

$$\frac{\partial^2 \ell(\theta)}{\partial \beta \partial \beta^{\mathrm{T}}} = -\sum_{i=1}^{n} \frac{x_i x_i^{\mathrm{T}}}{\mathrm{e}^{z_i^{\mathrm{T}}\gamma}} - \sum_{i=1}^{n} \frac{1}{\Phi^2(k_i)}\varphi^2(k_i)\frac{\lambda^2 x_i x_i^{\mathrm{T}}}{\mathrm{e}^{z_i^{\mathrm{T}}\gamma}} - \sum_{i=1}^{n} \frac{1}{\Phi(k_i)}\varphi(k_i)k_i \frac{\lambda^2 x_i x_i^{\mathrm{T}}}{\mathrm{e}^{z_i^{\mathrm{T}}\gamma}};$$

$$\frac{\partial^2 \ell(\theta)}{\partial \beta \partial \gamma^{\mathrm{T}}} = -\sum_{i=1}^{n} \frac{(y_i - x_i^{\mathrm{T}}\beta)}{\mathrm{e}^{z_i^{\mathrm{T}}\gamma}} x_i z_i^{\mathrm{T}} - \frac{1}{2}\sum_{i=1}^{n} \frac{1}{\Phi^2(k_i)}\varphi^2(k_i)k_i \frac{\lambda}{\mathrm{e}^{\frac{1}{2}z_i^{\mathrm{T}}\gamma}} x_i z_i^{\mathrm{T}}$$
$$- \frac{1}{2}\sum_{i=1}^{n} \frac{1}{\Phi(k_i)}\varphi(k_i)k_i \frac{\lambda}{\mathrm{e}^{\frac{1}{2}z_i^{\mathrm{T}}\gamma}} x_i z_i^{\mathrm{T}} + \frac{1}{2}\sum_{i=1}^{n} \frac{1}{\Phi(k_i)}\varphi(k_i) \frac{\lambda}{\mathrm{e}^{\frac{1}{2}z_i^{\mathrm{T}}\gamma}} x_i z_i^{\mathrm{T}};$$

$$\frac{\partial^2 \ell(\theta)}{\partial \gamma \partial \beta^{\mathrm{T}}} = -\sum_{i=1}^{n} \frac{(y_i - x_i^{\mathrm{T}}\beta)}{\mathrm{e}^{z_i^{\mathrm{T}}\gamma}} z_i x_i^{\mathrm{T}} - \frac{1}{2}\sum_{i=1}^{n} \frac{1}{\Phi^2(k_i)}\varphi^2(k_i)k_i \frac{\lambda}{\mathrm{e}^{\frac{1}{2}z_i^{\mathrm{T}}\gamma}} z_i x_i^{\mathrm{T}}$$
$$- \frac{1}{2}\sum_{i=1}^{n} \frac{1}{\Phi(k_i)}\varphi(k_i)k_i \frac{\lambda}{\mathrm{e}^{\frac{1}{2}z_i^{\mathrm{T}}\gamma}} z_i x_i^{\mathrm{T}} + \frac{1}{2}\sum_{i=1}^{n} \frac{1}{\Phi(k_i)}\varphi(k_i) \frac{\lambda}{\mathrm{e}^{\frac{1}{2}z_i^{\mathrm{T}}\gamma}} z_i x_i^{\mathrm{T}};$$

$$\frac{\partial^2 \ell(\theta)}{\partial \gamma \partial \gamma^{\mathrm{T}}} = -\frac{1}{2}\sum_{i=1}^{n} \frac{(y_i - x_i^{\mathrm{T}}\beta)^2}{\mathrm{e}^{z_i^{\mathrm{T}}\gamma}} z_i z_i^{\mathrm{T}} - \frac{1}{4}\sum_{i=1}^{n} \frac{1}{\Phi^2(k_i)}\varphi^2(k_i)k_i^2 z_i z_i^{\mathrm{T}}$$
$$- \frac{1}{4}\sum_{i=1}^{n} \frac{1}{\Phi(k_i)}\varphi(k_i)k_i^2 z_i z_i^{\mathrm{T}} + \frac{1}{4}\sum_{i=1}^{n} \frac{1}{\Phi(k_i)}\varphi(k_i)k_i z_i z_i^{\mathrm{T}}.$$

最后, 下面的算法总结了基于偏正态分布下联合位置与尺度模型 (3.1.2) 中参数的惩罚极大似然估计的迭代计算.

算法　步骤 1　取 β 和 γ 没有惩罚的极大似然估计 $\beta^{(0)}, \gamma^{(0)}$ 作为初始估计, 即 $\theta^{(0)} = ((\beta^{(0)})^{\mathrm{T}}, (\gamma^{(0)})^{\mathrm{T}})^{\mathrm{T}}$.

步骤 2　给定当前值 $\beta^{(k)}, \gamma^{(k)}, \theta^{(k)} = ((\beta^{(k)})^{\mathrm{T}}, (\gamma^{(k)})^{\mathrm{T}})^{\mathrm{T}}$, 迭代

$$\theta^{(k+1)} = \theta^{(k)} + \left\{ H(\theta^{(k)}) - n\Sigma_\tau(\theta^{(k)}) \right\}^{-1} \left\{ n\Sigma_\tau(\theta^{(k)})\theta^{(k)} - U(\theta^{(k)}) \right\}.$$

步骤 3　重复步骤 2 直到收敛条件满足.

2) 调整参数的选择

许多调整参数选择准则, 如 CV, GCV, AIC 和 BIC 可以用来选择调整参数. Wang 等 (2007) 建议在线性模型和部分线性模型 SCAD 估计利用 BIC 选择调整参

数, 而且证明此准则具有相合性, 即利用 BIC 准则能依概率 1 选择真实模型. 因此本节也采用 BIC 准则, 定义如下

$$\text{BIC}(\tau) = -\frac{2}{n}\ell(\hat{\theta}) + \text{df}_\tau \times \frac{\log(n)}{n}, \tag{3.1.5}$$

选择最优的 τ, 其中除了相差一个与参数无关的常数外

$$\ell(\hat{\theta}) = \ell(\hat{\beta}, \hat{\gamma}) = -\frac{1}{2}\sum_{i=1}^{n} z_i^{\mathrm{T}}\hat{\gamma} - \frac{1}{2}\sum_{i=1}^{n} \frac{(y_i - x_i^{\mathrm{T}}\hat{\beta})^2}{\mathrm{e}^{z_i^{\mathrm{T}}\hat{\gamma}}} + \sum_{i=1}^{n} \log \Phi(k_i),$$

其中 $k_i = \dfrac{\lambda(y_i - x_i^{\mathrm{T}}\hat{\beta})}{\mathrm{e}^{\frac{1}{2}z_i^{\mathrm{T}}\hat{\gamma}}}$, $\Phi(\cdot)$ 是标准正态分布的分布函数, $0 \leqslant \text{df}_\tau \leqslant s$ 是惩罚极大似然估计 $\hat{\theta}$ 的非零分量个数, $\hat{\beta}$ 和 $\hat{\gamma}$ 是惩罚极大似然估计. Fan 和 Li(2001) 建议实际中取 $a = 3.7$. 因此取 $a = 3.7$, 希望调整参数 τ_{1j} 和 τ_{2k} 的选取可以保证对应零系数的调整参数大于对应非零系数的调整参数. 进而, 我们可以在对非零系数给出相合估计的同时, 把零系数的估计压缩为 0, 从而达到变量选择的目的. 实际上, 取 $\tau_{1j} = \dfrac{\tau}{|\hat{\beta}_j^0|}, \tau_{2k} = \dfrac{\tau}{|\hat{\gamma}_k^0|}$, 其中 $\hat{\beta}_j^0$ 和 $\hat{\gamma}_k^0$ 分别是 β_j 和 $\gamma_k(j = 1, \cdots, p, \ k = 1, \cdots, q)$ 没有惩罚的极大似然估计. 调整参数可以通过下式计算得到

$$\hat{\tau} = \arg\min_{\tau} \text{BIC}(\tau). \tag{3.1.6}$$

从 3.1.3 节的模拟研究结果可以看出, 我们所提出的调整参数的选择方法是可行的.

3.1.3 模拟研究

下面对 3.1.2 节所提出的变量选择方法的有限样本性质进行模拟研究. 类似 Li 和 Liang(2008) 与 Zhao 和 Xue(2010), 利用广义均方误差来评价 $\hat{\beta}$ 和 $\hat{\gamma}$ 的估计精度, 定义为

$$\text{GMSE}(\hat{\beta}) = E\left[(\hat{\beta} - \beta_0)^{\mathrm{T}} E(XX^{\mathrm{T}})(\hat{\beta} - \beta_0)\right],$$
$$\text{GMSE}(\hat{\gamma}) = E\left[(\hat{\gamma} - \gamma_0)^{\mathrm{T}} E(ZZ^{\mathrm{T}})(\hat{\gamma} - \gamma_0)\right].$$

从下面基于偏正态分布下联合位置与尺度模型产生模拟数据

$$\begin{cases} y_i \sim \text{SN}(\mu_i, \sigma_i^2, \lambda), \\ \mu_i = x_i^{\mathrm{T}}\beta, \\ \log \sigma_i^2 = z_i^{\mathrm{T}}\gamma, \\ i = 1, 2, \cdots, n. \end{cases}$$

取 $\beta_0 = (1, 1, 0, 0, 1, 0, 0, 0)^{\mathrm{T}}$, $\gamma_0 = (0.8, 0.8, 0, 0, 0.8, 0, 0, 0)^{\mathrm{T}}$, x_i 和 z_i 的分量独立产生于 $U(-1, 1)$. 基于 1000 次重复试验, 表 3.1.1 至表 3.1.5 给出的 1000 次模拟中,

基于偏正态分布下联合位置与尺度模型参数的零系数估计的平均情况, "C" 表示把真实零系数估计成 0 的平均个数, "IC" 表示把真实非零系数估计成 0 的平均个数, "GMSE" 表示 $\hat{\beta}$ 和 $\hat{\gamma}$ 的广义均方误差.

我们对偏正态分布下联合位置与尺度模型基于不同样本量、不同惩罚函数 SCAD (Fan and Li, 2001), LASSO (Tibshirani, 1996), Hard (Antoniadis, 1997) 和不同偏度下的变量选择方法进行比较研究, 结果见表 3.1.1 至表 3.1.5.

表 3.1.1　基于不同惩罚函数和不同样本量的模拟比较, $\lambda = -0.5$

模型	n	SCAD			LASSO			Hard		
		C	IC	GMSE	C	IC	GMSE	C	IC	GMSE
位置模型	100	4.7750	0	0.0282	3.9150	0	0.0389	4.9000	0	0.0280
	200	4.8500	0	0.0123	4.0100	0	0.0144	4.9100	0	0.0132
	300	4.8800	0	0.0076	4.2100	0	0.0094	4.9800	0	0.0075
尺度模型	100	4.7300	0.4860	0.1776	4.2900	0.3900	0.1931	4.5100	0.2850	0.1606
	200	4.7700	0.1400	0.0707	4.6100	0.0400	0.1030	4.8300	0.0900	0.0599
	300	4.9100	0.0100	0.0278	4.6300	0	0.0607	4.9190	0.0100	0.0284

表 3.1.2　基于不同惩罚函数和不同样本量的模拟比较, $\lambda = 0.5$

模型	n	SCAD			LASSO			Hard		
		C	IC	GMSE	C	IC	GMSE	C	IC	GMSE
位置模型	100	4.7910	0	0.0268	4.1100	0	0.0345	4.8820	0	0.0265
	200	4.8370	0	0.0113	4.0700	0	0.0133	4.9240	0	0.0120
	300	4.8800	0	0.0077	4.3200	0	0.0088	4.9450	0	0.0081
尺度模型	100	4.7110	0.6900	0.2227	4.4040	0.4400	0.2261	4.5200	0.3400	0.1713
	200	4.9140	0.0800	0.0520	4.5940	0.0400	0.0894	4.8930	0.0500	0.0488
	300	4.9180	0.0100	0.0251	4.5300	0	0.0525	4.9040	0	0.0248

表 3.1.3　基于不同惩罚函数和不同样本量的模拟比较, $\lambda = 0$

模型	n	SCAD			LASSO			Hard		
		C	IC	GMSE	C	IC	GMSE	C	IC	GMSE
位置模型	100	4.8730	0	0.0384	4.1780	0	0.0495	4.9410	0	0.0330
	200	4.8880	0	0.0121	4.0730	0	0.0149	4.9690	0	0.0120
	300	4.8910	0	0.0088	4.1990	0	0.0112	4.9760	0	0.0094
尺度模型	100	4.7600	0.6200	0.2135	4.5750	0.4900	0.2190	4.6120	0.4000	0.1859
	200	4.8600	0.0400	0.0436	4.5480	0.0210	0.0861	4.8610	0.0400	0.0430
	300	4.9100	0.0100	0.0263	4.6450	0.0040	0.0579	4.9150	0	0.0276

1. 基于不同惩罚函数和不同样本量的模拟比较

对给定的偏度 λ, 从表 3.1.1 至表 3.1.3 的结果可观察到以下的结论:

(1) 根据模型误差和模型复杂性, 除了 LASSO, 基于 SCAD 和 Hard 变量选择方法的表现, 随着样本量 n 的增大而越来越好.

(2) 给定惩罚函数, 除了 LASSO, 变量选择方法的表现, 随着样本量 n 的增大而越来越好. $\hat{\beta}$ 和 $\hat{\gamma}$ 的广义均方误差, 随着样本量 n 的增大而越来越小.

(3) 给定样本量 n, 基于 SCAD 和 Hard 变量选择方法的表现类似. 而且基于 SCAD 和 Hard 变量选择方法的表现都好于 LASSO 方法.

(4) 给定惩罚函数和样本量 n, 基于模型误差和模型复杂性, 位置模型的变量选择的表现好于尺度模型.

2. 基于不同惩罚函数和不同偏度的模拟比较

对给定样本量 $n = 300$, 从表 3.1.4 的结果可观察到以下的结论:

表 3.1.4 基于不同惩罚函数和不同偏度的变模拟比较, $n = 300$

模型	方法	$\lambda = -0.5$			$\lambda = 0$			$\lambda = 0.5$		
		C	IC	GMSE	C	IC	GMSE	C	IC	GMSE
位置模型	SCAD	4.8800	0	0.0076	4.8910	0	0.0088	4.8800	0	0.0077
	LASSO	4.2100	0	0.0094	4.1990	0	0.0112	4.3200	0	0.0088
	Hard	4.9800	0	0.0075	4.9760	0	0.0094	4.9450	0	0.0081
尺度模型	SCAD	4.9100	0.0100	0.0278	4.9100	0.0100	0.0263	4.9180	0.0100	0.0251
	LASSO	4.6300	0	0.0607	4.6450	0.0040	0.0579	4.5300	0	0.0525
	Hard	4.9190	0.0100	0.0284	4.9150	0	0.0276	4.9040	0	0.0248

(1) 给定惩罚函数, 不同偏度 λ 下变量选择方法的表现基本一致. 结果表明变量选择方法具有一定的稳健性.

(2) 给定偏度 λ, 基于 SCAD 和 Hard 变量选择方法的表现类似. 而且基于 SCAD 和 Hard 变量选择方法的表现都好于 LASSO 方法.

(3) 给定惩罚函数和偏度 λ, 基于模型误差和模型复杂性, 位置模型的变量选择的表现好于尺度模型.

3. 基于不同样本量和不同偏度的模拟比较

对给定惩罚函数 SCAD, 从表 3.1.5 的结果可观察到以下的结论:

(1) 给定样本量 n, 不同偏度 λ 下变量选择方法的表现基本一致. 结果表明变量选择方法具有一定的稳健性.

(2) 给定偏度 λ, 根据模型误差和模型复杂性, 变量选择方法的表现, 随着样本量 n 的增大而越来越好.

(3) 给定样本量 n 和偏度 λ, 基于模型误差和模型复杂性, 位置模型的变量选择的表现好于尺度模型.

表 3.1.5　基于不同样本量和不同偏度的模拟比较, SCAD

模型	n	$\lambda = -0.5$			$\lambda = 0$			$\lambda = 0.5$		
		C	IC	GMSE	C	IC	GMSE	C	IC	GMSE
位置模型	100	4.7750	0	0.0282	4.8730	0	0.0384	4.7910	0	0.0268
	200	4.8500	0	0.0123	4.8880	0	0.0121	4.8370	0	0.0113
	300	4.8800	0	0.0076	4.8910	0	0.0088	4.8800	0	0.0077
尺度模型	100	4.7300	0.4860	0.1776	4.7600	0.6200	0.2135	4.7110	0.6900	0.2227
	200	4.7700	0.1400	0.0707	4.8600	0.0400	0.0436	4.9140	0.0800	0.0520
	300	4.9100	0.0100	0.0278	4.9100	0.0100	0.0263	4.9180	0.0100	0.0251

3.1.4　实例分析

下面利用 3.1.2 节提出的变量选择方法, 对 Weisberg(1985) 中的紫花苜蓿农业用地的地租数据进行变量选择分析.

该数据来自美国 Minnesota 67 个乡的资料, 意在研究种植紫花苜蓿农业用地的地租变化情况, 紫花苜蓿为奶牛的重要饲料. 其中 Y 为种植紫花苜蓿土地的平均地租; X_1 为所有可耕土地的平均地租; X_2 为奶牛场奶牛密度 (头数/英里^2); X_3 为用于种植紫花苜蓿的土地比例; $X_4 = 1$ 为种植紫花苜蓿时撒石灰, $X_4 = 0$ 为不撒石灰. 一般认为种植紫花苜蓿土地的地租比种植其他农作物要高; 奶牛密度大的地区地租要高; 撒石灰地区的地租会低一些 (撒石灰要成本).

首先, 根据 R 软件包中的 "sn.mle" (Azzalini, 1985) 计算可得种植紫花苜蓿土地的平均地租 Y 的偏度参数 $\hat{\lambda} = 6.694663$, 结果表明是右偏的. 直方图如图 3.1.1 所示.

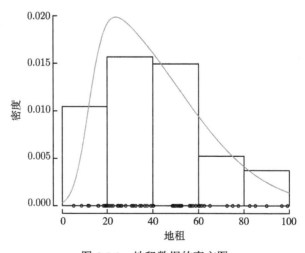

图 3.1.1　地租数据的直方图

由偏度参数和直方图, 所以我们可以利用基于偏正态数据下联合位置与尺度模型的变量选择. 考虑 Y 与 X_1, X_2, X_3 和 X_4 之间的模型如下

$$
\begin{cases}
y_i \sim \mathrm{SN}(\mu_i, \sigma_i^2, \lambda), \quad \lambda = 6.694663, \\
\mu_i = \beta_0 + X_{i1}\beta_1 + X_{i2}\beta_2 + X_{i3}\beta_3 + X_{i4}\beta_4, \\
\log \sigma_i^2 = \gamma_0 + X_{i1}\gamma_1 + X_{i2}\gamma_2 + X_{i3}\gamma_3 + X_{i4}\gamma_4, \\
i = 1, 2, \cdots, 67.
\end{cases}
$$

我们采用 3.1.2 节提出的变量选择方法, 通过计算得表 3.1.6.

表 3.1.6　地租数据的变量选择

模型	方法	常数项	X_1	X_2	X_3	X_4
位置模型	SCAD	−7.0172	0.8838	0.2431	0	0
	Hard	−7.8939	0.8437	0.4108	0	0
尺度模型	SCAD	5.0414	0	0	−1.7985	0
	Hard	4.0203	0	0	−0.9998	0

从表 3.1.6 的结果可以看出, 根据变量选择情况, 基于 SCAD 和 Hard 方法完成得非常类似. 位置模型挑选了两个非零系数 β_1 和 β_2, 尺度模型挑选了一个非零系数 γ_3.

结果表明 X_3 (用于种植紫花苜蓿的土地比例), X_4($X_4 = 1$ 表示种植紫花苜蓿时撒石灰, $X_4 = 0$ 表示不撒石灰) 对 Y(种植紫花苜蓿土地的平均地租) 没有显著影响; X_1(所有可耕土地的平均地租), X_2(奶牛场奶牛密度, 头数/英里 ^{2}) 和 X_4($X_4 = 1$ 表示种植紫花苜蓿时撒石灰, $X_4 = 0$ 表示不撒石灰) 对 Y(种植紫花苜蓿土地的平均地租) 波动没有显著影响.

3.1.5　定理的证明

为了书写方便, 下面用 C 表示某个正常数, 每次出现时可以代表不同的值. 在证明本章的定理之前, 首先给出一些正则化条件.

(C3.1.1) $x_i = (x_{i1}, \cdots, x_{ip})^{\mathrm{T}}$ 和 $z_i = (z_{i1}, \cdots, z_{iq})^{\mathrm{T}}$ $(i = 1, \cdots, n)$ 是固定的.

(C3.1.2) 参数空间是紧的, 真实参数 θ_0 为参数空间的内点.

(C3.1.3) x_i 和 z_i 在基于偏正态分布下联合位置与尺度模型 (3.1.2) 中是完全有界的, 即它们中的所有分量是一个有限的实数.

(C3.1.4) $y_i(i = 1, \cdots, n)$ 相互独立, $y_i \sim \mathrm{SN}(\mu_i, \sigma_i^2, \lambda)$, 其中 $\mu_i = x_i^{\mathrm{T}}\beta_0$, $\log \sigma_i^2 = z_i^{\mathrm{T}}\gamma_0$, $i = 1, \cdots, n$.

定理 3.1.1 的证明　对任给的 $\varepsilon > 0$, 我们将证明存在较大的常数 C 满足

$$P\left\{\sup_{||v||=C}\mathcal{L}(\theta_0+n^{-\frac{1}{2}}v)<\mathcal{L}(\theta_0)\right\}\geqslant 1-\varepsilon.$$

注意 $p_{\tau_n}(0)=0$ 和 $p_{\tau_n}(\cdot)>0$. 明显地, 有

$$\mathcal{L}\left(\theta_0+n^{-\frac{1}{2}}v\right)-\mathcal{L}(\theta_0)$$

$$=\left[\ell(\theta_0+n^{-\frac{1}{2}}v)-n\sum_{j=1}^{s}p_{\tau_n}(|\theta_{0j}+n^{-\frac{1}{2}}v_j|)\right]-\left[\ell(\theta_0)-n\sum_{j=1}^{s}p_{\tau_n}(|\theta_{0j}|)\right]$$

$$\leqslant\left[\ell(\theta_0+n^{-\frac{1}{2}}v)-\ell(\theta_0)\right]-n\sum_{j=1}^{s_1}\left[p_{\tau_n}(|\theta_{0j}+n^{-\frac{1}{2}}v_j|)-p_{\tau_n}(|\theta_{0j}|)\right]$$

$$=k_1+k_2,$$

其中

$$k_1=\ell(\theta_0+n^{-\frac{1}{2}}v)-\ell(\theta_0),$$

$$k_2=-n\sum_{j=1}^{s_1}\left[p_{\tau_n}(|\theta_{0j}+n^{-\frac{1}{2}}v_j|)-p_{\tau_n}(|\theta_{0j}|)\right].$$

首先考虑 k_1. 通过 Taylor 展开, 有

$$k_1=\ell(\theta_0+n^{-\frac{1}{2}}v)-\ell(\theta_0)$$

$$=n^{-\frac{1}{2}}v^{\mathrm{T}}\ell'(\theta_0)+\frac{1}{2}n^{-1}v^{\mathrm{T}}\ell''(\theta^*)v$$

$$=k_{11}+k_{12}.$$

其中 θ^* 位于 θ_0 和 $\theta_0+n^{-\frac{1}{2}}v$ 之间. 注意到 $n^{-\frac{1}{2}}||\ell'(\theta_0)||=O_p(1)$. 利用 Cauchy-Schwarz 不等式, 可以得到

$$k_{11}=n^{-\frac{1}{2}}v^{\mathrm{T}}\ell'(\theta_0)\leqslant n^{-\frac{1}{2}}||\ell'(\theta_0)||||v||=O_p(1).$$

根据 Chebyshev 不等式, 对任给的 $\varepsilon>0$, 有

$$P\left\{\frac{1}{n}||\ell''(\theta_0)-E\ell''(\theta_0)||\geqslant\varepsilon\right\}\leqslant\frac{1}{n^2\varepsilon^2}E\left\{\sum_{j=1}^{s}\sum_{l=1}^{s}\left(\frac{\partial^2\ell(\theta_0)}{\partial\theta_j\partial\theta_l}-E\frac{\partial^2\ell(\theta_0)}{\partial\theta_j\partial\theta_l}\right)^2\right\}$$

$$\leqslant\frac{Cs^2}{n\varepsilon^2}=o(1),$$

因此 $\frac{1}{n}||\ell''(\theta_0)-E\ell''(\theta_0)||=o_p(1)$,

$$k_{12}=\frac{1}{2}n^{-1}v^{\mathrm{T}}\ell''(\theta^*)v=\frac{1}{2}v^{\mathrm{T}}[n^{-1}\ell''(\theta_0)]v[1+o_p(1)]$$

$$= \frac{1}{2} v^{\mathrm{T}} \left\{ n^{-1} [\ell''(\theta_0) - E\ell''(\theta_0) - \mathcal{I}(\theta_0)] \right\} v [1 + o_p(1)]$$

$$= -\frac{1}{2} v^{\mathrm{T}} \mathcal{I}(\theta_0) v [1 + o_p(1)].$$

因此我们可得存在较大的常数 C, 在 $||v|| = C$ 下, k_{11} 被 k_{12} 一致控制.

下面研究 k_2. 利用 Taylor 展开和 Cauchy-Schwarz 不等式

$$k_2 = -n \sum_{j=1}^{s_1} [p_{\tau_n}(|\theta_{0j} + n^{-\frac{1}{2}} v_j|) - p_{\tau_n}(|\theta_{0j}|)]$$

$$= -n \sum_{j=1}^{s_1} \left\{ n^{\frac{1}{2}} p'_{\tau_n}(|\theta_{0j}|) \operatorname{sgn}(\theta_{0j}) v_j + \frac{1}{2} p''_{\tau_n}(|\theta_{0j}|) v_j^2 [1 + O_p(1)] \right\}$$

$$\leqslant \sqrt{s_1} n^{\frac{1}{2}} ||v|| \max_{1 \leqslant j \leqslant s} \left\{ p'_{\tau_n}(|\theta_{j0}|), \theta_{j0} \neq 0 \right\} + \frac{1}{2} ||v||^2 \max_{1 \leqslant j \leqslant s} \left\{ |p''_{\tau_n}(|\theta_{j0}|)| : \theta_{j0} \neq 0 \right\}$$

$$= \sqrt{s_1} n^{\frac{1}{2}} ||v|| a_n + \frac{1}{2} ||v||^2 b_n.$$

因为假定 $a_n = O_p(n^{-\frac{1}{2}})$ 和 $b_n \to 0$, 存在较大的常数 C, k_2 被 k_{12} 一致控制. 因此, 对任给的 $\varepsilon > 0$, 存在较大的常数 C 满足

$$P \left\{ \sup_{||v|| = C} \mathcal{L}(\theta_0 + n^{-\frac{1}{2}} v) < \mathcal{L}(\theta_0) \right\} \geqslant 1 - \varepsilon,$$

所以, 存在一个局部极大的 $\hat{\theta}_n$ 满足 $\hat{\theta}_n$ 是一个 θ_0 的 $\sqrt{n}$ 相合估计. 定理 3.1.1 证毕.

定理 3.1.2 的证明 首先证明 (i). 根据 $\tau_{\max} \to 0$, 容易得到对较大的 n 有 $a_n = 0$. 下面我们证明对任给的 $\theta^{(1)}$ 满足 $\theta^{(1)} - \theta_0^{(1)} = O_p(n^{-1/2})$. 对任意常数 $C > 0$, 有

$$\mathcal{L}\{((\theta^{(1)})^{\mathrm{T}}, 0^{\mathrm{T}})^{\mathrm{T}}\} = \max_{||\theta^{(1)}|| \leqslant Cn^{-1/2}} \mathcal{L}\{((\theta^{(1)})^{\mathrm{T}}, (\theta^{(2)})^{\mathrm{T}})^{\mathrm{T}}\},$$

事实上, 对任意 $\theta_j (j = s_1 + 1, \cdots, s)$, 利用 Taylor 展开, 有

$$\frac{\partial \mathcal{L}(\theta)}{\partial \theta_j} = \frac{\partial \ell(\theta)}{\partial \theta_j} - n p'_{\tau_n}(|\theta_j|) \operatorname{sgn}(\theta_j)$$

$$= \frac{\partial \ell(\theta_0)}{\partial \theta_j} + \sum_{l=1}^{s} \frac{\partial^2 \ell(\theta^*)}{\partial \theta_j \partial \theta_l} (\theta_l - \theta_{0l}) - n p'_{\tau_n}(|\theta_j|) \operatorname{sgn}(\theta_j),$$

其中 θ^* 在 θ 和 θ_0 之间. 而

$$\frac{1}{n} \frac{\partial \ell(\theta_0)}{\partial \theta_j} = O_p(n^{-1/2}) \quad \text{和} \quad \frac{1}{n} \left\{ \frac{\partial^2 \ell(\theta_0)}{\partial \theta_j \partial \theta_l} - E \left(\frac{\partial^2 \ell(\theta_0)}{\partial \theta_j \partial \theta_l} \right) \right\} = O_p(1).$$

注意 $\|\hat{\theta} - \theta_0\| = O_p(n^{-1/2})$, 有

$$\frac{\partial \mathcal{L}(\theta)}{\partial \theta_j} = -n\tau_n\{\tau_n^{-1}p'_{\tau_n}(|\theta_j|)\mathrm{sgn}(\theta_j) + O_p(\tau_n^{-1}n^{-1/2})\}.$$

根据定理 3.1.2 的假定, 有

$$\liminf_{n\to\infty}\liminf_{\theta\to 0^+}\tau_n^{-1}p'_{\tau_n}(\theta) > 0 \quad 和 \quad \tau_n^{-1}n^{-1/2} \to 0.$$

因为

$$\frac{\partial \mathcal{L}(\theta)}{\partial \theta_j} < 0, \quad 当 \quad 0 < \theta_j < Cn^{-1/2}$$

和

$$\frac{\partial \mathcal{L}(\theta)}{\partial \theta_j} > 0, \quad 当 \quad -Cn^{-1/2} < \theta_j < 0,$$

所以, $\mathcal{L}(\theta)$ 在 $\theta = ((\theta^{(1)})^{\mathrm{T}}, 0^{\mathrm{T}})^{\mathrm{T}}$ 达到最大, 定理 3.1.2 的 (i) 证毕.

下面我们证明 (ii), 即 $\hat{\theta}_n^{(1)}$ 的渐近正态性. 根据定理 3.1.1 和定理 3.1.2 的 (i), 局部极大化函数 $\mathcal{L}\{((\theta^{(1)})^{\mathrm{T}}, 0^{\mathrm{T}})^{\mathrm{T}}\}$ 存在一个惩罚极大似然估计 $\hat{\theta}_n^{(1)}$ 是 $\sqrt{n}$ 相合的. 而且估计 $\hat{\theta}_n^{(1)}$ 一定满足

$$\begin{aligned}
0 &= \frac{\partial \mathcal{L}(\theta)}{\partial \theta_j}\bigg|_{\theta=(((\hat{\theta}^{(1)})^{\mathrm{T}})^{\mathrm{T}}, 0^{\mathrm{T}})^{\mathrm{T}}} - np'_{\tau_n}(|\hat{\theta}_{nj}^{(1)}|)\mathrm{sgn}(\hat{\theta}_{nj}^{(1)}) \\
&= \frac{\partial \ell(\theta_0)}{\partial \theta_j} + \sum_{l=1}^{s_1}\left\{\frac{\partial^2 \ell(\theta_0)}{\partial \theta_j \partial \theta_l} + O_p(1)\right\}(\hat{\theta}_{nl}^{(1)} - \theta_{0l}^{(1)}) - np'_{\tau_n}(|\theta_{0j}^{(1)}|)\mathrm{sgn}(\hat{\theta}_{0j}^{(1)}) \\
&\quad - n\{p''_{\tau_n}(|\theta_{0j}^{(1)}|) + O_p(1)\}(\hat{\theta}_{nj}^{(1)} - \theta_{0j}^{(1)}).
\end{aligned}$$

换句话说, 有

$$\left\{\frac{\partial^2 \ell(\theta_0)}{\partial \theta^{(1)}\partial(\theta^{(1)})^{\mathrm{T}}} + nA_n + O_p(1)\right\}(\hat{\theta}_n^{(1)} - \theta_0^{(1)}) + c_n = \frac{\partial \ell(\theta_0)}{\partial \theta^{(1)}}.$$

利用 Lyapounov 中心极限定理, 可得

$$\frac{1}{\sqrt{n}}\frac{\partial \ell(\theta_0)}{\partial \theta^{(1)}} \xrightarrow{\mathcal{L}} \mathcal{N}(0, \mathcal{I}^{(1)}).$$

注意

$$\frac{1}{n}\left\{\frac{\partial^2 \ell(\theta_0)}{\partial \theta^{(1)}\partial(\theta^{(1)})^{\mathrm{T}}} - E\left(\frac{\partial^2 \ell(\theta_0)}{\partial \theta^{(1)}\partial(\theta^{(1)})^{\mathrm{T}}}\right)\right\} = O_p(1).$$

利用 Slustsky 定理可得

$$\sqrt{n}(\bar{\mathcal{I}}_n^{(1)})^{-1/2}(\bar{\mathcal{I}}_n^{(1)} + A_n)\{(\hat{\theta}_n^{(1)} - \theta_0^{(1)}) + (\bar{\mathcal{I}}_n^{(1)} + A_n)^{-1}c_n\} \xrightarrow{\mathcal{L}} \mathcal{N}_{s_1}(0, I_{s_1}).$$

定理 3.1.2 的 (ii) 证毕.

3.1.6 小结

本节针对异方差偏斜数据, 研究提出了基于偏正态数据下联合位置与尺度模型, 利用联合惩罚似然的方法, 研究提出了一种同时对位置模型和尺度模型的变量选择方法, 而且该方法能同时对位置模型和尺度模型进行估计和变量选择. 证明了提出的惩罚极大似然估计具有相合性和 Oracle 性质. 随机模拟和实例研究结果表明该模型和方法是有用和有效的.

然而, 在许多实际应用中, 偏度参数 λ 可能是未知的. 在偏度参数 λ 未知时, 我们也关心影响偏度的因素, 所以也十分必要对偏度参数 λ 在同时建模, 即研究联合位置、尺度和偏度模型的变量选择, 详见本书第 6 章研究.

3.2 缺失数据分析

3.2.1 引言

本节研究缺失偏正态数据下的联合位置与尺度模型, 并在响应变量随机缺失下, 研究了回归插补、随机回归插补这两种传统插补方法的应用, 同时基于数据自身特点, 提出一种适合缺失偏正态数据下联合建模模型的修正随机回归插补方法, 通过随机模拟和实例研究, 表明提出的修正随机回归插补方法能比传统插补方法十分显著地对模型的偏度参数进行调整.

本节的组织结构安排如下: 3.2.2 节主要介绍回归插补、随机回归插补方法; 3.2.3 节和 3.2.4 节通过模拟研究和一个实例分析说明所提出的插补方法; 3.2.5 节是小结.

3.2.2 缺失数据的插补方法和参数估计

基于偏正态数据下联合位置与尺度模型为

$$\begin{cases} y_i \sim \text{SN}(\mu_i, \sigma_i^2, \lambda), \\ \mu_i = x_i^{\text{T}}\beta, \\ \log \sigma_i^2 = z_i^{\text{T}}\gamma, \\ i = 1, 2, \cdots, n. \end{cases} \tag{3.2.1}$$

其中 y_i 服从偏度参数为 λ 的偏正态分布, 是响应变量, $x_i = (x_{i1}, x_{i2}, \cdots, x_{ip})^{\text{T}}$ 是与 y_i 位置参数有关的解释变量的观测值, $z_i = (z_{i1}, z_{i2}, \cdots, z_{iq})^{\text{T}}$ 是与 y_i 尺度参数有关的解释变量的观测值. $\beta = (\beta_1, \beta_2, \cdots, \beta_p)^{\text{T}}$ 是 $p \times 1$ 的位置模型的未知参数向量, $\gamma = (\gamma_1, \gamma_2, \cdots, \gamma_q)^{\text{T}}$ 是 $q \times 1$ 的尺度模型的未知参数向量, λ 是偏度参数. x_i, z_i 两个解释变量可能完全不相同、完全相同或者部分相同, 即位置模型和尺度模型可

能包含不同的解释变量或者相同的解释变量, 包含相同的解释变量也可能分别对位置和尺度有不同的影响方式.

1. 完全数据下的参数估计

假设 (y_i, x_i, z_i) 是来自于模型 (3.2.1) 的第 i 次观测值, $i = 1, 2, \cdots, n$. 设 y_i 为响应变量, x_i, z_i 分别为 $p \times 1$ 和 $q \times 1$ 的解释变量, 由模型 (3.2.1) 可以得到

$$f(y_i; \beta, \gamma, \lambda) = \frac{2}{\sqrt{2}} \exp\left(-\frac{1}{2} z_i^{\mathrm{T}} \gamma\right) \exp\left(-\frac{(y_i - x_i^{\mathrm{T}} \beta)^2}{2 \exp(z_i^{\mathrm{T}} \gamma)}\right) \Phi(k_i), \qquad (3.2.2)$$

其中 $k_i = \lambda(y_i - x_i^{\mathrm{T}} \beta) \exp\left(-\frac{1}{2} z_i^{\mathrm{T}} \gamma\right)$.

由式 (3.2.2) 可得似然函数为

$$l(\beta, \gamma, \lambda) = \prod_{i=1}^{n} \left\{ \frac{2}{\sqrt{2\pi}} \exp\left(-\frac{1}{2} z_i^{\mathrm{T}} \gamma\right) \exp\left(-\frac{(y_i - x_i^{\mathrm{T}} \beta)^2}{2 \exp(z_i^{\mathrm{T}} \gamma)}\right) \Phi(k_i) \right\},$$

对上式取自然对数, 得到对数似然函数为

$$L(\beta, \gamma, \lambda) = \frac{1}{2} \sum_{i=1}^{n} \log \frac{2}{\pi} - \frac{1}{2} \sum_{i=1}^{n} z_i^{\mathrm{T}} \gamma - \frac{1}{2} \sum_{i=1}^{n} \frac{(y_i - x_i^{\mathrm{T}} \beta)^2}{\exp(z_i^{\mathrm{T}} \gamma)} + \sum_{i=1}^{n} \log \Phi(k_i), \quad (3.2.3)$$

令 $\theta = (\beta^{\mathrm{T}}, \gamma^{\mathrm{T}}, \lambda)^{\mathrm{T}}$, 则 $L(\beta, \gamma, \lambda) = L(\theta)$, 因此

$$U(\theta) = \frac{\partial L(\theta)}{\partial \theta} = (U(\beta)^{\mathrm{T}}, U(\gamma)^{\mathrm{T}}, U(\lambda))^{\mathrm{T}},$$

$$U(\beta) = \frac{\partial L(\theta)}{\partial \beta} = \sum_{i=1}^{n} \frac{(y_i - x_i^{\mathrm{T}} \beta) x_i}{\exp(z_i^{\mathrm{T}} \gamma)} - \sum_{i=1}^{n} \frac{\varphi(k_i)}{\Phi(k_i)} \frac{\lambda x_i}{\exp\left(\frac{1}{2} z_i^{\mathrm{T}} \gamma\right)},$$

$$U(\gamma) = \frac{\partial L(\theta)}{\partial \gamma} = \frac{1}{2} \sum_{i=1}^{n} \frac{(y_i - x_i^{\mathrm{T}} \beta)^2 z_i}{\exp(z_i^{\mathrm{T}} \gamma)} - \frac{1}{2} \sum_{i=1}^{n} \frac{\varphi(k_i)}{\Phi(k_i)} k_i z_i - \frac{1}{2} \sum_{i=1}^{n} z_i,$$

$$U(\lambda) = \frac{\partial L(\theta)}{\partial \lambda} = \sum_{i=1}^{n} \frac{\varphi(k_i)}{\Phi(k_i)} \frac{(y_i - x_i^{\mathrm{T}} \beta)}{\exp\left(\frac{1}{2} z_i^{\mathrm{T}} \gamma\right)},$$

$$\frac{\partial^2 L(\theta)}{\partial \beta \partial \beta^{\mathrm{T}}} = -\sum_{i=1}^{n} \frac{x_i x_i^{\mathrm{T}}}{\exp(z_i^{\mathrm{T}} \gamma)}$$

$$- \sum_{i=1}^{n} \frac{\lambda^2 x_i x_i^{\mathrm{T}} \exp\left(-\frac{k_i^2}{2}\right)}{\exp(z_i^{\mathrm{T}} \gamma) \sqrt{2\pi} \Phi^2(k_i)} \left[k_i \Phi(k_i) + \frac{1}{\sqrt{2\pi}} \exp\left(-\frac{k_i^2}{2}\right) \right],$$

$$\frac{\partial^2 L(\theta)}{\partial \gamma \partial \gamma^{\mathrm{T}}} = -\frac{1}{2}\sum_{i=1}^{n}\frac{(y_i - x_i^{\mathrm{T}}\beta)^2}{\exp(z_i^{\mathrm{T}}\gamma)}z_i z_i^{\mathrm{T}}$$

$$+\frac{1}{2}\sum_{i=1}^{n}\frac{\exp\left(-\dfrac{k_i^2}{2}\right)k_i}{2\sqrt{2\pi}\Phi(k_i)}\left[1 - k_i^2 - \frac{k_i\exp\left(-\dfrac{k_i^2}{2}\right)}{\sqrt{2\pi}\Phi(k_i)}\right]z_i z_i^{\mathrm{T}},$$

$$\frac{\partial^2 L(\theta)}{\partial \lambda^2} = -\sum_{i=1}^{n}\frac{(y_i - x_i^{\mathrm{T}}\beta)^2\exp(-z_i^{\mathrm{T}}\gamma)\exp\left(-\dfrac{k_i^2}{2}\right)}{\sqrt{2\pi}\Phi(k_i)}\left[k_i + \frac{\exp\left(-\dfrac{k_i^2}{2}\right)}{\sqrt{2\pi}\Phi(k_i)}\right].$$

2. 缺失数据下基于回归插补的参数估计

在处理缺失数据时, 插补是一种非常方便有效的方法, 它可以对每一缺失项插补一个值 (单一插补), 或在某些情形下对缺失项插补多个值 (多重插补). 本节我们选择单一插补的方法, 如回归插补、随机回归插补等, 由此得到 "完全的数据集", 然后利用完全数据的统计方法对所得结果进行分析研究和统计推断.

利用回归插补时, 通过挑选出的能完全观测到的响应变量 y_{obs} 和相应协变量 x_{obs}, 建立 y_{obs} 和 x_{obs} 之间的回归关系, 之后依据回归关系和 y_{mis} 所对应的协变量 x_{mis}, 得出缺失值的预测值 $\hat{y}$, 用预测值代替缺失值进行插补.

对于来自模型 (3.1.2) 的数据 (y_i, x_i, z_i), 假设响应变量 y 的前 k 个值 $y_1, y_2, \cdots,$ y_k 可被观测, 而后 $n-k$ 个数据缺失, 回归插补基于 k 个完全个体得出回归关系 $\hat{y}_i = x_i^{\mathrm{T}}\hat{\beta}, i = 1, 2, \cdots, k$, 对于缺失值 $y_{k+1}, y_{k+2}, \cdots, y_n$, 我们使用 $\hat{y}_i = x_i^{\mathrm{T}}\hat{\beta}(i = k+1, k+2, \cdots, n)$ 计算出 $y_i(i = k+1, k+2, \cdots, n)$ 的预测值 $\hat{y}_i$ 作为插补值, 从而得到完全的数据集. 由回归插补方法可以看到, 回归插补仅仅考虑了均值参数对缺失值的贡献, 而当两个缺失值相应的辅助变量相同时, 得到的插补值就会一样, 而这有可能会对分布造成一定的扭曲.

3. 缺失数据下基于随机回归插补的参数估计

随机回归插补是回归插补的变形, 插补值由回归模型的预测值加上一个随机产生的误差项结合而成, 如我们计算出缺失数据中可被完全观测到的部分的参数估计值 $\hat{\theta}_1$, $\hat{\theta}_1 = (\hat{\beta}_1^{\mathrm{T}}, \hat{\gamma}_1^{\mathrm{T}}, \hat{\lambda}_1)^{\mathrm{T}}$ 则插补值为 $\hat{y}_i = x_i^{\mathrm{T}}\hat{\beta}_1 + \varepsilon_i, \varepsilon_i \sim \mathrm{SN}(0, \exp(z_i^{\mathrm{T}}\hat{\gamma}_1), \hat{\lambda}_1), i = k+1, k+2, \cdots, n$, 从而得到完全数据集.

随机回归插补同时考虑了均值、方差和偏度参数的贡献, 拥有较大的灵活性, 同时, 我们还可以看到, 当 y_i 缺失时, 插补值 $\hat{y}_i$ 为随机产生的, 而这样的随机性也有可能会对分布造成一定的影响, 基于此, 我们提出一种新的随机回归插补的方法, 假设我们的缺失值为 $y_{i\mathrm{mis}}, i = k+1, k+2, \cdots, n$, 修正随机回归插补的具体步骤如下:

步骤 1　由数据中可被完全观测到的部分计算出相应的参数估计值 $\hat{\theta} = (\hat{\beta}^{\mathrm{T}}, \hat{\gamma}^{\mathrm{T}}, \hat{\lambda})^{\mathrm{T}}$, 产生插补值为 $\hat{y}_i = x_i^{\mathrm{T}}\hat{\beta} + \varepsilon_i, \varepsilon_i \sim \mathrm{SN}(0, \exp(z_i^{\mathrm{T}}\hat{\gamma}), \hat{\lambda})$.

步骤 2　利用缺失值 $y_{i\mathrm{mis}}$ 对应的辅助变量 x_i, 计算出可被完全观测部分中辅助变量与距离最近的, 以此辅助变量相对应的响应变量为基准, 对 $\hat{y}_i$ 进行一定的调整, 得到 $y_{i\mathrm{mis}}$ 的最终插补值.

步骤 3　利用 $y_{i\mathrm{mis}}$ 的最终插补值插补缺失数据后利用完全数据的估计方法得到新的参数估计值 $\hat{\theta}_1$.

步骤 4　用 $\hat{\theta}_1$ 代替步骤 1 中的 $\hat{\theta}$, 重复步骤 2、步骤 3 和步骤 4, 直到 $i = n$ 时结束.

3.2.3　模拟研究

1. 完全数据下的参数估计模拟研究

利用产生的基于偏正态数据联合位置与尺度模型的数据, 对 3.2.2 节所提到的参数估计方法的有限样本性质进行模拟研究. 其中 $y_i(i = 1, 2, \cdots, n)$ 相互独立, 且服从偏正态分布 $\mathrm{SN}(\mu_i, \sigma_i^2, \lambda)$, x_i 和 z_i 的分量独立产生于 $U(-1,1)$. 取 $\beta_0 = (3, 1.5, 2)^{\mathrm{T}}$, $\gamma_0 = (0.5, -0.7, 0.2)^{\mathrm{T}}$ 作为模型的真值, 在 $\lambda = -0.5, 0, 0.5$ 时取样本量分别为 $n = 100, 200, 300$, 模拟次数为 1000, 并利用均方误差 (MSE) 来评价 $\hat{\beta}, \hat{\gamma}$ 和 $\hat{\lambda}$ 的估计精度, 定义为

$$\mathrm{MSE}(\hat{\beta}) = E(\hat{\beta} - \beta_0)^{\mathrm{T}}(\hat{\beta} - \beta_0),$$

$$\mathrm{MSE}(\hat{\gamma}) = E(\hat{\gamma} - \gamma_0)^{\mathrm{T}}(\hat{\gamma} - \gamma_0),$$

$$\mathrm{MSE}(\hat{\lambda}) = E(\hat{\lambda} - \lambda_0)^2.$$

模拟结果见表 3.2.1.

表 3.2.1　完全数据下参数的极大似然估计结果

λ	n	$\hat{\beta}^{\mathrm{T}}$	$\hat{\gamma}^{\mathrm{T}}$	$\hat{\lambda}$	MSE$(\hat{\beta})$	MSE$(\hat{\gamma})$	MSE$(\hat{\lambda})$
	100	(3.0040, 1.4997, 1.9904)	(0.5151, −0.7204, 0.1994)	−0.5446	0.0800	0.2130	0.0260
−0.5	200	(2.9969, 1.5002, 1.9944)	(0.5093, −0.7081, 0.2021)	−0.5226	0.0348	0.1008	0.0128
	300	(3.0010, 1.4992, 2.0000)	(0.5094, −0.7126, 0.2067)	−0.5136	0.0249	0.0594	0.0077
	100	(2.9938, 1.5047, 1.9998)	(0.5217, −0.7106, 0.2095)	0.0031	0.0930	0.2341	0.0187
0	200	(3.0016, 1.5025, 1.9987)	(0.5026, −0.7132, 0.1967)	0.0025	0.0414	0.1027	0.0092
	300	(2.9971, 1.4987, 1.9937)	(0.5085, −0.7134, 0.2011)	−0.0014	0.0269	0.0668	0.0059
	100	(2.9970, 1.5044, 2.0091)	(0.5174, −0.7045, 0.2045)	0.5356	0.0763	0.2145	0.0262
0.5	200	(3.0004, 1.5065, 2.0034)	(0.5082, −0.7167, 0.2032)	0.5156	0.0359	0.0922	0.0111
	300	(3.0001, 1.5059, 2.0057)	(0.5059, −0.7073, 0.2012)	0.5089	0.0233	0.0589	0.0071

由表 3.2.1 可以得到, 当偏度不同时, 所使用的 Gauss-Newton 迭代方法对不同偏度的估计十分稳定; 当偏度固定时, 随着样本量的增大, 位置模型、尺度模型和偏

度的参数估计的均方误差越来越小, 并且偏度估计值与真值的距离也越来越近, 说明本节提出的联合位置与尺度模型参数的极大似然估计方法达到了很好的效果.

2. 缺失数据下的参数估计模拟研究

取 $y_i \sim \mathrm{SN}(\mu_i, \sigma_i^2, \lambda)$ $(i = 1, 2, \cdots, n)$ 于模型 (3.1.2) 中, x_i 和 z_i 的分量独立产生于 $U(-1, 1)$. 取 $\beta_0 = (3, 1.5, 2)^{\mathrm{T}}$, $\gamma_0 = (0.5, -0.7, 0.2)^{\mathrm{T}}$ 作为模型的真值, 在 $\lambda = 0.5$ 时取样本量分别为 $n = 100, 200, 300$, 模拟次数为 1000, 缺失率为 5%, 10%, 20% 的 y 值时, 利用回归插补 (RI)、随机回归插补 (RRI)、修正随机回归插补 (NRRI) 三个插补方法在样本量分别为 $n = 100, 200, 300$ 时模拟 1000 次. 模拟结果见表 3.2.2 — 表 3.2.5.

表 3.2.2　样本量 $n = 100$ 时, 不同插补方法结果的比较

缺失率 p	插补方法	$\hat{\beta}^{\mathrm{T}}$	$\hat{\gamma}^{\mathrm{T}}$	$\hat{\lambda}$	MSE($\hat{\beta}$)	MSE($\hat{\gamma}$)	MSE($\hat{\lambda}$)
5%	插补前	(3.0053, 1.4951, 2.0002)	(0.5115, −0.7164, 0.2126)	0.5503	0.0803	0.2327	0.0311
	RI	(3.0058, 1.4954, 2.0001)	(0.5139, −0.7146, 0.2134)	0.5510	0.0812	0.2420	0.0312
	RRI	(3.0031, 1.4966, 2.0004)	(0.5130, −0.7172, 0.2138)	0.5509	0.0842	0.2431	0.0321
	NRRI	(2.9952, 1.4909, 1.9937)	(0.5064, −0.7055, 0.2080)	0.5399	0.0851	0.2366	0.0307
10%	插补前	(2.9995, 1.4963, 2.0083)	(0.4976, −0.7218, 0.2148)	0.5480	0.0873	0.2412	0.0310
	RI	(2.9995, 1.4978, 2.0073)	(0.4970, −0.7206, 0.2145)	0.5492	0.0886	0.2602	0.0314
	RRI	(3.0000, 1.4968, 2.0067)	(0.4962, −0.7232, 0.2127)	0.5544	0.0953	0.2634	0.0350
	NRRI	(2.9783, 1.4868, 1.9937)	(0.4827, −0.7043, 0.2083)	0.5254	0.0993	0.2540	0.0301
20%	插补前	(2.9868, 1.5000, 1.9931)	(0.5180, −0.7342, 0.1989)	0.5600	0.0978	0.2983	0.0380
	RI	(2.9861, 1.5003, 1.9951)	(0.5146, −0.7360, 0.1953)	0.5622	0.1008	0.3404	0.0390
	RRI	(2.9879, 1.4974, 1.9907)	(0.5188, −0.7393, 0.1974)	0.5727	0.1110	0.3477	0.0472
	NRRI	(2.9394, 1.4766, 1.9630)	(0.4792, −0.6817, 0.1885)	0.4999	0.1238	0.3258	0.0344

表 3.2.3　样本量 $n = 200$ 时, 不同插补方法结果的比较

缺失率 p	插补方法	$\hat{\beta}^{\mathrm{T}}$	$\hat{\gamma}^{\mathrm{T}}$	$\hat{\lambda}$	MSE($\hat{\beta}$)	MSE($\hat{\gamma}$)	MSE($\hat{\lambda}$)
5%	插补前	(2.9994, 1.5028, 2.0023)	(0.5122, −0.7108, 0.1983)	0.5272	0.0373	0.1089	0.0135
	RI	(2.9994, 1.5025, 2.0020)	(0.5127, −0.7122, 0.1982)	0.5275	0.0375	0.1127	0.0136
	RRI	(3.0000, 1.5017, 2.0020)	(0.5145, −0.7095, 0.1982)	0.5280	0.0389	0.1128	0.0142
	NRRI	(2.9896, 1.4965, 1.9958)	(0.5022, −0.6995, 0.1932)	0.5177	0.0404	0.1094	0.0130
10%	插补前	(2.9996, 1.5051, 2.0041)	(0.5083, −0.7106, 0.2047)	0.5229	0.0410	0.1032	0.0135
	RI	(2.9997, 1.5047, 2.0039)	(0.5089, −0.7112, 0.2061)	0.5236	0.0417	0.1091	0.0136
	RRI	(3.0003, 1.5033, 2.0048)	(0.5086, −0.7130, 0.2031)	0.5247	0.0450	0.1127	0.0151
	NRRI	(2.9818, 1.4951, 1.9896)	(0.4928, −0.6827, 0.1964)	0.5019	0.0453	0.1101	0.0129
20%	插补前	(2.9960, 1.4971, 1.9991)	(0.5115, −0.7094, 0.2055)	0.5272	0.0473	0.1229	0.0158
	RI	(2.9962, 1.4966, 1.9997)	(0.5102, −0.7088, 0.2033)	0.5282	0.0489	0.1380	0.0160
	RRI	(2.9962, 1.4981, 1.9987)	(0.5150, −0.7081, 0.2031)	0.5334	0.0549	0.1398	0.0188
	NRRI	(2.9537, 1.4767, 1.9703)	(0.4758, −0.6518, 0.1909)	0.4788	0.0610	0.1328	0.0151

表 3.2.4　样本量 $n = 300$ 时，不同插补方法结果的比较

缺失率 p	插补方法	$\hat{\beta}^{\mathrm{T}}$	$\hat{\gamma}^{\mathrm{T}}$	$\hat{\lambda}$	MSE($\hat{\beta}$)	MSE($\hat{\gamma}$)	MSE($\hat{\lambda}$)
5%	插补前	(3.0010, 1.5004, 2.0004)	(0.5071, −0.7156, 0.2028)	0.5104	0.0255	0.0642	0.0078
	RI	(3.0013, 1.5005, 2.0010)	(0.5076, −0.7156, 0.2029)	0.5106	0.0258	0.0660	0.0078
	RRI	(3.0011, 1.4995, 2.0012)	(0.5065, −0.7154, 0.2027)	0.5100	0.0270	0.0670	0.0081
	NRRI	(2.9911, 1.4959, 1.9944)	(0.4999, −0.7040, 0.1979)	0.5026	0.0267	0.0657	0.0075
10%	插补前	(2.9989, 1.5006, 1.9958)	(0.5092, −0.7121, 0.2055)	0.5121	0.0275	0.0715	0.0077
	RI	(2.9989, 1.5011, 1.9962)	(0.5100, −0.7112, 0.2055)	0.5124	0.0277	0.0764	0.0078
	RRI	(3.0000, 1.5002, 1.9962)	(0.5086, −0.7127, 0.2050)	0.5138	0.0296	0.0768	0.0086
	NRRI	(2.9784, 1.4888, 1.9848)	(0.4924, −0.6871, 0.1972)	0.4935	0.0314	0.0737	0.0078
20%	插补前	(2.9969, 1.5025, 2.0063)	(0.5035, −0.7073, 0.2035)	0.5098	0.0319	0.0754	0.0091
	RI	(2.9974, 1.5025, 2.0068)	(0.5057, −0.7051, 0.2051)	0.5105	0.0330	0.0886	0.0091
	RRI	(2.9971, 1.5022, 2.0086)	(0.5028, −0.7090, 0.1995)	0.5115	0.0363	0.0864	0.0103
	NRRI	(2.9530, 1.4799, 1.9806)	(0.4676, −0.6554, 0.1898)	0.4651	0.0427	0.0830	0.0102

从上述模拟结果可以得到：

(1) 缺失率相同时，随着样本量的增大，参数估计的效果越来越好；

(2) 样本量相同时，随着缺失率的减小，参数估计的均方误差越来越小；

(3) 运用回归插补对参数估计的效果较好，尤其是位置参数和尺度参数，但当样本量较少而缺失率较高时，所得偏度参数的估计值离真值较远，估计效果较差；

(4) 随机回归插补对位置参数、尺度参数和偏度参数的估计效果同样很好，尤其对于位置参数的估计，估计值与真值相距较近；

(5) 修正随机回归插补相比前两种插补方法，对偏度参数的估计效果大为提高，得到的估计值与真值较为接近，并且尺度参数与偏度参数的均方误差都有所减少，提高了参数估计的稳定性，但其稍稍降低了位置参数的估计效果.

表 3.2.5　不同样本量和不同缺失率下，修正回归插补方法估计结果

缺失率 p	样本量 n	$\hat{\beta}^{\mathrm{T}}$	$\hat{\gamma}^{\mathrm{T}}$	$\hat{\lambda}$	MSE($\hat{\beta}$)	MSE($\hat{\gamma}$)	MSE($\hat{\lambda}$)
5%	100	(2.9952, 1.4909, 1.9937)	(0.5064, −0.7055, 0.2080)	0.5399	0.0851	0.2366	0.0307
	200	(2.9896, 1.4965, 1.9958)	(0.5022, −0.6995, 0.1932)	0.5177	0.0404	0.1094	0.0130
	300	(2.9911, 1.4959, 1.9944)	(0.4999, −0.7040, 0.1979)	0.5026	0.0267	0.0657	0.0075
10%	100	(2.9783, 1.4868, 1.9937)	(0.4827, −0.7043, 0.2083)	0.5254	0.0993	0.2540	0.0301
	200	(2.9818, 1.4951, 1.9896)	(0.4928, −0.6827, 0.1964)	0.5019	0.0453	0.1101	0.0129
	300	(2.9784, 1.4888, 1.9848)	(0.4924, −0.6871, 0.1972)	0.4935	0.0314	0.0737	0.0078
20%	100	(2.9394, 1.4766, 1.9630)	(0.4792, −0.6817, 0.1885)	0.4999	0.1238	0.3258	0.0344
	200	(2.9537, 1.4767, 1.9703)	(0.4758, −0.6518, 0.1909)	0.4788	0.0610	0.1328	0.0151
	300	(2.9530, 1.4799, 1.9806)	(0.4676, −0.6554, 0.1898)	0.4651	0.0427	0.0830	0.0102

从表 3.2.5 可以看到, 缺失率较小时, 运用修正随机回归插补所得的参数估计效果较好, 并随着样本量的增大, 估计值与真值的距离越来越近, 均方误差也逐渐减小; 但当缺失率较大且样本量逐渐减小时, 参数估计的效果却有些差强人意.

3.2.4 实例分析

体质指数 (BMI) 简单实用并可反映全身性超重和肥胖, 与某些单纯地以体重为基准进行的诊断 (如测量身体因肥胖而面临心脏病、高血压等风险) 相比, 更具准确性, 一般由个体的身高和体重计算得出, 而同时我们对于不同身体因素对体质指标所造成的影响感兴趣, 因此本节选用了 202 名运动员的体质指数数据 (Cook and Weisberg, 1994), 其中男性运动员 102 名, 女性运动员 100 名, 并选用了体内红细胞含量、等离子体铁蛋白浓度、身体脂肪百分比、去脂体重这四种身体因素对问题进行研究. 首先, 利用 R 软件包中的 sn 子包对数据 BMI 可得出偏度参数的估计结果为 $\hat{\lambda} = 0.5339622$, 表明数据 BMI 具有明显的偏斜, 同时数据的密度函数拟合为图 3.2.1, 表明该数据近似服从偏正态分布.

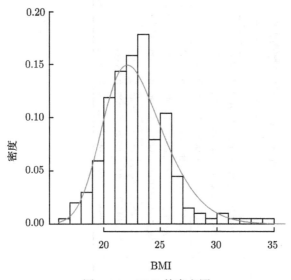

图 3.2.1　BMI 的直方图

从表 3.2.6 可以看到, 随着缺失率的减小, 不同插补方法所得的参数估计效果越来越好, 并注意到缺失率的变化对回归插补后的参数估计效果影响较大, 如在缺失率达到 20% 的条件下, 回归插补后的偏度参数估计为负值, 与实际情况不符, 而随机回归插补和修正随机回归插补表现较好, 特别是修正随机回归插补, 对偏度参数的估计起到了相应的调节作用.

表 3.2.6　BMI 参数极大似然估计结果

缺失率 p	插补方法	$\hat{\beta}^T$	$\hat{\gamma}^T$	$\hat{\lambda}$
5%	RI	(8.0699, 0.1896, 0.0054, 0.1933, 0.1597)	(−4.4983, 0.4114, −0.0011, 0.0892, 0.0316)	0.4589
	RRI	(8.2100, 0.1768, 0.0052, 0.1901, 0.1590)	(−4.5308, 0.4174, −0.0011, 0.0922, 0.0320)	0.5403
	NRRI	(8.1385, 0.1944, 0.0051, 0.1910, 0.1592)	(−4.2344, 0.3634, −0.0009, 0.0877, 0.0317)	0.5023
10%	RI	(8.1797, 0.1610, 0.0055, 0.1956, 0.1604)	(−4.1453, 0.3160, −0.0008, 0.0889, 0.0319)	0.1776
	RRI	(7.9291, 0.2087, 0.0056, 0.1963, 0.1605)	(−4.2021, 0.3434, −0.0008, 0.0924, 0.0312)	0.3877
	NRRI	(8.1584, 0.1671, 0.0054, 0.1939, 0.1603)	(−4.2584, 0.3512, −0.0007, 0.0920, 0.0314)	0.4205
20%	RI	(7.8245, 0.2448, 0.0054, 0.2044, 0.1593)	(−4.2688, 0.3335, −0.0008, 0.0850, 0.0317)	−0.1477
	RRI	(8.1894, 0.1864, 0.0053, 0.2007, 0.1583)	(−4.4588, 0.3622, −0.0012, 0.0900, 0.0343)	0.3408
	NRRI	(7.9543, 0.2785, 0.0050, 0.1955, 0.1564)	(−4.3344, 0.3468, −0.0003, 0.0903, 0.0323)	0.3764

3.2.5 小结

本节通过建立偏态数据下的联合位置与尺度模型, 分析研究了其在缺失数据下基于回归插补与随机回归插补后的参数估计效果, 并在此基础之上, 提出了一种适合缺失偏态数据下联合建模问题的修正随机回归插补方法, 通过随机模拟和实例研究, 表明所提出的修正随机回归插补方法是有用和有效的.

3.3 统 计 诊 断

3.3.1 引言

在许多实际问题分析中, 如金融和经济等领域, 大部分收集到的数据都不是严格地服从正态分布, 数据存在偏斜, 并非具有严格的对称性, 而偏正态分布和偏 t 正态分布等偏态分布能够较好地刻画出数据的非对称性. 一方面偏态数据是正态数据的进一步推广, 是非常常见的一种统计数据; 另一方面, 联合位置与尺度模型是研究异方差数据的重要工具, 它能更好地了解方差的来源和有效地控制方差. 对数据进行采集时, 实际收集到的数据中有个别数据由于收集或整理过程中的疏忽和失误或其他原因而导致较大的误差, 这些错误数据会不会较大地影响统计推断, 研究数据点在分析中的作用与影响问题成为统计研究中的一个重要问题. 因此对偏态数据进行统计诊断具有重要理论价值和实际意义, 本节主要研究偏正态数据下联合位置与尺度模型的统计诊断.

关于偏态分布、异方差模型和统计诊断近年来吸引了很多学者的研究. 在偏态数据方面, Azzalini(1985) 首次对偏正态分布以及它的分布函数与密度函数的性质进行了研究. 在异方差模型方面, Park(1966) 首先提出联合均值与方差模型; Aitkin(1987) 研究了联合均值与方差模型的极大似然估计; 马婷等 (2013) 研究了基于偏正态分布联合位置、尺度与偏度的极大似然估计; Wu 等 (2013) 研究了偏正态分布下联合位置与尺度的变量选择. 在统计诊断方面, Paula(2013) 研究了双重广义线性模型的统计诊断; Cook 和 Weisberg(1983) 等研究了异方差模型的统计诊断; Xie 等 (2009) 研究了偏正态分布下非线性均值回归模型及该模型的统计诊断; Verbyla(1993) 研究了异方差模型的限制极大似然估计及其统计诊断. 但关于偏态数据下联合建模的统计诊断的研究甚少, 而统计诊断又是数据分析的重要组成部分.

基于以上考虑, 本节提出偏正态数据下联合位置与尺度模型的统计诊断, 并给出该模型参数的极大似然估计. 通过数据删除模型的统计诊断方法, 比较删除模型与未删除模型相应统计量之间的差异, 检测出数据中存在的异常点或强影响点. 通过模拟数据和实例分析研究结果表明本节提出的方法是有用和有效的.

本节的组织结构安排如下: 3.3.2 节介绍偏正态分布下联合位置与尺度模型及其极大似然估计. 3.3.3 节研究对联合位置与尺度模型进行基于数据删除模型的参数估计和相应诊断统计量及其计算方法. 3.3.4 节研究对联合位置与尺度模型的局部影响分析. 3.3.5 节通过模拟研究表明所提出的理论在有限样本下的效果. 3.3.6 节通过实例分析说明所提出的理论实际应用. 3.3.7 节是小结.

3.3.2 极大似然估计

1. 偏正态分布

考虑随机变量 Y 服从偏正态分布, 即可以表示成 $Y \sim \mathrm{SN}(\mu, \sigma^2, \lambda)$, 其中 μ 为位置参数, σ 为尺度参数, λ 为偏度参数. 随机变量 Y 的密度函数可以表示为

$$f(y) = \frac{2}{\sigma} \varphi \left(\frac{y - \mu}{\sigma} \right) \Phi \left(\lambda \frac{y - \mu}{\sigma} \right), \tag{3.3.1}$$

其中 $\varphi(\cdot), \Phi(\cdot)$ 分别为标准正态分布的密度函数与分布函数. 当偏度参数 $\lambda = 0$ 时, 密度函数 (3.3.1) 退化为正态分布的密度函数, 即此时偏正态分布退化为正态分布.

2. 基于偏正态分布下联合位置与尺度模型

基于偏正态分布下联合位置与尺度模型为

$$\begin{cases} y_i \sim \mathrm{SN}(\mu_i, \sigma_i^2, \lambda), \\ \mu_i = x_i^{\mathrm{T}} \beta, \\ \log \sigma_i^2 = z_i^{\mathrm{T}} \gamma, \\ i = 1, 2, \cdots, n. \end{cases} \tag{3.3.2}$$

其中 y_i 服从偏度参数为 λ 的偏正态分布, 是响应变量, $x_i = (x_{i1}, x_{i2}, \cdots, x_{ip})^{\mathrm{T}}$ 是与 y_i 位置参数有关的解释变量的观测值, $z_i = (z_{i1}, z_{i2}, \cdots, z_{iq})^{\mathrm{T}}$ 是与 y_i 尺度参数有关的解释变量的观测值. $\beta = (\beta_1, \beta_2, \cdots, \beta_p)^{\mathrm{T}}$ 是 $p \times 1$ 的位置模型的未知参数向量, $\gamma = (\gamma_1, \gamma_2, \cdots, \gamma_q)^{\mathrm{T}}$ 是 $q \times 1$ 的尺度模型的未知参数向量, λ 是偏度参数. x_i, z_i 两个解释变量可能完全不相同、完全相同或者部分相同, 即位置模型和尺度模型可能包含不同的解释变量或者相同的解释变量, 包含相同的解释变量也可能分别对位置和尺度有不同的影响方式. 本节主要研究给定一组数据集 $Y = \{y_1, \cdots, y_n\}$, 研究各个数据点在统计推断中的作用, 具体来说, 要检测第 i 个点 y_i 是否为异常点或强影响点.

3. 极大似然估计

假设 (y_i, x_i, z_i) 是某次试验的第 i 次观测值, $i = 1, 2, \cdots, n$. 设 y_i 为响应变量, x_i, z_i 分别为 $p \times 1$ 和 $q \times 1$ 的解释变量, 由密度函数式 (3.3.1) 及模型 (3.3.2) 可以

得到

$$f(y_i; \beta, \gamma, \lambda) = \frac{2}{\sqrt{2}} \exp\left(-\frac{1}{2} z_i^{\mathrm{T}} \gamma\right) \exp\left(-\frac{(y_i - x_i^{\mathrm{T}} \beta)^2}{2 \exp(z_i^{\mathrm{T}} \gamma)}\right) \Phi(k_i), \tag{3.3.3}$$

其中 $k_i = \lambda(y_i - x_i^{\mathrm{T}} \beta) \exp\left(-\frac{1}{2} z_i^{\mathrm{T}} \gamma\right)$.

由式 (3.3.3) 可得似然函数为

$$l(\beta, \gamma, \lambda) = \prod_{i=1}^{n} \left\{ \frac{2}{\sqrt{2\pi}} \exp\left(-\frac{1}{2} z_i^{\mathrm{T}} \gamma\right) \exp\left(-\frac{(y_i - x_i^{\mathrm{T}} \beta)^2}{2 \exp(z_i^{\mathrm{T}} \gamma)}\right) \Phi(k_i) \right\}.$$

对上式取自然对数, 得到对数似然函数为

$$L(\beta, \gamma, \lambda) = \frac{1}{2} \sum_{i=1}^{n} \log \frac{2}{\pi} - \frac{1}{2} \sum_{i=1}^{n} z_i^{\mathrm{T}} \gamma - \frac{1}{2} \sum_{i=1}^{n} \frac{(y_i - x_i^{\mathrm{T}} \beta)^2}{\exp(z_i^{\mathrm{T}} \gamma)} + \sum_{i=1}^{n} \log \Phi(k_i). \tag{3.3.4}$$

令 $\theta = (\beta^{\mathrm{T}}, \gamma^{\mathrm{T}}, \lambda)^{\mathrm{T}}$, 则 $L(\beta, \gamma, \lambda) = L(\theta)$, 因此

$$U(\theta) = \frac{\partial L(\theta)}{\partial \theta} = (U(\beta)^{\mathrm{T}}, U(\gamma)^{\mathrm{T}}, U(\lambda))^{\mathrm{T}},$$

$$U(\beta) = \frac{\partial L(\theta)}{\partial \beta} = \sum_{i=1}^{n} \frac{(y_i - x_i^{\mathrm{T}} \beta) x_i}{\exp(z_i^{\mathrm{T}} \gamma)} - \sum_{i=1}^{n} \frac{\varphi(k_i)}{\Phi(k_i)} \frac{\lambda x_i}{\exp\left(\frac{1}{2} z_i^{\mathrm{T}} \gamma\right)},$$

$$U(\gamma) = \frac{\partial L(\theta)}{\partial \gamma} = \frac{1}{2} \sum_{i=1}^{n} \frac{(y_i - x_i^{\mathrm{T}} \beta)^2 z_i}{\exp(z_i^{\mathrm{T}} \gamma)} - \frac{1}{2} \sum_{i=1}^{n} \frac{\varphi(k_i)}{\Phi(k_i)} k_i z_i - \frac{1}{2} \sum_{i=1}^{n} z_i,$$

$$U(\lambda) = \frac{\partial L(\theta)}{\partial \lambda} = \sum_{i=1}^{n} \frac{\varphi(k_i)}{\Phi(k_i)} \frac{y_i - x_i^{\mathrm{T}} \beta}{\exp\left(\frac{1}{2} z_i^{\mathrm{T}} \gamma\right)},$$

$$\frac{\partial^2 L(\theta)}{\partial \beta \partial \beta^{\mathrm{T}}} = -\sum_{i=1}^{n} \frac{x_i x_i^{\mathrm{T}}}{\exp(z_i^{\mathrm{T}} \gamma)} - \sum_{i=1}^{n} \frac{\lambda^2 x_i x_i^{\mathrm{T}} \exp\left(-\frac{k_i^2}{2}\right)}{\exp(z_i^{\mathrm{T}} \gamma) \sqrt{2\pi} \Phi^2(k_i)} \left[k_i \Phi(k_i) + \frac{1}{\sqrt{2\pi}} \exp\left(-\frac{k_i^2}{2}\right) \right],$$

$$\frac{\partial^2 L(\theta)}{\partial \gamma \partial \gamma^{\mathrm{T}}} = -\frac{1}{2} \sum_{i=1}^{n} \frac{(y_i - x_i^{\mathrm{T}} \beta)^2}{\exp(z_i^{\mathrm{T}} \gamma)} z_i z_i^{\mathrm{T}}$$

$$+ \frac{1}{2} \sum_{i=1}^{n} \frac{\exp\left(-\frac{k_i^2}{2}\right) k_i}{2\sqrt{2\pi} \Phi(k_i)} \left[1 - k_i^2 - \frac{k_i \exp\left(-\frac{k_i^2}{2}\right)}{\sqrt{2\pi} \Phi(k_i)} \right] z_i z_i^{\mathrm{T}},$$

$$\frac{\partial^2 L(\theta)}{\partial \lambda^2} = -\sum_{i=1}^{n} \frac{(y_i - x_i^{\mathrm{T}} \beta)^2 \exp(-z_i^{\mathrm{T}} \gamma) \exp\left(-\frac{k_i^2}{2}\right)}{\sqrt{2\pi} \Phi(k_i)} \left[k_i + \frac{\exp\left(-\frac{k_i^2}{2}\right)}{\sqrt{2\pi} \Phi(k_i)} \right].$$

3.3.3　基于数据删除模型的统计诊断

1. 数据删除模型

对于联合位置与尺度模型, 为了评价第 i 个数据点 (x_i, y_i) 在联合位置与尺度模型中的作用与影响, 可通过比较第 i 个点 (x_i, y_i) 删除前后统计推断结果的变化, 来检测这个点是否为异常点或强影响点. 删除第 i 个数据点以后的模型称为数据删除模型 (case-deletion model, CDM). 数据删除模型是统计诊断的最基本的模型, 比较删除模型与未删除模型相应统计量之间的差异是统计诊断最基本的方法. 数据删除模型的统计诊断方法具体实施步骤如下:

步骤 1　指出如何得到估计参数 $\hat{\theta}$ 与 $\hat{\theta}(i)$, 通常可以给出它们之间的关系式或近似关系式;

步骤 2　定义某种合适的"广义距离" D_i, 来度量 $\hat{\theta}$ 与 $\hat{\theta}(i)$ 之间的"差异". D_i 通常称为诊断统计量;

步骤 3　对每个数据点分别计算广义距离, 可通过列表或画图, 找出一个或几个特别大的 D_i(也可能没有特别大的), 则相应的数据点可能为异常点或强影响点.

2. 基于数据删除模型的参数估计

1) 极大似然估计的迭代算法

通常的数值计算大多需要使用迭代算法, 以下介绍极大似然估计的常用迭代算法. 事实上, 这也就是非线性规划中求解函数最大值 (最小值) 最典型的基本算法, 即 Gauss-Newton 迭代法 (韦博成, 2006).

设 $X \sim f(x, \theta), L(\theta) = \log f(x, \theta), \theta \in \Theta$. 则极大似然估计 $\hat{\theta} = \hat{\theta}(X)$ 满足以下必要条件 (一般函数的最大值或最小值亦然):

$$\dot{L}(\hat{\theta}) = 0, \quad \dot{L}(\hat{\theta}) = \left(\frac{\partial L}{\partial \theta_1}, \cdots, \frac{\partial L}{\partial \theta_p} \right)^{\mathrm{T}}.$$

在某点 θ_0 处 Taylor 展开可得 $\dot{L}(\hat{\theta}) = \dot{L}(\theta_0) + \ddot{L}(\theta_0)(\hat{\theta} - \theta_0) + o(|\hat{\theta} - \theta_0|)$, 对上式进行变形整理可得 $\hat{\theta} = \theta_0 + [-\ddot{L}(\theta_0)]^{-1}[\dot{L}(\theta_0)] + $ 余项. 因此可视 θ_0 为初值, 设计以下迭代公式:

$$\theta_1 = \theta_0 + [-\ddot{L}(\theta_0)]^{-1}[\dot{L}(\theta_0)],$$

$$\theta_2 = \theta_1 + [-\ddot{L}(\theta_1)]^{-1}[\dot{L}(\theta_1)],$$

$$\cdots\cdots$$

$$\theta_{i+1} = \theta_i + D(\theta_i), \quad \text{其中} \quad D(\theta) = [-\ddot{L}(\theta)]^{-1}[\dot{L}(\theta)].$$

直到 $\|\theta_{i+1} - \theta_i\|^2 \leqslant \delta, \delta$ 为预定的充分小的正数, 如 $\delta = 10^{-8}$ 等, 则取 θ_{i+1} 作为极大似然估计 $\hat{\theta}$ 的近似值.

极大似然估计的迭代算法可按照以下步骤实现:

步骤 1 给定迭代的参数初值: $\theta_0 = (\beta_0^{\mathrm{T}}, \gamma_0^{\mathrm{T}}, \lambda_0)^{\mathrm{T}}$;

步骤 2 给定当前值: $\theta_i = (\beta_i^{\mathrm{T}}, \gamma_i^{\mathrm{T}}, \lambda_i)^{\mathrm{T}}$, 迭代 $\theta_{i+1} = \theta_i + [-\ddot{L}(\theta_i)]^{-1}[\dot{L}(\theta_i)]$;

步骤 3 重复步骤 2 直到迭代收敛.

2) $\hat{\theta}(i)$ 的一阶近似

上述 Gauss-Newton 迭代法可用来计算 $\hat{\theta}(i)$, 只需删除第 i 点 (x_i, y_i) 即可. 记删除 (x_i, y_i) 以后的对数似然为 $L_{(i)}(\theta)$, 它在 $\hat{\theta}(i)$ 处的导数为 0, 因此 $\dot{L}_{(i)}(\hat{\theta}(i)) = 0$ 在 $\hat{\theta}$ 处展开如下:

$$\dot{L}_{(i)}(\hat{\theta}(i)) = \dot{L}_{(i)}(\hat{\theta}) + \ddot{L}_{(i)}(\hat{\theta})(\hat{\theta}(i) - \hat{\theta}) + 余项 = 0,$$

由此即可得到 $\hat{\theta}(i)$ 的一阶近似为

$$\hat{\theta}^I(i) = \hat{\theta} + [-\ddot{L}_{(i)}(\hat{\theta})]^{-1}\dot{L}_{(i)}(\hat{\theta}) \quad \text{或} \quad \hat{\theta}^I(i) = \hat{\theta} + [I_{(i)}(\hat{\theta})]^{-1}\dot{L}_{(i)}(\hat{\theta}),$$

其中 $I_{(i)}(\hat{\theta})$ 为删除 (x_i, y_i) 以后的 Fisher 信息阵.

通过上述的方法可以得出删除第 i 个数据点前后估计量 $\hat{\theta}$ 和 $\hat{\theta}(i)$ 之间的关系, 如果它们之间的差很大, 则说明第 i 个数据点为异常点或强影响点.

3. 诊断统计量

由于 $\hat{\theta}$ 和 $\hat{\theta}(i)$ 是向量, 不便于比较大小, 所以需要其他的方法来找异常点或强影响点. 因此导出在联合位置与尺度模型下基于数据删除模型的诊断统计量, 如广义 Cook 距离、似然距离等.

1) 广义 Cook 距离

广义 Cook 距离 $\mathrm{GD}_i = \|\hat{\theta} - \hat{\theta}(i)\|_M^2$, 其中 M 为某一权矩阵. 广义 Cook 距离定义为

$$\mathrm{GD}_i = \|\hat{\theta} - \hat{\theta}(i)\|_M^2 = \frac{(\hat{\theta} - \hat{\theta}(i))^{\mathrm{T}} M (\hat{\theta} - \hat{\theta}(i))}{c}.$$

其中 M 是正定的权矩阵; $c > 0$ 是尺度因子. M 和 c 可以选取各种不同的值, 但是对于比较 $\hat{\theta}$ 与 $\hat{\theta}(i)$ 之间差异影响并不大, 本节取 $M = X^{\mathrm{T}}X$ 和 $c = rp\hat{\sigma}^2$ (r 为常系数),

$$M = X^{\mathrm{T}}X = \sum_{j=1}^{n} x_j x_j^{\mathrm{T}} = \sum_{j \neq i} x_j x_j^{\mathrm{T}} + x_i x_i^{\mathrm{T}} = X^{\mathrm{T}}(j)X(j) + x_i x_i^{\mathrm{T}}, \; c = rp\hat{\sigma}^2 = rp\exp(z_i^{\mathrm{T}}\gamma).$$

2) 似然距离

给定一组数据集 $(x_i, y_i), i = 1, \cdots, n$, 假定 $Y = (y_1, \cdots, y_n)$ 的分布密度函数和对数似然函数分别为 $f(y, \theta)$ 和 $L(\theta) = \log f(y, \theta), \theta \in \Theta$, 假定 $L(\theta)$ 满足通常的

正则条件, 并设参数 θ 的极大似然估计 (MLE) 为 $\hat{\theta}$. 对于上述模型及其删除模型, 对应于第 i 个数据点的似然距离为

$$\mathrm{LD}_i = 2\{L(\hat{\theta}) - L(\hat{\theta}(i))\}. \tag{3.3.5}$$

由于 $L(\hat{\theta})$ 为全局最大值, 因此恒有 $\mathrm{LD}_i \geqslant 0$, $L(\hat{\theta})$ 表示似然函数 $L(\theta)$ 在 Θ 上的最大值, 因此 LD_i 表示第 i 个数据点删除前后这个最大值的改变量: 改变量越大, 说明第 i 个数据点对 $\hat{\theta}$ 的影响越大.

对 (3.3.5) 式在 $\hat{\theta}$ 处进行 Taylor 展开可得

$$\begin{aligned}
\mathrm{LD}_i &= -2\{L(\hat{\theta}(i)) - L(\hat{\theta})\} \\
&= -2\left\{\dot{L}(\hat{\theta})(\hat{\theta}(i) - \hat{\theta}) + \frac{1}{2}(\hat{\theta}(i) - \hat{\theta})^{\mathrm{T}}\ddot{L}(\hat{\theta})(\hat{\theta}(i) - \hat{\theta}) + \text{余项}\right\},
\end{aligned}$$

由于 $\dot{L}(\hat{\theta}) = 0$, 从而得到似然距离的近似公式如下

$$\mathrm{LD}_i^I = (\hat{\theta} - \hat{\theta}(i))^{\mathrm{T}}[-\ddot{L}(\hat{\theta})](\hat{\theta} - \hat{\theta}(i)) \quad \text{或} \quad \mathrm{LD}_i^I = (\hat{\theta} - \hat{\theta}(i))^{\mathrm{T}}[I(\hat{\theta})](\hat{\theta} - \hat{\theta}(i)).$$

3.3.4　局部影响分析

1. 位置扰动模型

位置扰动模型如下:

$$\begin{cases}
y_i \sim \mathrm{SN}(\mu_i + \omega_i, \sigma_i^2, \lambda), \\
\mu_i = x_i^{\mathrm{T}}\beta, \\
\log \sigma_i^2 = z_i^{\mathrm{T}}\gamma, \\
i = 1, 2, \cdots, n.
\end{cases} \tag{3.3.6}$$

其中 $\omega = (\omega_1, \cdots, \omega_n)^{\mathrm{T}}$, $\omega_0 = (0, \cdots, 0)^{\mathrm{T}}$ 表示联合位置与尺度模型没有扰动, $\theta = (\beta^{\mathrm{T}}, \gamma^{\mathrm{T}}, \lambda)^{\mathrm{T}}$. 相应对数似然函数可表示为

$$L(\theta|\omega) = \frac{1}{2}\sum_{i=1}^n \log \frac{2}{\pi} - \frac{1}{2}\sum_{i=1}^n z_i^{\mathrm{T}}\gamma - \frac{1}{2}\sum_{i=1}^n \frac{(y_i - x_i^{\mathrm{T}}\beta - \omega_i)^2}{\exp(z_i^{\mathrm{T}}\gamma)} + \sum_{i=1}^n \log \Phi(k_i),$$

其中 $k_i = \lambda(y_i - x_i^{\mathrm{T}}\beta - \omega_i)\exp\left(-\frac{1}{2}z_i^{\mathrm{T}}\gamma\right)$.

$L(\theta|\omega)$ 的前二阶导数可表示为

$$\frac{\partial L}{\partial \beta} = \sum_{i=1}^n \frac{(y_i - x_i^{\mathrm{T}}\beta - \omega_i)x_i}{\exp(z_i^{\mathrm{T}}\gamma)} - \sum_{i=1}^n \frac{\varphi(k_i)}{\Phi(k_i)}\frac{\lambda x_i}{\exp\left(\frac{1}{2}z_i^{\mathrm{T}}\gamma\right)},$$

$$\frac{\partial L}{\partial \gamma} = \frac{1}{2} \sum_{i=1}^{n} \frac{(y_i - x_i^{\mathrm{T}}\beta - \omega_i)^2 z_i}{\exp(z_i^{\mathrm{T}}\gamma)} - \frac{1}{2} \sum_{i=1}^{n} \frac{\varphi(k_i)}{\Phi(k_i)} k_i z_i - \frac{1}{2} \sum_{i=1}^{n} z_i,$$

$$\frac{\partial L}{\partial \lambda} = \sum_{i=1}^{n} \frac{\varphi(k_i)}{\Phi(k_i)} \frac{(y_i - x_i^{\mathrm{T}}\beta - \omega_i)}{\exp\left(\frac{1}{2}z_i^{\mathrm{T}}\gamma\right)},$$

$$\frac{\partial^2 L}{\partial \beta \partial \omega_i} = -\frac{x_i}{\exp(z_i^{\mathrm{T}}\gamma)} - \frac{\lambda^2 x_i \exp\left(-\dfrac{k_i^2}{2}\right)}{\exp(z_i^{\mathrm{T}}\gamma)\sqrt{2\pi}\Phi^2(k_i)} \left[k_i \Phi(k_i) + \frac{1}{\sqrt{2\pi}} \exp\left(-\frac{k_i^2}{2}\right) \right],$$

$$\frac{\partial^2 L}{\partial \gamma \partial \omega_i} = -\frac{(y_i - x_i^{\mathrm{T}}\beta - \omega_i)z_i}{\exp(z_i^{\mathrm{T}}\gamma)}$$

$$-\frac{\lambda z_i \exp\left(-\dfrac{k_i^2}{2}\right)}{\sqrt{2\pi}\Phi^2(k_i)\exp\left(\dfrac{1}{2}z_i^{\mathrm{T}}\gamma\right)} \left[k_i^2 \Phi(k_i) - \Phi(k_i) + \frac{1}{\sqrt{2\pi}} k_i \exp\left(-\frac{k_i^2}{2}\right) \right],$$

$$\frac{\partial^2 L}{\partial \lambda \partial \omega_i} = \frac{\exp\left(-\dfrac{k_i^2}{2}\right)}{\sqrt{2\pi}\Phi^2(k_i)\exp\left(\dfrac{1}{2}z_i^{\mathrm{T}}\gamma\right)} \left[k_i^2 \Phi(k_i) - \Phi(k_i) + \frac{1}{\sqrt{2\pi}} k_i \exp\left(-\frac{k_i^2}{2}\right) \right].$$

2. 尺度加权模型

尺度加权模型如下:

$$\begin{cases} y_i \sim \mathrm{SN}(\mu_i, \sigma_i^2/\omega_i, \lambda), \\ \mu_i = x_i^{\mathrm{T}}\beta, \\ \log \sigma_i^2 = z_i^{\mathrm{T}}\gamma, \\ i = 1, 2, \cdots, n. \end{cases} \tag{3.3.7}$$

其中 $\omega = (\omega_1, \cdots, \omega_n)^{\mathrm{T}}, \omega_0 = (1, \cdots, 1)^{\mathrm{T}}$ 表示联合位置与尺度模型没有扰动, $\theta = (\beta^{\mathrm{T}}, \gamma^{\mathrm{T}}, \lambda)^{\mathrm{T}}$. 相应对数似然函数可表示为

$$L(\theta|\omega) = \frac{1}{2} \sum_{i=1}^{n} \log \frac{2\omega_i}{\pi} - \frac{1}{2} \sum_{i=1}^{n} z_i^{\mathrm{T}}\gamma$$

$$- \frac{1}{2} \sum_{i=1}^{n} \frac{(y_i - x_i^{\mathrm{T}}\beta)^2 \omega_i}{\exp(z_i^{\mathrm{T}}\gamma)} + \sum_{i=1}^{n} \log \Phi(k_i),$$

其中 $k_i = \lambda(y_i - x_i^{\mathrm{T}}\beta) \exp\left(-\frac{1}{2}z_i^{\mathrm{T}}\gamma\right) \sqrt{\omega_i}$.

$L(\theta|\omega)$ 的前二阶导数可表示为

$$\frac{\partial L}{\partial \beta} = \sum_{i=1}^{n} \frac{(y_i - x_i^{\mathrm{T}}\beta)x_i\omega_i}{\exp(z_i^{\mathrm{T}}\gamma)} - \sum_{i=1}^{n} \frac{\varphi(k_i)}{\Phi(k_i)} \frac{\lambda x_i\sqrt{\omega_i}}{\exp\left(\frac{1}{2}z_i^{\mathrm{T}}\gamma\right)},$$

$$\frac{\partial L}{\partial \gamma} = \frac{1}{2}\sum_{i=1}^{n} \frac{(y_i - x_i^{\mathrm{T}}\beta)^2 z_i\omega_i}{\exp(z_i^{\mathrm{T}}\gamma)} - \frac{1}{2}\sum_{i=1}^{n} \frac{\varphi(k_i)}{\Phi(k_i)}k_i z_i - \frac{1}{2}\sum_{i=1}^{n} z_i,$$

$$\frac{\partial L}{\partial \lambda} = \sum_{i=1}^{n} \frac{\varphi(k_i)}{\Phi(k_i)} \frac{(y_i - x_i^{\mathrm{T}}\beta)\sqrt{\omega_i}}{\exp\left(\frac{1}{2}z_i^{\mathrm{T}}\gamma\right)},$$

$$\frac{\partial^2 L}{\partial \beta \partial \omega_i} = \frac{(y_i - x_i^{\mathrm{T}}\beta)x_i}{\exp(z_i^{\mathrm{T}}\gamma)} - \frac{1}{2} \frac{\lambda x_i \exp\left(-\dfrac{k_i^2}{2}\right)}{\exp\left(\frac{1}{2}z_i^{\mathrm{T}}\gamma\right)\sqrt{2\pi}\Phi^2(k_i)}$$

$$\times \left[\frac{-\lambda k_i(y_i - x_i^{\mathrm{T}}\beta)\Phi(k_i)}{\exp\left(\frac{1}{2}z_i^{\mathrm{T}}\gamma\right)} + \frac{1}{\sqrt{\omega_i}}\Phi(k_i) - \frac{\lambda(y_i - x_i^{\mathrm{T}}\beta)\exp\left(-\dfrac{k_i^2}{2}\right)}{\sqrt{2\pi}\exp\left(\frac{1}{2}z_i^{\mathrm{T}}\gamma\right)} \right],$$

$$\frac{\partial^2 L}{\partial \gamma \partial \omega_i} = \frac{(y_i - x_i^{\mathrm{T}}\beta)^2 z_i}{2\exp(z_i^{\mathrm{T}}\gamma)} - \frac{1}{4} \frac{\lambda(y_i - x_i^{\mathrm{T}}\beta)\exp\left(-\dfrac{k_i^2}{2}\right)}{\sqrt{2\pi}\exp\left(\frac{1}{2}z_i^{\mathrm{T}}\gamma\right)\sqrt{\omega_i}\Phi^2(k_i)}$$

$$\times \left[-k_i^2\Phi(k_i)z_i + \Phi(k_i)z_i - k_i z_i \frac{1}{\sqrt{2\pi}}\exp\left(-\dfrac{k_i^2}{2}\right) \right],$$

$$\frac{\partial^2 L}{\partial \lambda \partial \omega_i} = \frac{1}{2} \frac{(y_i - x_i^{\mathrm{T}}\beta)\exp\left(-\dfrac{k_i^2}{2}\right)}{\exp\left(\frac{1}{2}z_i^{\mathrm{T}}\gamma\right)\sqrt{2\pi}\Phi^2(k_i)}$$

$$\times \left[\frac{-\lambda k_i(y_i - x_i^{\mathrm{T}}\beta)\Phi(k_i)}{\exp\left(\frac{1}{2}z_i^{\mathrm{T}}\gamma\right)} + \frac{1}{\sqrt{\omega_i}}\Phi(k_i) - \frac{\lambda(y_i - x_i^{\mathrm{T}}\beta)\exp\left(-\dfrac{k_i^2}{2}\right)}{\sqrt{2\pi}\exp\left(\frac{1}{2}z_i^{\mathrm{T}}\gamma\right)} \right].$$

由模型 (3.3.6), (3.3.7) 得到影响矩阵 $-\ddot{F} = -\left.\dfrac{\partial^2 L(\hat{\theta}(\omega))}{\partial \omega \partial \omega^{\mathrm{T}}}\right|_{(\omega_0,\hat{\theta})} = \Delta^{\mathrm{T}}[-\ddot{L}(\hat{\theta})]^{-1}\Delta$, 其中 Δ 是 $p \times n$ 矩阵, $\ddot{F}$ 是 $n \times n$ 矩阵.

$$\Delta = \frac{\partial^2 L(\hat{\theta}(\omega))}{\partial\theta\partial\omega^{\mathrm{T}}}\bigg|_{(\omega_0,\hat{\theta})} = \left(\frac{\partial^2 L}{\partial\beta\partial\omega_i} \quad \frac{\partial^2 L}{\partial\gamma\partial\omega_i} \quad \frac{\partial^2 L}{\partial\lambda\partial\omega_i} \right)^{\mathrm{T}},$$

$$-\ddot{L}(\hat{\theta}) = -\begin{pmatrix} \dfrac{\partial^2 L}{\partial\beta\partial\beta^{\mathrm{T}}} & \dfrac{\partial^2 L}{\partial\beta\partial\gamma^{\mathrm{T}}} & \dfrac{\partial^2 L}{\partial\beta\partial\lambda} \\[2mm] \dfrac{\partial^2 L}{\partial\gamma\partial\beta^{\mathrm{T}}} & \dfrac{\partial^2 L}{\partial\gamma\partial\gamma^{\mathrm{T}}} & \dfrac{\partial^2 L}{\partial\gamma\partial\lambda} \\[2mm] \dfrac{\partial^2 L}{\partial\lambda\partial\beta^{\mathrm{T}}} & \dfrac{\partial^2 L}{\partial\lambda\partial\gamma^{\mathrm{T}}} & \dfrac{\partial^2 L}{\partial\lambda^2} \end{pmatrix}.$$

由模型 (3.3.6), (3.3.7) 进行统计诊断, 即检测异常点或强影响点. 通常有两种方法, 分别为对角元和最大特征向量法 (韦博成等, 2009), 这两种方法都与影响矩阵 $-\ddot{F}$ 有关.

3.3.5 模拟研究

下面利用 3.3.3 节所提出的统计诊断的方法, 对有限样本性质进行模拟研究. 其中 $y_i (i = 1, 2, \cdots, n)$ 相互独立, 且服从偏正态分布 $\mathrm{SN}(\mu_i, \sigma_i^2, \lambda)$, x_i 和 z_i 的分量相互独立, 且均匀产生于 $U(-1,1)$. 取 $\beta = (1.0, -1.0, 2.0)^{\mathrm{T}}$, $\gamma = (0.6, 1.0, 0.7)^{\mathrm{T}}$, $\lambda = 0.5$, 样本量 n 为 400. 并将 53 和 329 号点设置为异常点. 然后应用所提出的不同方法如广义 Cook 距离、似然距离来分析哪些点是异常点或者强影响点. 模拟结果如图 3.3.1, 图 3.3.2 所示. 图 3.3.1 是样本量为 400 时, 模拟数据的似然距离的散点图, 显示第 9, 53, 182, 220, 329 号点为异常点. 图 3.3.2 是样本量为 400 时, 模拟数据的广义 Cook 距离的散点图, 图中显示第 53, 182, 220, 329 号点为异常点. 这些散点图表明, 本节所提出的理论和方法是有用和有效的.

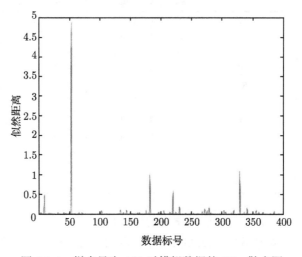

图 3.3.1　样本量为 400 时模拟数据的 LD_i 散点图

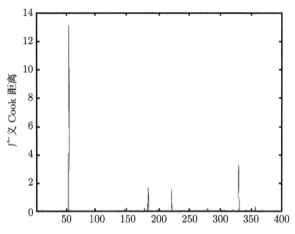

图 3.3.2　样本量为 400 时模拟数据的 GD_i 散点图

3.3.6　实例分析

用电量数据 (高惠旋, 2001): 某房主对其主要家用电器的电量消耗情况进行了记录, 共 21 天. 其中 y 是每天电表所显示的用电量; x_1 是每天空调所使用的小时数; x_2 是每天烘干器所使用的次数 (表 3.3.1). 对用电量数据进行正态性检验, 并作出 QQ 图, 如图 3.3.3 所示. 由图 3.3.3 可以看出, 数据具有明显的偏斜, 且均值附近与尾区的概率值比正态分布大, 而其余区域的概率比正态分布小. 表明该数据近似服从偏正态分布.

表 3.3.1　用电量数据

编号	y	x_1	x_2	编号	y	x_1	x_2
1	35	1.5	1	12	65	8	1
2	63	4.5	2	13	77	7.5	2
3	66	5	2	14	75	8	2
4	17	2	0	15	62	7.5	1
5	94	8.5	3	16	85	12	1
6	79	6	3	17	43	6	0
7	93	13.5	1	18	57	2.5	3
8	66	8	1	19	33	5	0
9	94	12.5	1	20	65	7.5	1
10	82	7.5	2	21	33	6	0
11	78	6.5	3				

本节中考虑用电量 y 与空调所使用的小时数 x_1 及烘干器所使用的次数 x_2 的联合位置与尺度模型 (3.3.2). 由此经过计算得到完全数据下模型参数估计结果如下:

$$\begin{cases} y_i \sim \mathrm{SN}(\mu_i, \sigma_i^2, 0.0816), \\ \mu_i = 7.8930 + 5.4861x_{i1} + 13.0943x_{i2}, \\ \log \sigma_i^2 = 3.3320 - 0.0949x_{i1} - 0.0886x_{i2}, \\ i = 1, 2, \cdots, n. \end{cases}$$

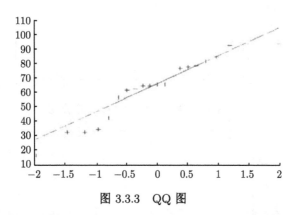

图 3.3.3 QQ 图

为了判断该数据集中哪些点是异常点或强影响点, 对前面所提出的统计诊断方法进行分析. 通过这些方法我们计算了一些诊断统计量, 如广义 Cook 距离、似然距离、最大特征向量 $|(d_{\max})_i|$ 和影响矩阵 $-\ddot{F}$ 对角元. 图 3.3.4 至图 3.3.9 给出了用电量数据的统计诊断结果. 图 3.3.4 和图 3.3.5 分别是用电量数据的似然距离、广义 Cook 距离的散点图, 这两个图表明第 9, 10, 21 号点为强影响点. 图 3.3.6 是用电量数据位置扰动模型下的最大特征向量 $|(d_{\max})_i|$ 的散点图, 该图显示第 7, 9, 11, 16,

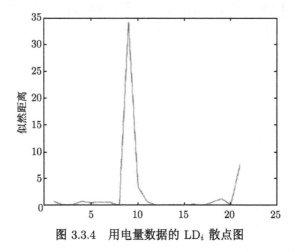

图 3.3.4 用电量数据的 LD_i 散点图

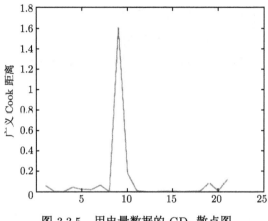

图 3.3.5　用电量数据的 GD_i 散点图

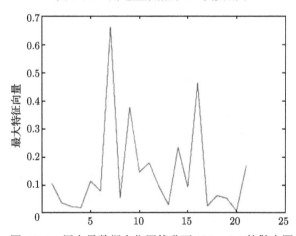

图 3.3.6　用电量数据在位置扰乱下 $|(d_{\max})_i|$ 的散点图

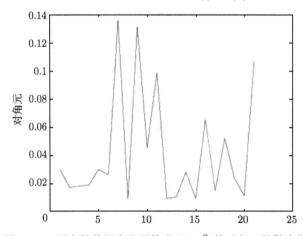

图 3.3.7　用电量数据在位置扰乱下 $-\ddot{F}$ 的对角元的散点图

21 号点为强影响点. 图 3.3.7 是用电量数据位置扰动模型下的影响矩阵 $-\ddot{F}$ 对角元, 该图显示第 7, 9, 11, 21 号为强影响点. 图 3.3.8 和图 3.3.9 分别是用电量数据加权扰动模型下的最大特征向量 $|(d_{\max})_i|$ 和影响矩阵 $-\ddot{F}$ 对角元的散点图, 这两个图显示第 9, 10 和 21 号点为强影响点. 这些散点图表明, 第 9 号点和第 21 号点为强影响点, 这与实际是相吻合的, 因为这些点对应于用电量数据中空调使用的小时数和烘干器使用的次数分别相同时, 用电量的最大值和最小值.

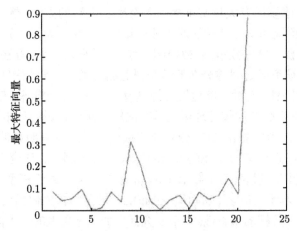

图 3.3.8   用电量数据在尺度扰乱下 $|(d_{\max})_i|$ 的散点图

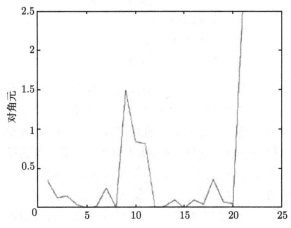

图 3.3.9   用电量数据在尺度扰乱下 $-\ddot{F}$ 的对角元的散点图

3.3.7   小结

本节通过建立偏正态数据下联合位置与尺度模型, 分析研究了在该模型下的统计诊断问题. 利用极大似然估计的迭代算法, 给出了该模型的参数估计和诊断统计量. 同时, 本节也提出了基于联合位置与尺度模型的局部影响分析, 通过模拟研究和实例分析, 表明本节所提出的理论和方法是有用和有效的.

3.4   偏 t 正态数据下的变量选择

3.4.1   引言

目前对均值建模已有大量文献提出了有效和灵活的方法, 然而在许多应用方面, 特别在经济领域和工业产品的质量改进试验中, 存在大量的异方差数据, 这使得我们非常有必要对方差建模, 有效控制方差. 与此同时, 对于存在偏斜的数据, 利用偏态分布进行研究较之对称分布能够获得更加准确、可靠的信息, 所以为了了解影响数据偏度的因素, 而对偏度建模同样具有实际意义. 近年来, 偏 t 正态引起了许多学者注意, StN 分布能较好地刻画具有偏斜和厚尾数据的分布规律, 应用十分广泛. Gómez 等 (2007) 指出 StN 分布能够很好地描述具有明显偏斜的厚尾数据; Cabral 等 (2008) 基于 Markov 链 Monte Carlo 算法的实现, 研究了采用 Bayes 逼近的 StN 分布的混合模型; Lin 等 (2009) 研究了 StN 非线性模型的统计诊断; Ho 等 (2012) 提出了基于 EM 算法的 StN 分布混合模型的极大似然估计理论.

针对稳健性和数据的偏斜性, 本节研究提出如下感兴趣的基于偏 t 正态分布下联合位置与尺度模型:

$$\begin{cases} y_i \sim \mathrm{StN}(\mu_i, \sigma_i^2, \lambda, \nu), \\ \mu_i = x_i^{\mathrm{T}}\beta, \\ \log \sigma_i^2 = z_i^{\mathrm{T}}\gamma, \\ i = 1, 2, \cdots, n. \end{cases} \tag{3.4.1}$$

本节主要目的是利用联合惩罚似然方法对研究提出的基于偏 t 正态分布下联合位置与尺度模型 (3.4.1) 提出一种可行有效的变量选择方法. 我们的方法能同时对位置模型和尺度模型进行变量选择, 而且该方法能同时对位置模型和尺度模型进行估计和变量选择. 在适当选择调整参数的条件下, 该变量选择方法具有相合性, 回归系数的估计具有 Oracle 性质. 随机模拟结果表明该模型和方法是有效的.

本节结构安排如下: 3.4.2 节给出了变量选择过程, 证明了提出的惩罚极大似然估计具有相合性和 Oracle 性质, 给出了迭代计算. 3.4.3 节通过随机模拟研究了变量选择的有限样本性质. 3.4.4 节是小结.

3.4.2   变量选择过程

1. 惩罚极大似然估计

假设 $(y_i, x_i, z_i)\,(i = 1, 2, \cdots, n)$ 是来自于基于偏 t 正态分布下联合位置与尺度

模型 (3.4.1) 的随机样本, $\ell(\beta, \gamma)$ 为对数似然函数

$$\ell(\beta, \gamma) = -\frac{1}{2} \sum_{i=1}^{n} z_i^{\mathrm{T}} \gamma - \frac{\nu+1}{2} \sum_{i=1}^{n} \log \left\{ \nu + \frac{(y_i - x_i^{\mathrm{T}} \beta)^2}{e^{z_i^{\mathrm{T}} \gamma}} \right\} + \sum_{i=1}^{n} \log \Phi(k_i),$$

其中 $k_i = \dfrac{\lambda(y_i - x_i^{\mathrm{T}} \beta)}{e^{\frac{1}{2} z_i^{\mathrm{T}} \gamma}}$, $\Phi(\cdot)$ 为标准正态分布的分布函数.

类似于 Fan 和 Li(2001), 定义惩罚似然函数为

$$\mathcal{L}(\beta, \gamma) = \ell(\beta, \gamma) - n \sum_{j=1}^{p} p_{\tau_{1j}}(|\beta_j|) - n \sum_{k=1}^{q} p_{\tau_{2k}}(|\gamma_k|), \tag{3.4.2}$$

其中 $p_{\tau_j}(\cdot)$ 是调整参数为 τ_j 的一般的惩罚函数, 调整参数可以通过交叉核实或广义交叉核实 (Fan and Li, 2001; Tibshirani,1996) 挑选. 3.4.2 节, 我们利用 BIC 挑选调整参数. 注意, 惩罚函数和调整参数对所有的 j 不必相同. 例如, 我们希望在最终模型中保留一些重要的变量, 因此就不惩罚它们的系数.

为了叙述简便, 重写惩罚似然函数 (3.4.2) 为

$$\mathcal{L}(\theta) = \ell(\theta) - n \sum_{j=1}^{s} p_{\tau_j}(|\theta_j|), \tag{3.4.3}$$

其中 $\theta = (\theta_1, \cdots, \theta_s)^{\mathrm{T}} = (\beta_1, \cdots, \beta_p; \gamma_1, \cdots, \gamma_q)^{\mathrm{T}}$, $s = p + q$, 除了相差一个与参数无关的常数外,

$$\ell(\theta) = \ell(\beta, \gamma) = -\frac{1}{2} \sum_{i=1}^{n} z_i^{\mathrm{T}} \gamma - \frac{\nu+1}{2} \sum_{i=1}^{n} \log \left\{ \nu + \frac{(y_i - x_i^{\mathrm{T}} \beta)^2}{e^{z_i^{\mathrm{T}} \gamma}} \right\} + \sum_{i=1}^{n} \log \Phi(k_i),$$

其中 $k_i = \dfrac{\lambda(y_i - x_i^{\mathrm{T}} \beta)}{e^{\frac{1}{2} z_i^{\mathrm{T}} \gamma}}$, $\Phi(\cdot)$ 为标准正态分布的分布函数.

极大化 (3.4.3) 中的函数 $\mathcal{L}(\theta)$ 得到 θ 的惩罚极大似然估计, 记为 $\hat{\theta}$. 在适当的惩罚函数下, 关于 θ 极大化 $\mathcal{L}(\theta)$ 导致一些参数在最终模型中消失, 相应的解释变量自动剔除, 从而达到变量选择的目的. 因此, 通过极大化 $\mathcal{L}(\theta)$ 同时达到变量选择和参数估计的目的. 3.4.3 节提供技术细节和惩罚极大似然估计 $\hat{\theta}$ 的迭代计算.

2. 渐近性质

在这部分, 我们考虑惩罚极大似然估计的相合性和渐近正态性. 首先介绍一些记号. 假定 θ_0 是 θ 的真值, $\theta_0 = (\theta_{01}, \cdots, \theta_{0s})^{\mathrm{T}} = ((\theta_0^{(1)})^{\mathrm{T}}, (\theta_0^{(2)})^{\mathrm{T}})^{\mathrm{T}}$. 为了下面讨论的方便, 不失一般性, 假定 $\theta_0^{(1)}$ 是 θ_0 的所有非零部分, $\theta_0^{(2)} = 0$. 除此之外, 假定调整参数关于 θ_0 的分量重新排列, $\theta_0^{(1)}$ 的维数为 s_1,

$$a_n = \max_{1 \leqslant j \leqslant s} \{ p'_{\tau_n}(|\theta_{0j}|) : \theta_{0j} \neq 0 \}$$

和

$$b_n = \max_{1 \leqslant j \leqslant s} \{|p''_{\tau_n}(|\theta_{0j}|)| : \theta_{0j} \neq 0\},$$

其中为了强调调整参数 τ 依赖于样本量 n, 记 $\tau = \tau_n$.

为了得到惩罚极大似然估计的相合性和渐近正态性, 需要下列正则条件:

(C3.4.1) $x_i = (x_{i1}, \cdots, x_{ip})^{\mathrm{T}}$ 和 $z_i = (z_{i1}, \cdots, z_{iq})^{\mathrm{T}}$ $(i = 1, \cdots, n)$ 是固定的.

(C3.4.2) 参数空间是紧的, 真实参数 θ_0 为参数空间的内点.

(C3.4.3) x_i 和 z_i 在基于偏 t 正态分布下联合位置与尺度模型 (3.4.1) 中是完全有界的, 即它们中的所有分量是一个有限的实数.

(C3.4.4) $y_i(i = 1, 2, \cdots, n)$ 相互独立, $y_i \sim \mathrm{StN}(\mu_i, \sigma_i^2, \nu, \lambda)$, 其中 $\mu_i = x_i^{\mathrm{T}}\beta_0$, $\log \sigma_i^2 = z_i^{\mathrm{T}}\gamma_0$.

定理 3.4.1 假设 $a_n = O_p(n^{-\frac{1}{2}})$, 当 $n \to \infty$ 时, $b_n \to 0$ 和 $\tau_n \to 0$, 其中 τ_n 是 τ_{1n} 或 τ_{2n}, 取决于 θ_{0j} 是 β_0 或 $\gamma_0(1 \leqslant j \leqslant s)$. 在条件 (C3.4.1)—(C3.4.4) 下, (3.4.5) 中惩罚似然函数 $\mathcal{L}(\theta)$ 依概率 1 存在一个局部极大似然估计 $\hat{\theta}_n$ 满足: $\|\hat{\theta} - \theta_0\| = O_p(n^{-1/2})$.

下面考虑 $\hat{\theta}_n$ 的渐近正态性. 假设

$$A_n = \mathrm{diag}(p''_{\tau_n}(|\theta_{01}^{(1)}|), \cdots, p''_{\tau_n}(|\theta_{0s_1}^{(1)}|)),$$

$$c_n = (p'_{\tau_n}(|\theta_{01}^{(1)}|)\mathrm{sgn}(\theta_{01}^{(1)}), \cdots, p'_{\tau_n}(|\theta_{0s_1}^{(1)}|)\mathrm{sgn}(\theta_{0s_1}^{(1)}))^{\mathrm{T}},$$

其中 τ_n 的定义与定理 3.4.1 相同, $\theta_{0j}^{(1)}$ 是 $\theta_0^{(1)}$ $(1 \leqslant j \leqslant s_1)$ 的第 j 个分量, $\mathcal{I}_n(\theta)$ 是 θ 的 Fisher 信息阵.

定理 3.4.2 (Oracle 性质)　假设惩罚函数 $p_{\tau_n}(t)$ 满足

$$\liminf_{n \to \infty} \liminf_{t \to 0^+} \frac{p'_{\tau_n}(t)}{\tau_n} > 0,$$

而且当 $n \to \infty$ 时, $\bar{\mathcal{I}}_n = \mathcal{I}_n(\theta_0)/n$ 收敛于一个有限的正定阵 $\mathcal{I}(\theta_0)$. 在定理 2.2.1 的条件下, 当 $n \to \infty$ 时, 如果 $\tau_n \to 0$ 而且 $\sqrt{n}\tau_n \to \infty$, 则在定理 3.4.1 中的 $\sqrt{n}$ 相合估计 $\hat{\theta}_n = ((\hat{\theta}_n^{(1)})^{\mathrm{T}}, (\hat{\theta}_n^{(2)})^{\mathrm{T}})^{\mathrm{T}}$ 一定满足:

(i) (稀疏性) $\hat{\theta}_n^{(2)} = 0$;

(ii) (渐近正态性)

$$\sqrt{n}(\bar{\mathcal{I}}_n^{(1)})^{-1/2}(\bar{\mathcal{I}}_n^{(1)} + A_n)\{(\hat{\theta}_n^{(1)} - \theta_0^{(1)}) + (\bar{\mathcal{I}}_n^{(1)} + A_n)^{-1}c_n\} \xrightarrow{\mathcal{L}} \mathcal{N}_{s_1}(0, I_{s_1}),$$

其中 "$\xrightarrow{\mathcal{L}}$" 是依分布收敛, $\bar{\mathcal{I}}_n^{(1)}$ 是对应于 $\theta_0^{(1)}$ 的 $\bar{\mathcal{I}}_n$ 的 $s_1 \times s_1$ 的子矩阵, 而且 I_{s_1} 是 $s_1 \times s_1$ 的单位阵.

注 1　定理 3.4.2 表明惩罚极大似然估计具有 Oracle 性质.

注 2　定理 3.4.1 和定理 3.4.2 证明类似于定理 3.1.1 和定理 3.1.2, 从略.

3. 迭代计算

1) 算法研究

首先, 注意到对数似然函数 $\ell(\theta)$ 的一、二阶导数是连续的. 对给定的 θ_0, 对数似然函数 $\ell(\theta)$ 近似为

$$\ell(\theta) \approx \ell(\theta_0) + \left[\frac{\partial \ell(\theta_0)}{\partial \theta}\right]^{\mathrm{T}} (\theta - \theta_0) + \frac{1}{2}(\theta - \theta_0)^{\mathrm{T}} \left[\frac{\partial^2 \ell(\theta_0)}{\partial \theta \partial \theta^{\mathrm{T}}}\right] (\theta - \theta_0).$$

而且, 给定初值 θ_0, $p_\tau(\theta)$ 可二次逼近

$$p_\tau(|\theta|) \approx p_\tau(|\theta_0|) + \frac{1}{2}\frac{p_\tau'(|\theta_0|)}{|\theta_0|}(\theta^2 - \theta_0^2), \quad \theta \approx \theta_0.$$

因此, 除了相差一个与参数无关的常数项外, 惩罚似然函数 (3.4.3) 可二次逼近

$$\mathcal{L}(\theta) \approx \ell(\theta_0) + \left[\frac{\partial \ell(\theta_0)}{\partial \theta}\right]^{\mathrm{T}} (\theta - \theta_0) + \frac{1}{2}(\theta - \theta_0)^{\mathrm{T}} \left[\frac{\partial^2 \ell(\theta_0)}{\partial \theta \partial \theta^{\mathrm{T}}}\right] (\theta - \theta_0) - \frac{n}{2}\theta^{\mathrm{T}}\Sigma_\tau(\theta_0)\theta,$$

其中

$$\Sigma_\tau(\theta_0) = \mathrm{diag}\left\{\frac{p_{\tau_{11}}'(|\beta_{01}|)}{|\beta_{01}|}, \cdots, \frac{p_{\tau_{1p}}'(|\beta_{0p}|)}{|\beta_{0p}|}, \frac{p_{\tau_{21}}'(|\gamma_{01}|)}{|\gamma_{01}|}, \cdots, \frac{p_{\tau_{2q}}'(|\gamma_{0q}|)}{|\gamma_{0q}|}\right\},$$

其中 $\theta = (\theta_1, \cdots, \theta_s)^{\mathrm{T}} = (\beta_1, \cdots, \beta_p; \gamma_1, \cdots, \gamma_q)^{\mathrm{T}}$ 和 $\theta_0 = (\theta_{01}, \cdots, \theta_{0s})^{\mathrm{T}} = (\beta_{01}, \cdots, \beta_{0p}; \gamma_{01}, \cdots, \gamma_{0q})^{\mathrm{T}}$. 因此, $\mathcal{L}(\theta)$ 二次最优化的解可通过下列迭代得到

$$\theta_1 \approx \theta_0 + \left\{\frac{\partial^2 \ell(\theta_0)}{\partial \theta \partial \theta^{\mathrm{T}}} - n\Sigma_\tau(\theta_0)\right\}^{-1} \left\{n\Sigma_\tau(\theta_0)\theta_0 - \frac{\partial \ell(\theta_0)}{\partial \theta}\right\}.$$

其次, 对数似然函数 $\ell(\theta)$ 可写为

$$\ell(\theta) = \ell(\beta, \gamma) = -\frac{1}{2}\sum_{i=1}^n z_i^{\mathrm{T}}\gamma - \frac{\nu+1}{2}\sum_{i=1}^n \log\left\{\nu + \frac{(y_i - x_i^{\mathrm{T}}\beta)^2}{e^{z_i^{\mathrm{T}}\gamma}}\right\} + \sum_{i=1}^n \log\Phi(k_i),$$

其中 $k_i = \dfrac{\lambda(y_i - x_i^{\mathrm{T}}\beta)}{e^{\frac{1}{2}z_i^{\mathrm{T}}\gamma}}$, $\Phi(\cdot)$ 为标准正态分布的分布函数.

因此,

$$U(\theta) = \frac{\partial \ell(\theta)}{\partial \theta} = (U_1^{\mathrm{T}}(\beta), U_2^{\mathrm{T}}(\gamma))^{\mathrm{T}},$$

其中

$$U_1(\beta) = \frac{\partial \ell(\theta)}{\partial \beta} = (\nu + 1)\sum_{i=1}^n \left\{\nu + \frac{(y_i - x_i^{\mathrm{T}}\beta)^2}{e^{z_i^{\mathrm{T}}\gamma}}\right\}^{-1} \frac{(y_i - x_i^{\mathrm{T}}\beta)x_i}{e^{z_i^{\mathrm{T}}\gamma}}$$

$$-\sum_{i=1}^{n}\frac{1}{\varPhi(k_i)}\varphi(k_i)\frac{\lambda x_i}{\mathrm{e}^{\frac{1}{2}z_i^{\mathrm{T}}\gamma}},$$

$$U_2(\gamma)=\frac{\partial\ell(\theta)}{\partial\gamma}=-\frac{1}{2}\sum_{i=1}^{n}z_i+\frac{\nu+1}{2}\sum_{i=1}^{n}\left\{\nu+\frac{(y_i-x_i^{\mathrm{T}}\beta)^2}{\mathrm{e}^{z_i^{\mathrm{T}}\gamma}}\right\}^{-1}\frac{(y_i-x_i^{\mathrm{T}}\beta)^2 z_i}{\mathrm{e}^{z_i^{\mathrm{T}}\gamma}}$$

$$-\frac{1}{2}\sum_{i=1}^{n}\frac{1}{\varPhi(k_i)}\varphi(k_i)k_i z_i,$$

所以

$$H(\theta)=\frac{\partial^2\ell(\theta)}{\partial\theta\partial\theta^{\mathrm{T}}}=\begin{pmatrix}\dfrac{\partial^2\ell(\theta)}{\partial\beta\partial\beta^{\mathrm{T}}}&\dfrac{\partial^2\ell(\theta)}{\partial\beta\partial\gamma^{\mathrm{T}}}\\[2mm]\dfrac{\partial^2\ell(\theta)}{\partial\gamma\partial\beta^{\mathrm{T}}}&\dfrac{\partial^2\ell(\theta)}{\partial\gamma\partial\gamma^{\mathrm{T}}}\end{pmatrix},$$

其中

$$\frac{\partial^2\ell(\theta)}{\partial\beta\partial\beta^{\mathrm{T}}}=2(\nu+1)\sum_{i=1}^{n}\left\{\nu+\frac{(y_i-x_i^{\mathrm{T}}\beta)^2}{\mathrm{e}^{z_i^{\mathrm{T}}\gamma}}\right\}^{-2}\frac{(y_i-x_i^{\mathrm{T}}\beta)^2 x_i x_i^{\mathrm{T}}}{\mathrm{e}^{2z_i^{\mathrm{T}}\gamma}}$$

$$-(\nu+1)\sum_{i=1}^{n}\left\{\nu+\frac{(y_i-x_i^{\mathrm{T}}\beta)^2}{\mathrm{e}^{z_i^{\mathrm{T}}\gamma}}\right\}^{-1}\frac{x_i x_i^{\mathrm{T}}}{\mathrm{e}^{z_i^{\mathrm{T}}\gamma}}$$

$$-\sum_{i=1}^{n}\frac{1}{\varPhi^2(k_i)}\varphi^2(k_i)\frac{\lambda^2 x_i x_i^{\mathrm{T}}}{\mathrm{e}^{z_i^{\mathrm{T}}\gamma}}-\sum_{i=1}^{n}\frac{1}{\varPhi(k_i)}\varphi(k_i)k_i\frac{\lambda^2 x_i x_i^{\mathrm{T}}}{\mathrm{e}^{z_i^{\mathrm{T}}\gamma}};$$

$$\frac{\partial^2\ell(\theta)}{\partial\beta\partial\gamma^{\mathrm{T}}}=(\nu+1)\sum_{i=1}^{n}\left\{\nu+\frac{(y_i-x_i^{\mathrm{T}}\beta)^2}{\mathrm{e}^{z_i^{\mathrm{T}}\gamma}}\right\}^{-2}\frac{(y_i-x_i^{\mathrm{T}}\beta)^3 x_i z_i^{\mathrm{T}}}{\mathrm{e}^{2z_i^{\mathrm{T}}\gamma}}$$

$$-(\nu+1)\sum_{i=1}^{n}\left\{\nu+\frac{(y_i-x_i^{\mathrm{T}}\beta)^2}{\mathrm{e}^{z_i^{\mathrm{T}}\gamma}}\right\}^{-1}\frac{(y_i-x_i^{\mathrm{T}}\beta)x_i z_i^{\mathrm{T}}}{\mathrm{e}^{z_i^{\mathrm{T}}\gamma}}$$

$$-\frac{1}{2}\sum_{i=1}^{n}\frac{1}{\varPhi^2(k_i)}\varphi^2(k_i)k_i\frac{\lambda}{\mathrm{e}^{\frac{1}{2}z_i^{\mathrm{T}}\gamma}}x_i z_i^{\mathrm{T}}-\frac{1}{2}\sum_{i=1}^{n}\frac{1}{\varPhi(k_i)}\varphi(k_i)k_i\frac{\lambda}{\mathrm{e}^{\frac{1}{2}z_i^{\mathrm{T}}\gamma}}x_i z_i^{\mathrm{T}}$$

$$+\frac{1}{2}\sum_{i=1}^{n}\frac{1}{\varPhi(k_i)}\varphi(k_i)\frac{\lambda}{\mathrm{e}^{\frac{1}{2}z_i^{\mathrm{T}}\gamma}}x_i z_i^{\mathrm{T}};$$

$$\frac{\partial^2\ell(\theta)}{\partial\gamma\partial\beta^{\mathrm{T}}}=(\nu+1)\sum_{i=1}^{n}\left\{\nu+\frac{(y_i-x_i^{\mathrm{T}}\beta)^2}{\mathrm{e}^{z_i^{\mathrm{T}}\gamma}}\right\}^{-2}\frac{(y_i-x_i^{\mathrm{T}}\beta)^3 z_i x_i^{\mathrm{T}}}{\mathrm{e}^{2z_i^{\mathrm{T}}\gamma}}$$

$$-(\nu+1)\sum_{i=1}^{n}\left\{\nu+\frac{(y_i-x_i^{\mathrm{T}}\beta)^2}{\mathrm{e}^{z_i^{\mathrm{T}}\gamma}}\right\}^{-1}\frac{(y_i-x_i^{\mathrm{T}}\beta)z_i x_i^{\mathrm{T}}}{\mathrm{e}^{z_i^{\mathrm{T}}\gamma}}$$

$$-\frac{1}{2}\sum_{i=1}^{n}\frac{1}{\varPhi^2(k_i)}\varphi^2(k_i)k_i\frac{\lambda}{\mathrm{e}^{\frac{1}{2}z_i^{\mathrm{T}}\gamma}}z_i x_i^{\mathrm{T}}-\frac{1}{2}\sum_{i=1}^{n}\frac{1}{\varPhi(k_i)}\varphi(k_i)k_i\frac{\lambda}{\mathrm{e}^{\frac{1}{2}z_i^{\mathrm{T}}\gamma}}z_i x_i^{\mathrm{T}}$$

$$+ \frac{1}{2} \sum_{i=1}^{n} \frac{1}{\Phi(k_i)} \varphi(k_i) \frac{\lambda}{\mathrm{e}^{\frac{1}{2} z_i^{\mathrm{T}} \gamma}} z_i x_i^{\mathrm{T}};$$

$$\frac{\partial^2 \ell(\theta)}{\partial \gamma \partial \gamma^{\mathrm{T}}} = \frac{\nu+1}{2} \sum_{i=1}^{n} \left\{ \nu + \frac{(y_i - x_i^{\mathrm{T}} \beta)^2}{\mathrm{e}^{z_i^{\mathrm{T}} \gamma}} \right\}^{-2} \frac{(y_i - x_i^{\mathrm{T}} \beta)^4 z_i z_i^{\mathrm{T}}}{\mathrm{e}^{2 z_i^{\mathrm{T}} \gamma}}$$

$$- \frac{\nu+1}{2} \sum_{i=1}^{n} \left\{ \nu + \frac{(y_i - x_i^{\mathrm{T}} \beta)^2}{\mathrm{e}^{z_i^{\mathrm{T}} \gamma}} \right\}^{-1} \frac{(y_i - x_i^{\mathrm{T}} \beta)^2 z_i z_i^{\mathrm{T}}}{\mathrm{e}^{z_i^{\mathrm{T}} \gamma}}$$

$$- \frac{1}{4} \sum_{i=1}^{n} \frac{1}{\Phi^2(k_i)} \varphi^2(k_i) k_i^2 z_i z_i^{\mathrm{T}} - \frac{1}{4} \sum_{i=1}^{n} \frac{1}{\Phi(k_i)} \varphi(k_i) k_i^2 z_i z_i^{\mathrm{T}}$$

$$+ \frac{1}{4} \sum_{i=1}^{n} \frac{1}{\Phi(k_i)} \varphi(k_i) k_i z_i z_i^{\mathrm{T}}.$$

最后, 下面的算法总结了基于偏 t 正态分布下联合位置与尺度模型 (3.4.1) 中参数的惩罚极大似然估计的迭代计算.

算法 步骤 1 取 β 和 γ 没有惩罚的极大似然估计 $\beta^{(0)}, \gamma^{(0)}$ 作为初始估计, 即 $\theta^{(0)} = ((\beta^{(0)})^{\mathrm{T}}, (\gamma^{(0)})^{\mathrm{T}})^{\mathrm{T}}$.

步骤 2 给定当前值 $\beta^{(k)}, \gamma^{(k)}, \theta^{(k)} = ((\beta^{(k)})^{\mathrm{T}}, (\gamma^{(k)})^{\mathrm{T}})^{\mathrm{T}}$, 迭代

$$\theta^{(k+1)} = \theta^{(k)} + \left\{ H(\theta^{(k)}) - n\Sigma_\tau(\theta^{(k)}) \right\}^{-1} \left\{ n\Sigma_\tau(\theta^{(k)})\theta^{(k)} - U(\theta^{(k)}) \right\}.$$

步骤 3 重复步骤 2 直到收敛条件满足.

2) 调整参数的选择

许多调整参数选择准则, 如 CV, GCV, AIC 和 BIC 可以用来选择调整参数. Wang 等 (2007) 建议在线性模型和部分线性模型 SCAD 估计利用 BIC 选择调整参数, 而且证明此准则具有相合性, 即利用 BIC 准则能依概率 1 选择真实模型. 因此本节也采用 BIC 准则, 定义如下

$$\mathrm{BIC}(\tau) = -\frac{2}{n} \ell(\hat{\theta}) + \mathrm{df}_\tau \times \frac{\log(n)}{n}, \tag{3.4.4}$$

选择最优的 τ, 其中除了相差一个与参数无关的常数外

$$\ell(\hat{\theta}) = \ell(\hat{\beta}, \hat{\gamma}) = -\frac{1}{2} \sum_{i=1}^{n} z_i^{\mathrm{T}} \hat{\gamma} - \frac{1}{2} \sum_{i=1}^{n} \frac{(y_i - x_i^{\mathrm{T}} \hat{\beta})^2}{\mathrm{e}^{z_i^{\mathrm{T}} \hat{\gamma}}} + \sum_{i=1}^{n} \log \Phi(k_i),$$

其中 $k_i = \frac{\lambda(y_i - x_i^{\mathrm{T}} \hat{\beta})}{\mathrm{e}^{\frac{1}{2} z_i^{\mathrm{T}} \hat{\gamma}}}$, $\Phi(\cdot)$ 为标准正态分布的分布函数. $0 \leqslant \mathrm{df}_\tau \leqslant s$ 是惩罚极大似然估计 $\hat{\theta}$ 的非零分量个数. $\hat{\beta}$ 和 $\hat{\gamma}$ 是惩罚极大似然估计. Fan 和 Li(2001) 建议实际中取 $a = 3.7$. 因此取 $a = 3.7$, 希望调整参数 τ_{1j} 和 τ_{2k} 的选取可以保证对应零

系数的调整参数大于对应非零系数的调整参数. 进而, 我们可以在对非零系数给出相合估计的同时, 把零系数的估计压缩为 0, 从而达到变量选择的目的. 实际中, 取 $\tau_{1j} = \dfrac{\tau}{|\hat{\beta}_j^0|}, \tau_{2k} = \dfrac{\tau}{|\hat{\gamma}_k^0|}$, 其中 $\hat{\beta}_j^0$ 和 $\hat{\gamma}_k^0$ 分别是 β_j 和 $\gamma_k(j = 1, \cdots, p, \ k = 1, \cdots, q)$ 没有惩罚的极大似然估计. 调整参数可以通过下式计算得到

$$\hat{\tau} = \arg\min_{\tau} \mathrm{BIC}(\tau). \tag{3.4.5}$$

从 3.4.3 节的模拟研究结果可以看出, 我们所提出的调整参数的选择方法是可行的.

3.4.3 模拟研究

下面对 3.4.2 节所提出的变量选择方法的有限样本性质进行模拟研究. 类似 Li 和 Liang(2008) 与 Zhao 和 Xue(2010), 利用广义均方误差来评价 $\hat{\beta}$ 和 $\hat{\gamma}$ 的估计精度, 定义为

$$\mathrm{GMSE}(\hat{\beta}) = E\left[(\hat{\beta} - \beta_0)^{\mathrm{T}} E(XX^{\mathrm{T}})(\hat{\beta} - \beta_0)\right],$$
$$\mathrm{GMSE}(\hat{\gamma}) = E\left[(\hat{\gamma} - \gamma_0)^{\mathrm{T}} E(ZZ^{\mathrm{T}})(\hat{\gamma} - \gamma_0)\right].$$

从下面基于偏 t 正态分布下联合位置与尺度模型产生模拟数据

$$\begin{cases} y_i \sim \mathrm{StN}(\mu_i, \sigma_i^2, \nu, \lambda), \\ \mu_i = x_i^{\mathrm{T}}\beta, \\ \log \sigma_i^2 = z_i^{\mathrm{T}}\gamma, \\ i = 1, 2, \cdots, n. \end{cases} \tag{3.4.6}$$

取 $\beta_0 = (1, 1, 0, 0, 1, 0, 0, 0)^{\mathrm{T}}$, $\gamma_0 = (0.8, 0.8, 0, 0, 0.8, 0, 0, 0)^{\mathrm{T}}$, x_i 和 z_i 的分量独立产生于 $U(-1, 1)$. 基于 1000 次重复试验, 表 3.4.1 至表 3.4.4 给出了 1000 次模拟中, 基于偏 t 正态分布下联合位置与尺度模型参数的零系数估计的平均情况, "C" 表示把真实零系数估计成 0 的平均个数, "IC" 表示把真实非零系数估计成 0 的平均个数, "GMSE" 表示 $\hat{\beta}$ 和 $\hat{\gamma}$ 的广义均方误差.

为了简化计算, 便于比较, 我们利用罚函数 SCAD(Fan and Li, 2001) 研究了偏 t 正态分布下联合位置与尺度模型基于不同样本量、不同偏度和不同自由度下的变量选择方法进行模拟比较, 结果见表 3.4.1 至表 3.4.4.

1. 基于不同样本量和不同自由度的模拟比较

对给定的偏度 λ, 从表 3.4.1 至表 3.4.3 的结果可观察到以下结论:

(1) 给定不同的偏度, 变量选择方法表现非常类似, 随着样本量 n 的增大而越来越好. 随着样本量 n 的增大, $\hat{\beta}$ 和 $\hat{\gamma}$ 的广义均方误差越来越小.

表 3.4.1 基于不同样本量和不同自由度的模拟比较, $\lambda = -0.5$

模型	n	$\nu = 3$			$\nu = 5$			$\nu = 8$		
		C	IC	GMSE	C	IC	GMSE	C	IC	GMSE
位置模型	100	4.8920	0.0350	0.0707	4.8360	0.0340	0.0859	4.7740	0.0590	0.1082
	150	4.9470	0.0020	0.0376	4.9460	0	0.0427	4.9130	0.0050	0.0533
	200	4.9570	0	0.0263	4.9640	0	0.0300	4.9340	0	0.0365
尺度模型	100	4.5930	1.0970	0.3721	4.6720	0.9720	0.3047	4.6790	0.9410	0.2818
	150	4.8000	0.7550	0.2291	4.8470	0.5120	0.1612	4.8310	0.4620	0.1503
	200	4.8540	0.3660	0.1291	4.8890	0.2380	0.0923	4.8840	0.2080	0.0837

表 3.4.2 基于不同样本量和不同自由度的模拟比较, $\lambda = 0.5$

模型	n	$\nu = 3$			$\nu = 5$			$\nu = 8$		
		C	IC	GMSE	C	IC	GMSE	C	IC	GMSE
位置模型	100	4.8810	0.0360	0.0731	4.8370	0.0350	0.0816	4.7120	0.0850	0.1250
	150	4.9550	0.0030	0.0345	4.9390	0.0020	0.0424	4.8940	0.0060	0.0549
	200	4.9560	0	0.0256	4.9540	0	0.0291	4.9530	0	0.0355
尺度模型	100	4.6030	1.0790	0.3583	4.6560	0.9740	0.3076	4.6330	0.9330	0.2882
	150	4.8280	0.6940	0.2147	4.8080	0.5390	0.1732	4.8150	0.4650	0.1510
	200	4.8580	0.3840	0.1336	4.8610	0.2480	0.0974	4.8880	0.1990	0.0814

表 3.4.3 基于不同样本量和不同自由度的模拟比较, $\lambda = 0$

模型	n	$\nu = 3$			$\nu = 5$			$\nu = 8$		
		C	IC	GMSE	C	IC	GMSE	C	IC	GMSE
位置模型	100	4.9070	0.0530	0.0649	4.9100	0.0200	0.0476	4.9270	0.0070	0.0409
	150	4.9400	0.0030	0.0319	4.9440	0.0010	0.0250	4.9310	0	0.0235
	200	4.9570	0	0.0200	4.9470	0	0.0177	4.9350	0	0.0167
尺度模型	100	4.5430	1.1380	0.4208	4.6670	1.0000	0.3343	4.7040	0.8390	0.2872
	150	4.7730	0.8670	0.2699	4.8090	0.5780	0.1921	4.8350	0.4500	0.1518
	200	4.8430	0.5470	0.1780	4.8670	0.2890	0.1119	4.8640	0.2080	0.0896

(2) 给定偏度 λ 和自由度 ν, 随着样本量 n 的增大, 变量选择方法表现越来越好. $\hat{\beta}$ 和 $\hat{\gamma}$ 的广义均方误差, 随着样本量 n 的增大而越来越小.

(3) 给定偏度 λ 和样本量 n, 特别在尺度模型, 随着自由度 ν 的增大, 变量选择方法表现越来越好. $\hat{\beta}$ 和 $\hat{\gamma}$ 的广义均方误差, 随着自由度 ν 的增大而越来越小.

(4) 给定偏度 λ、自由度 ν 和样本量 n, 基于模型误差和模型复杂性, 位置模型的变量选择的表现好于尺度模型.

2. 基于不同偏度和不同自由度的模拟比较

对给定样本量 $n = 200$, 从表 3.4.4 的结果可观察到以下的结论:

　　(1) 给定自由度 ν, 不同偏度 λ 下变量选择方法的表现基本一致. 结果表明变量选择方法具有一定的稳健性.

　　(2) 给定偏度 λ 和自由度 ν, 特别在尺度模型, 随着自由度 ν 的增大, 变量选择方法表现越来越好. $\hat{\beta}$ 和 $\hat{\gamma}$ 的广义均方误差, 随着自由度 ν 的增大而越来越小.

　　(3) 给定偏度 λ 和自由度 ν, 基于模型误差和模型复杂性, 位置模型的变量选择的表现好丁尺度模型.

表 3.4.4　基于不同偏度和不同自由度的模拟比较, $n = 200$

模型	n	$\lambda = -0.5$			$\lambda = 0$			$\lambda = 0.5$		
		C	IC	GMSE	C	IC	GMSE	C	IC	GMSE
位置模型	3	4.9570	0	0.0263	4.9570	0	0.0200	4.9560	0	0.0256
	5	4.9640	0	0.0300	4.9470	0	0.0177	4.9540	0	0.0291
	8	4.9340	0	0.0365	4.9350	0	0.0167	4.9530	0	0.0355
尺度模型	3	4.8540	0.3660	0.1291	4.8430	0.5470	0.1780	4.8580	0.3840	0.1336
	5	4.8890	0.2380	0.0923	4.8670	0.2890	0.1119	4.8610	0.2480	0.0974
	8	4.8840	0.2080	0.0837	4.8640	0.2080	0.0896	4.8880	0.1990	0.0814

3.4.4　小结

　　本节针对异方差偏斜数据, 研究提出了基于偏 t 正态分布下联合位置与尺度模型, 利用联合惩罚似然的方法, 研究提出了一种同时对位置模型和尺度模型的变量选择方法, 而且该方法能同时对位置模型和尺度模型进行估计和变量选择. 证明了提出的惩罚极大似然估计具有相合性和 Oracle 性质. 随机模拟和实例研究结果表明该模型和方法是有用和有效的.

　　然而, 在许多实际应用中, 偏度参数 λ 可能是未知的. 在偏度参数 λ 未知时, 我们也关心影响偏度的因素, 所以也十分必要对偏度参数 λ 同时建模, 即研究联合位置、尺度和偏度模型的变量选择, 详见本书第 6 章的研究.

第 4 章　Box-Cox 变换下联合均值与方差模型

本章主要是拓展 Box-Cox 变换, 研究了 Box-Cox 变换下联合均值与方差模型的变量选择问题及其变换参数 λ 的截面极大似然估计.

4.1　引　　言

正态线性回归模型是理论最成熟、应用最广泛的一种重要的现代数据分析工具之一. 正态线性回归模型其形式如下

$$\left\{ \begin{array}{l} y_i = x_i^{\mathrm{T}}\beta + \varepsilon_i, \\ \varepsilon_i \sim N(0, \sigma^2), \\ i = 1, 2, \cdots, n. \end{array} \right. \tag{4.1.1}$$

其中 $x_i = (x_{i1}, \cdots, x_{ip})^{\mathrm{T}}$ 为 p 维解释变量, y_i 为其相应的响应变量, $\beta = (\beta_1, \beta_2, \cdots, \beta_p)^{\mathrm{T}}$ 为 p 维未知回归参数, T 为转置.

从中可以看出, 利用正态线性回归模型需要同时满足三个条件:

(1) **线性性**　因变量与自变量满足线性关系;

(2) **方差齐性**　$\sigma_i^2 = \sigma^2, i = 1, 2, \cdots, n$;

(3) **正态性**　$\varepsilon_i \sim N(0, \sigma^2), i = 1, 2, \cdots, n$.

对于有偏斜的数据, 在分析数量关系的时候, 为了应用正态线性回归模型, 最常见的方法之一是对响应变量观察值 y 进行一个数据变换 $f(y)$, 使其同时满足线性性、方差齐性和正态性三个条件. 下面著名的 Box-Cox 变换 (Box and Cox, 1964) 是其中重要的数据变换之一.

$$y^{(\lambda)} = \left\{ \begin{array}{ll} \dfrac{y^\lambda - 1}{\lambda}, & \lambda \neq 0, \\ \ln y, & \lambda = 0. \end{array} \right. \tag{4.1.2}$$

Box-Cox 变换通过引进一个新的变换参数 λ, 通过数据本身来决定如何进行变换, 即变换参数 λ 的自适应估计 (Atkinson, 1982; Cook and Weisberg, 1982).

然而, 在一定的条件下, 这些假定条件是非常不适合的. 原因如下: 第一, 仅仅要求一个变换就使其同时满足线性性、方差齐性和正态性大多数情况是做不到的 (Nelder and Lee, 1991). 例如, $y_i \sim \mathrm{Poisson}(\mu_i)(i = 1, 2, \cdots, n)$, 为满足线性性需要作变换 $\ln y$, 为满足方差齐性需要作变换 $y^{1/2}$, 为满足正态性需要作变换 $y^{2/3}$. 特别

是变换后存在大量异方差的情形, 例如, 见 Carroll 和 Ruppert(1988). 第二, 在许多
实际问题中, 人们感兴趣的是找到影响方差的因素和各个因素的影响程度. 典型的
例子就是试验设计中的田口玄一方法, 它是日本田口玄一所创立的一种以廉价的成
本实现高性能产品的稳健设计方法, 其基本观点就是产品质量高不仅表现在出产时
能让顾客满意, 而且在使用过程中给顾客和社会带来的损失要小. 用统计语言描述
就是, 期望达到要求, 同时方差尽量小. 以上两种情况非常有必要对均值和方差同
时建模. 而且 Nelder 和 Lee(1991) 指出当用方差 (或散度) 模型拟合的时候均值参
数的估计的标准误差常常较小, 有时候甚至是戏剧性的. 如果方差 (或散度) 模型
是有效的, 则可以增加预测的准确性, 因为较大的方差 (或散度) 对均值估计具有小
的权重.

假定 $y = (y_1, \cdots, y_n)^{\mathrm{T}}$, $y_i > 0, i = 1, 2, \cdots, n$; 若 $y_i < 0$, 可同时加一个常数使
其都大于零. y_i 的 Box-Cox 变换定义为

$$y_i^{(\lambda)} = \begin{cases} \dfrac{y_i^{\lambda} - 1}{\lambda}, & \lambda \neq 0, \\ \ln y_i, & \lambda = 0. \end{cases} \tag{4.1.3}$$

然而, 当 Box-Cox 变换的同方差假定不成立时, 统计推断将遇到诸多问题, 因
为未知参数有 $n + p$ 个, 参数估计的问题变得较为复杂, 甚至是不能识别的 (韦博
成等, 2003). 为了克服上面的缺陷, 我们研究提出如下基于 Box-Cox 变换下联合均
值与方差模型

$$\begin{cases} y_i^{(\lambda)} \sim N(\mu_i, \sigma_i^2), \\ \mu_i = x_i^{\mathrm{T}} \beta, \\ \log \sigma_i^2 = z_i^{\mathrm{T}} \gamma, \\ i = 1, 2, \cdots, n. \end{cases} \tag{4.1.4}$$

其中 $x_i = (x_{i1}, \cdots, x_{ip})^{\mathrm{T}}$ 和 $z_i = (z_{i1}, \cdots, z_{iq})^{\mathrm{T}}$ 是解释变量, y_i 是其相应的响应变
量, $\beta = (\beta_1, \cdots, \beta_p)^{\mathrm{T}}$ 是 $p \times 1$ 的均值模型的未知参数向量, $\gamma = (\gamma_1, \cdots, \gamma_q)^{\mathrm{T}}$ 是
$q \times 1$ 的方差模型的未知参数向量. z_i 包含一些或者所有 x_i 和其他不在 x_i 的变量,
即均值模型和方差模型可能包含不同的解释变量或者相同的一些解释变量, 包含相
同的解释变量但存在不同的影响方式. 注意 $x = (x_1, \cdots, x_n)^{\mathrm{T}}$ 和 $z = (z_1, \cdots, z_n)^{\mathrm{T}}$
为解释变量矩阵. 模型 (4.1.4) 是联合均值与方差模型 (1.1.2) 的进一步推广. 特别
地, 当 $\lambda = 1$ 时, 该模型为联合均值与方差模型 (1.1.2).

本章主要目的是利用联合惩罚似然方法对研究提出的基于 Box-Cox 变换下联
合均值与方差模型 (4.1.4) 提出一种可行有效的变量选择方法. 我们的方法能同时
对均值模型和方差模型进行变量选择, 而且该方法能同时对均值模型和方差模型
进行估计和变量选择. 在适当选择调整参数的条件下, 该变量选择方法具有相合性,

回归系数的估计具有 Oracle 性质. 随机模拟和实例研究结果表明该模型和方法是有用和有效的. 特别地, 当 $\lambda = 1$ 时, 我们提出的方法也适用于联合均值与方差模型 (1.1.2).

本章结构安排如下: 4.2 节给出了变换参数 λ 的截面极大似然估计和变量选择过程, 证明了提出的惩罚极大似然估计具有相合性和 Oracle 性质, 给出了迭代计算. 4.3 节通过随机模拟研究了变量选择的有限样本性质. 4.4 节通过实例分析说明了变量选择方法的应用. 4.5 节是小结.

4.2 变量选择过程

4.2.1 变换参数 λ 的极大似然估计

如果 Box-Cox 变换参数 λ 未知, 类似于韦博成等 (2009), 可以利用下面 λ 的截面似然得到 λ 的极大似然估计.

$$
\begin{aligned}
L_p(\lambda) =& L(\tilde{\beta}(\lambda), \tilde{\gamma}(\lambda), \lambda) \\
=& -\frac{1}{2}\sum_{i=1}^n z_i^{\mathrm{T}}\tilde{\gamma}(\lambda) - \frac{1}{2}\sum_{i=1}^n \frac{(y_i^{(\lambda)} - x_i^{\mathrm{T}}\tilde{\beta}(\lambda))^2}{\mathrm{e}^{z_i^{\mathrm{T}}\tilde{\gamma}(\lambda)}} + (\lambda - 1)\sum_{i=1}^n \ln y_i, \quad (4.2.1)
\end{aligned}
$$

因此 λ 的极大似然估计为

$$
\hat{\lambda}_{\mathrm{MLE}} = \arg\max_{\lambda} L_p(\lambda), \quad (4.2.2)
$$

其中 $\tilde{\beta}(\lambda)$ 和 $\tilde{\gamma}(\lambda)$ 是固定 λ 的 β 和 γ 的限制极大似然估计. 除了相差一个与参数无关的常数项外

$$
L(\beta, \gamma, \lambda) = -\frac{1}{2}\sum_{i=1}^n z_i^{\mathrm{T}}\gamma - \frac{1}{2}\sum_{i=1}^n \frac{(y_i^{(\lambda)} - x_i^{\mathrm{T}}\beta)^2}{\mathrm{e}^{z_i^{\mathrm{T}}\gamma}} + (\lambda - 1)\sum_{i=1}^n \ln y_i.
$$

截面似然 $L_p(\lambda)$ 不是真实的似然, 因为它不跟密度成比例. 4.3 节是模拟研究, 我们利用下面的两步算法求 β, γ, λ 的极大似然估计.

(i) 对于给定的 λ, $L(\beta, \gamma, \lambda)$ 关于 β 和 γ 极大化, 即我们计算 $\tilde{\beta}(\lambda)$ 和 $\tilde{\gamma}(\lambda)$. 然后计算 $L_p(\lambda)$.

(ii) 利用寻格子的方法, 我们可通过极大化 $L_p(\lambda)$ 得到 $\hat{\lambda}$ 的估计. 例如, 我们可以在 $(-2, 2)$ 内, 以步长为 0.01 的方式计算 $L_p(\lambda)$ 的极大值, 通过比较即可获得 $\hat{\lambda}$ 的估计值.

4.2.2 惩罚极大似然估计

假设 $(y_i, x_i, z_i)(i = 1, 2, \cdots, n)$ 是来自于基于 Box-Cox 变换下联合均值与方差模型 (4.1.4) 的随机样本. 类似于 Fan 和 Li(2001), 定义惩罚似然函数为

$$\mathcal{L}(\beta, \gamma) = \ell(\beta, \gamma) - n \sum_{j=1}^{p} p_{\tau_{1j}}(|\beta_j|) - n \sum_{k=1}^{q} p_{\tau_{2k}}(|\gamma_k|), \qquad (4.2.3)$$

其中 $p_{\tau_j}(\cdot)$ 是调整参数为 τ_j 的惩罚函数, 调整参数可以通过交叉核实 (CV) 或广义交叉核实 (GCV)(Fan and Li, 2001; Tibshirani, 1996) 挑选. 4.4 节我们利用 BIC 挑选调整参数. 注意, 惩罚函数和调整参数对所有的 j 不必相同. 例如, 我们希望在最终模型中保留一些重要的变量, 因此就不惩罚它们的系数.

为了叙述简便, 重写惩罚似然函数 (4.2.3) 为

$$\mathcal{L}(\theta) = \ell(\theta) - n \sum_{j=1}^{s} p_{\tau_j}(|\theta_j|), \qquad (4.2.4)$$

其中 $\theta = (\theta_1, \cdots, \theta_s)^{\mathrm{T}} = (\beta_1, \cdots, \beta_p; \gamma_1, \cdots, \gamma_q)^{\mathrm{T}}$, $s = p + q$, 除了相差一个与参数无关的常数外, $\ell(\theta) = -\dfrac{1}{2} \sum_{i=1}^{n} z_i^{\mathrm{T}} \gamma - \dfrac{1}{2} \sum_{i=1}^{n} \dfrac{(y_i^{(\lambda)} - x_i^{\mathrm{T}} \beta)^2}{\mathrm{e}^{z_i^{\mathrm{T}} \gamma}}$.

极大化 (4.2.4) 中的函数 $\mathcal{L}(\theta)$ 得到 θ 的惩罚极大似然估计, 记为 $\hat{\theta}$. 在适当的惩罚函数下, 关于 θ 极大化 $\mathcal{L}(\theta)$ 导致一些参数在最终模型中消失, 相应的解释变量自动地剔除, 从而达到变量选择的目的. 因此, 通过极大化 $\mathcal{L}(\theta)$ 可同时达到变量选择和参数估计的目的. 4.2.4 节提供技术细节和惩罚极大似然估计 $\hat{\theta}$ 的迭代计算.

4.2.3 渐近性质

在这部分, 我们考虑惩罚极大似然估计的相合性和渐近正态性. 首先介绍一些记号. 假定 θ_0 是 θ 的真值, $\theta_0 = (\theta_{01}, \cdots, \theta_{0s})^{\mathrm{T}} = ((\theta_0^{(1)})^{\mathrm{T}}, (\theta_0^{(2)})^{\mathrm{T}})^{\mathrm{T}}$. 为了下面讨论的方便, 不失一般性, 假定 $\theta_0^{(1)}$ 是 θ_0 的所有非零部分, $\theta_0^{(2)} = 0$. 除此之外, 假定调整参数关于 θ_0 的分量重新排列, $\theta_0^{(1)}$ 的维数为 s_1,

$$a_n = \max_{1 \leqslant j \leqslant s} \{p'_{\tau_n}(|\theta_{0j}|) : \theta_{0j} \neq 0\}$$

和

$$b_n = \max_{1 \leqslant j \leqslant s} \{|p''_{\tau_n}(|\theta_{0j}|)| : \theta_{0j} \neq 0\},$$

其中为了强调调整参数 τ 依赖于样本量 n, 记 $\tau = \tau_n$.

为了得到惩罚极大似然估计的相合性和渐近正态性, 需要下列正则条件:

(C4.2.1) $x_i = (x_{i1}, \cdots, x_{ip})^{\mathrm{T}}$ 和 $z_i = (z_{i1}, \cdots, z_{iq})^{\mathrm{T}}$ $(i = 1, \cdots, n)$ 是固定的.

(C4.2.2) 参数空间是紧的, 真实参数 θ_0 为参数空间的内点.

(C4.2.3) x_i 和 z_i 在基于 Box-Cox 变换下联合均值与方差模型 (4.1.4) 中是完全有界的, 即它们中的所有分量是一个有限的实数.

(C4.2.4) $y_i(i = 1, 2, \cdots, n)$ 相互独立, $y_i^{(\lambda)} \sim N(\mu_i, \sigma^2)$, 其中 $\mu_i = x_i^{\mathrm{T}}\beta_0$, $\log \sigma_i^2 = z_i^{\mathrm{T}}\gamma_0$.

定理 4.2.1 假设 $a_n = O_p(n^{-1/2})$, 当 $n \to \infty$ 时, $b_n \to 0$ 和 $\tau_n \to 0$, 其中 τ_n 是 τ_{1n} 或 τ_{2n}, 取决于 θ_{0j} 是 β_0 或 $\gamma_0(1 \leqslant j \leqslant s)$. 在条件 (C4.2.1)—(C4.2.4) 下, (4.2.4) 中惩罚似然函数 $\mathcal{L}(\theta)$ 依概率 1 存在一个局部极大似然估计 $\hat{\theta}_n$ 满足: $\|\hat{\theta} - \theta_0\| = O_p(n^{-1/2})$.

下面考虑 $\hat{\theta}_n$ 的渐近正态性. 假设

$$A_n = \operatorname{diag}(p''_{\tau_n}(|\theta_{01}^{(1)}|), \cdots, p''_{\tau_n}(|\theta_{0s_1}^{(1)}|)),$$

$$c_n = (p'_{\tau_n}(|\theta_{01}^{(1)}|)\operatorname{sgn}(\theta_{01}^{(1)}), \cdots, p'_{\tau_n}(|\theta_{0s_1}^{(1)}|)\operatorname{sgn}(\theta_{0s_1}^{(1)}))^{\mathrm{T}},$$

其中 λ_n 的定义与定理 4.2.1 相同, $\theta_{0j}^{(1)}$ 是 $\theta_0^{(1)}$ $(1 \leqslant j \leqslant s_1)$ 的第 j 个分量, $\mathcal{I}_n(\theta)$ 是 θ 的 Fisher 信息阵.

定理 4.2.2 (Oracle 性质) 假设惩罚函数 $p_{\tau_n}(t)$ 满足

$$\liminf_{n \to \infty} \liminf_{t \to 0^+} \frac{p'_{\tau_n}(t)}{\tau_n} > 0,$$

而且当 $n \to \infty$ 时, $\bar{\mathcal{I}}_n = \mathcal{I}_n(\theta_0)/n$ 收敛于一个有限的正定阵 $\mathcal{I}(\theta_0)$. 在定理 4.2.1 的条件下, 当 $n \to \infty$ 时, 如果 $\tau_n \to 0$ 而且 $\sqrt{n}\tau_n \to \infty$, 则在定理 4.2.1 中的 $\sqrt{n}$ 相合估计 $\hat{\theta}_n = ((\hat{\theta}_n^{(1)})^{\mathrm{T}}, (\hat{\theta}_n^{(2)})^{\mathrm{T}})^{\mathrm{T}}$ 一定满足:

(i) (稀疏性) $\hat{\theta}_n^{(2)} = 0$;

(ii) (渐近正态性)

$$\sqrt{n}(\bar{\mathcal{I}}_n^{(1)})^{-1/2}(\bar{\mathcal{I}}_n^{(1)} + A_n)\{(\hat{\theta}_n^{(1)} - \theta_0^{(1)}) + (\bar{\mathcal{I}}_n^{(1)} + A_n)^{-1}c_n\} \xrightarrow{\mathcal{L}} \mathcal{N}_{s_1}(0, I_{s_1}),$$

其中 "$\xrightarrow{\mathcal{L}}$" 是依分布收敛, $\bar{\mathcal{I}}_n^{(1)}$ 是对应于 $\theta_0^{(1)}$ 的 $\bar{\mathcal{I}}_n$ 的 $s_1 \times s_1$ 的子矩阵, 而且 I_{s_1} 是 $s_1 \times s_1$ 的单位阵.

注 1 定理 4.2.1 和定理 4.2.2 的证明类似于 Fan 和 Li (2001). 证明略.

注 2 定理 4.2.2 表明惩罚极大似然估计具有 Oracle 性质.

4.2.4　迭代计算

1. 算法研究

首先, 注意到对数似然函数 $\ell(\theta)$ 的一、二阶导数是连续的. 对给定的 θ_0, 对数似然函数 $\ell(\theta)$ 近似为

$$\ell(\theta) \approx \ell(\theta_0) + \left[\frac{\partial \ell(\theta_0)}{\partial \theta}\right]^{\mathrm{T}} (\theta - \theta_0) + \frac{1}{2}(\theta - \theta_0)^{\mathrm{T}} \left[\frac{\partial^2 \ell(\theta_0)}{\partial \theta \partial \theta^{\mathrm{T}}}\right] (\theta - \theta_0).$$

而且, 给定初值 θ_0, $p_\tau(\theta)$ 可二次逼近

$$p_\tau(|\theta|) \approx p_\tau(|\theta_0|) + \frac{1}{2}\frac{p'_\tau(|\theta_0|)}{|\theta_0|}(\theta^2 - \theta_0^2), \quad \theta \approx \theta_0.$$

因此, 除了相差一个与参数无关的常数项外, 惩罚似然函数 (4.2.4) 可二次逼近

$$\mathcal{L}(\theta) \approx \ell(\theta_0) + \left[\frac{\partial \ell(\theta_0)}{\partial \theta}\right]^{\mathrm{T}} (\theta - \theta_0) + \frac{1}{2}(\theta - \theta_0)^{\mathrm{T}} \left[\frac{\partial^2 \ell(\theta_0)}{\partial \theta \partial \theta^{\mathrm{T}}}\right] (\theta - \theta_0) - \frac{n}{2}\theta^{\mathrm{T}} \Sigma_\tau(\theta_0)\theta,$$

其中

$$\Sigma_\tau(\theta_0) = \operatorname{diag}\left\{\frac{p'_{\tau_{11}}(|\beta_{01}|)}{|\beta_{01}|}, \cdots, \frac{p'_{\tau_{1p}}(|\beta_{0p}|)}{|\beta_{0p}|}, \frac{p'_{\tau_{21}}(|\gamma_{01}|)}{|\gamma_{01}|}, \cdots, \frac{p'_{\tau_{2q}}(|\gamma_{0q}|)}{|\gamma_{0q}|}\right\},$$

其中 $\theta = (\theta_1, \cdots, \theta_s)^{\mathrm{T}} = (\beta_1, \cdots, \beta_p; \gamma_1, \cdots, \gamma_q)^{\mathrm{T}}$ 和 $\theta_0 = (\theta_{01}, \cdots, \theta_{0s})^{\mathrm{T}} = (\beta_{01}, \cdots, \beta_{0p}; \gamma_{01}, \cdots, \gamma_{0q})^{\mathrm{T}}$. 因此, $\mathcal{L}(\theta)$ 二次最优化的解可通过下列迭代得到

$$\theta_1 \approx \theta_0 + \left\{\frac{\partial^2 \ell(\theta_0)}{\partial \theta \partial \theta^{\mathrm{T}}} - n\Sigma_\tau(\theta_0)\right\}^{-1} \left\{n\Sigma_\tau(\theta_0)\theta_0 - \frac{\partial \ell(\theta_0)}{\partial \theta}\right\}.$$

其次, 对数似然函数 $\ell(\theta)$ 可写为

$$\ell(\theta) = -\frac{1}{2}\sum_{i=1}^{n} z_i^{\mathrm{T}}\gamma - \frac{1}{2}\sum_{i=1}^{n} \frac{(y_i^{(\lambda)} - x_i^{\mathrm{T}}\beta)^2}{e^{z_i^{\mathrm{T}}\gamma}}.$$

因此,

$$U(\theta) = \frac{\partial \ell(\theta)}{\partial \theta} = (U_1^{\mathrm{T}}(\beta), U_2^{\mathrm{T}}(\gamma))^{\mathrm{T}},$$

其中

$$U_1(\beta) = \frac{\partial \ell(\theta)}{\partial \beta} = \sum_{i=1}^{n} \frac{(y_i^{(\lambda)} - x_i^{\mathrm{T}}\beta)x_i}{e^{z_i^{\mathrm{T}}\gamma}},$$

$$U_2(\gamma) = \frac{\partial \ell(\theta)}{\partial \gamma} = -\frac{1}{2}\sum_{i=1}^{n} z_i + \frac{1}{2}\sum_{i=1}^{n} \frac{(y_i^{(\lambda)} - x_i^{\mathrm{T}}\beta)^2 z_i}{e^{z_i^{\mathrm{T}}\gamma}}.$$

所以,

$$H(\theta) = \frac{\partial^2 \ell(\theta)}{\partial \theta \partial \theta^{\mathrm{T}}} = \begin{pmatrix} \dfrac{\partial^2 \ell(\theta)}{\partial \beta \partial \beta^{\mathrm{T}}} & \dfrac{\partial^2 \ell(\theta)}{\partial \beta \partial \gamma^{\mathrm{T}}} \\ \dfrac{\partial^2 \ell(\theta)}{\partial \gamma \partial \beta^{\mathrm{T}}} & \dfrac{\partial^2 \ell(\theta)}{\partial \gamma \partial \gamma^{\mathrm{T}}} \end{pmatrix},$$

其中

$$\frac{\partial^2 \ell(\theta)}{\partial \beta \partial \beta^{\mathrm{T}}} = -\sum_{i=1}^{n} \frac{x_i x_i^{\mathrm{T}}}{\mathrm{e}^{z_i^{\mathrm{T}}\gamma}};$$

$$\frac{\partial^2 \ell(\theta)}{\partial \beta \partial \gamma^{\mathrm{T}}} = -\sum_{i=1}^{n} \frac{(y_i^{(\lambda)} - x_i^{\mathrm{T}}\beta)}{\mathrm{e}^{z_i^{\mathrm{T}}\gamma}} x_i z_i^{\mathrm{T}};$$

$$\frac{\partial^2 \ell(\theta)}{\partial \gamma \partial \beta^{\mathrm{T}}} = -\sum_{i=1}^{n} \frac{(y_i^{(\lambda)} - x_i^{\mathrm{T}}\beta)}{\mathrm{e}^{z_i^{\mathrm{T}}\gamma}} z_i x_i^{\mathrm{T}};$$

$$\frac{\partial^2 \ell(\theta)}{\partial \gamma \partial \gamma^{\mathrm{T}}} = -\frac{1}{2}\sum_{i=1}^{n} \frac{(y_i^{(\lambda)} - x_i^{\mathrm{T}}\beta)^2}{\mathrm{e}^{z_i^{\mathrm{T}}\gamma}} z_i z_i^{\mathrm{T}}.$$

因此,

$$\mathcal{I}_n(\theta) = E\left[-\frac{\partial^2 \ell(\theta)}{\partial \theta \partial \theta^{\mathrm{T}}}\right] = \begin{pmatrix} \mathcal{I}_{11} & \mathcal{I}_{12} \\ \mathcal{I}_{21} & \mathcal{I}_{22} \end{pmatrix},$$

$$\mathcal{I}_{11} = \sum_{i=1}^{n} \frac{x_i x_i^{\mathrm{T}}}{\mathrm{e}^{z_i^{\mathrm{T}}\gamma}}, \quad \mathcal{I}_{12} = \mathcal{I}_{21} = 0, \quad \mathcal{I}_{22} = \frac{1}{2}\sum_{i=1}^{n} z_i z_i^{\mathrm{T}}.$$

利用 Fisher 信息阵近似代替观测信息阵, 可以得到下列迭代的数值解

$$\theta_1 \approx \theta_0 + \left\{\frac{\partial^2 \ell(\theta_0)}{\partial \theta \partial \theta^{\mathrm{T}}} - n\Sigma_\tau(\theta_0)\right\}^{-1}\left\{n\Sigma_\tau(\theta_0)\theta_0 - \frac{\partial \ell(\theta_0)}{\partial \theta}\right\}$$

$$\approx \theta_0 + \{\mathcal{I}_n(\theta_0) + n\Sigma_\tau(\theta_0)\}^{-1}\{U(\theta_0) - n\Sigma_\tau(\theta_0)\theta_0\}$$

$$= \{\mathcal{I}_n(\theta_0) + n\Sigma_\tau(\theta_0)\}^{-1}\{U(\theta_0) + \mathcal{I}_n(\theta_0)\theta_0\}.$$

最后, 下面的算法总结了基于 Box-Cox 变换下联合均值与方差模型 (4.1.4) 中参数的惩罚极大似然估计的迭代计算.

算法 **步骤 1** 取 β 和 γ 没有惩罚的极大似然估计 $\beta^{(0)}, \gamma^{(0)}$ 作为初始估计, 即 $\theta^{(0)} = ((\beta^{(0)})^{\mathrm{T}}, (\gamma^{(0)})^{\mathrm{T}})^{\mathrm{T}}$.

步骤 2 给定当前值 $\beta^{(k)}, \gamma^{(k)}, \theta^{(k)} = ((\beta^{(k)})^{\mathrm{T}}, (\gamma^{(k)})^{\mathrm{T}})^{\mathrm{T}}$, 迭代

$$\theta^{(k+1)} = \{\mathcal{I}_n(\theta^{(k)}) + n\Sigma_\tau(\theta^{(k)})\}^{-1}\{U(\theta^{(k)}) + \mathcal{I}_n(\theta^{(k)})\theta^{(k)}\}.$$

步骤 3 重复步骤 2 直到收敛条件满足.

2. 调整参数的选择

许多调整参数选择准则, 如交叉核实、广义交叉核实、AIC 和 BIC 可以用来选择调整参数. Wang 等 (2007) 建议在线性模型和部分线性模型 SCAD 估计利用 BIC 选择调整参数, 而且证明此准则具有相合性, 即利用 BIC 准则能依概率 1 选择真实模型. 因此本节也采用 BIC 准则, 定义如下

$$\mathrm{BIC}(\lambda) = -\frac{2}{n}\ell(\hat{\theta}) + \mathrm{df}_\tau \times \frac{\log(n)}{n}, \tag{4.2.5}$$

选择最优的 τ, 其中除了相差一个与参数无关的常数外

$$\ell(\hat{\theta}) = \ell(\hat{\beta}, \hat{\gamma}) = -\frac{1}{2}\sum_{i=1}^n z_i^{\mathrm{T}}\hat{\gamma} - \frac{1}{2}\sum_{i=1}^n \frac{(y_i^{(\lambda)} - x_i^{\mathrm{T}}\hat{\beta})^2}{\mathrm{e}^{z_i^{\mathrm{T}}\hat{\gamma}}},$$

$0 \leqslant \mathrm{df}_\tau \leqslant s$ 是惩罚极大似然估计 $\hat{\theta}$ 的非零分量个数. $\hat{\beta}$ 和 $\hat{\gamma}$ 是惩罚极大似然估计. Fan 和 Li(2001) 建议实际中取 $a = 3.7$. 因此我们取 $a = 3.7$, 希望调整参数 τ_{1j} 和 τ_{2k} 的选取可以保证对应零系数的调整参数大于对应非零系数的调整参数. 进而, 我们可以在对非零系数给出相合估计的同时, 把零系数的估计压缩为 0, 从而达到变量选择的目的. 实际中, 取 $\tau_{1j} = \frac{\tau}{|\hat{\beta}_j^0|}, \tau_{2k} = \frac{\tau}{|\hat{\gamma}_k^0|}$, 其中 $\hat{\beta}_j^0$ 和 $\hat{\gamma}_k^0 (j = 1, \cdots, p, \ k = 1, \cdots, q)$ 分别是 β_j 和 γ_k 没有惩罚的极大似然估计. 调整参数可以通过下式计算得到

$$\hat{\tau} = \arg\min_\tau \mathrm{BIC}(\tau). \tag{4.2.6}$$

从 4.3 节的模拟研究结果可以看出, 我们所提出的调整参数的选择方法是可行的.

4.3　模 拟 研 究

下面我们对 4.2 节所提出的变量选择方法的有限样本性质进行模拟研究. 类似 Li 和 Liang(2008) 与 Zhao 和 Xue(2010), 利用广义均方误差来评价 $\hat{\beta}$ 和 $\hat{\gamma}$ 的估计精度, 定义为

$$\mathrm{GMSE}(\hat{\beta}) = E(\hat{\beta} - \beta_0)^{\mathrm{T}} E(XX^{\mathrm{T}})(\hat{\beta} - \beta_0),$$
$$\mathrm{GMSE}(\hat{\gamma}) = E(\hat{\gamma} - \gamma_0)^{\mathrm{T}} E(ZZ^{\mathrm{T}})(\hat{\gamma} - \gamma_0).$$

从下面基于 Box-Cox 变换下联合均值与方差模型产生模拟数据

$$\begin{cases} y_i^{(\lambda)} \sim N(\mu_i, \sigma_i^2), \\ \mu_i = x_i^{\mathrm{T}}\beta_0, \\ \log \sigma_i^2 = z_i^{\mathrm{T}}\gamma_0, \\ i = 1, 2, \cdots, n. \end{cases}$$

取 $\beta_0 = (1, 1, 0, 0, 1, 0, 0, 0)^{\mathrm{T}}$, $\gamma_0 = (0.5, 0.5, 0, 0, 0.5, 0, 0, 0)^{\mathrm{T}}$, x_i 和 z_i 的分量独立产生于 $U(-1, 1)$. 基于 1000 次重复试验, 表 4.3.1 和表 4.3.2 给出了 1000 次模拟中, 变换参数 λ 的极大似然估计的表现, 其中"Bias"表示偏差, "Var"表示方差. 表 4.3.3 至表 4.3.8 基于 Box-Cox 变换下联合均值与方差模型参数的零系数估计的平均情况, "C"表示把真实零系数估计成 0 的平均个数, "IC"表示把真实非零系数估计成 0 的平均个数, "GMSE"表示 $\hat{\beta}$ 和 $\hat{\gamma}$ 的广义均方误差.

表 4.3.1   变换参数 λ 的极大似然估计, $\lambda > 0$

n	$\lambda = 1/4$			$\lambda = 1/2$			$\lambda = 1$		
	$\bar{\hat{\lambda}}$	Bias($\hat{\lambda}$)	Var($\hat{\lambda}$)	$\bar{\hat{\lambda}}$	Bias($\hat{\lambda}$)	Var($\hat{\lambda}$)	$\bar{\hat{\lambda}}$	Bias($\hat{\lambda}$)	Var($\hat{\lambda}$)
150	0.2237	-0.0263	0.0032	0.5410	0.0410	0.0378	0.9378	-0.0622	0.0118
200	0.2255	-0.0245	0.0030	0.5399	0.0399	0.0353	0.9402	-0.0598	0.0118
300	0.2260	-0.0240	0.0029	0.5391	0.0391	0.0347	0.9428	-0.0572	0.0116

表 4.3.2   变换参数 λ 的极大似然估计, $\lambda < 0$

n	$\lambda = -1/4$			$\lambda = -1/2$			$\lambda = -1$		
	$\bar{\hat{\lambda}}$	Bias($\hat{\lambda}$)	Var($\hat{\lambda}$)	$\bar{\hat{\lambda}}$	Bias($\hat{\lambda}$)	Var($\hat{\lambda}$)	$\bar{\hat{\lambda}}$	Bias($\hat{\lambda}$)	Var($\hat{\lambda}$)
150	-0.2011	0.0489	0.0024	-0.4626	0.0374	0.0028	-0.9772	0.0228	0.0033
200	-0.2021	0.0479	0.0024	-0.4629	0.0371	0.0029	-0.9779	0.0221	0.0034
300	-0.2043	0.0457	0.0023	-0.4642	0.0358	0.0029	-0.9787	0.0213	0.0034

我们对 Box-Cox 变换下联合均值与方差模型基于不同样本量、不同惩罚函数: SCAD(Fan and Li, 2001), LASSO(Tibshirani, 1996), Hard (Antoniadis, 1997) 和不同变换参数下的变量选择方法进行比较研究, 结果见表 4.3.3 至表 4.3.8.

4.3.1   变换参数 λ 的极大似然估计模拟结果

从表 4.3.1 和表 4.3.2, 我们可以看到, 对给定的变换参数 λ, 变换参数 λ 的极大似然估计随着样本量 n 的增加越来越好. $\hat{\lambda}$ 的 |Bias| 和 Var 随着样本量 n 的增加越来越小. 结果表明变换参数 λ 的极大似然估计是可行和有效的.

4.3.2　基于不同惩罚函数和不同样本量的模拟比较

表 4.3.3　基于不同惩罚函数和不同样本量的模拟比较, $\lambda = -1$

模型	n	SCAD			LASSO			Hard		
		C	IC	GMSE	C	IC	GMSE	C	IC	GMSE
均值模型	150	4.9330	0	0.0165	4.4890	0	0.0216	4.9270	0	0.0166
	200	4.9430	0	0.0112	4.5360	0	0.0143	4.9360	0	0.0113
	300	4.9550	0	0.0076	4.5300	0	0.0094	4.9480	0	0.0077
方差模型	150	4.8530	0.0310	0.3383	4.3200	0.0100	0.2076	4.8110	0.0180	0.3406
	200	4.8660	0.0030	0.3124	4.3610	0.0010	0.1983	4.8660	0.0030	0.3132
	300	4.8950	0	0.2894	4.4310	0	0.1985	4.8960	0	0.2897

表 4.3.4　基于不同惩罚函数和不同样本量的模拟比较, $\lambda = 0.5$

模型	n	SCAD			LASSO			Hard		
		C	IC	GMSE	C	IC	GMSE	C	IC	GMSE
均值模型	150	4.9740	0	0.0247	4.5810	0	0.0496	4.9640	0	0.0247
	200	4.9750	0	0.0204	4.5590	0	0.0383	4.9650	0	0.0206
	300	4.9780	0	0.0168	4.6050	0	0.0299	4.9720	0	0.0169
方差模型	150	4.8820	0.2100	0.2377	4.3000	0.0920	0.1310	4.7950	0.1440	0.2398
	200	4.8990	0.0530	0.1974	4.3530	0.0200	0.1087	4.8850	0.0420	0.1977
	300	4.9320	0.0020	0.1800	4.4350	0	0.0992	4.9330	0.0020	0.1801

表 4.3.5　基于不同惩罚函数和不同样本量的模拟比较, $\lambda = 1$

模型	n	SCAD			LASSO			Hard		
		C	IC	GMSE	C	IC	GMSE	C	IC	GMSE
均值模型	150	4.9440	0	0.0155	4.5240	0	0.0208	4.9260	0	0.0160
	200	4.9460	0	0.0108	4.5180	0	0.0140	4.9400	0	0.0109
	300	4.9750	0	0.0067	4.5660	0	0.0085	4.9710	0	0.0068
方差模型	150	4.8410	0.0300	0.3379	4.3860	0.0120	0.2031	4.8010	0.0200	0.3414
	200	4.8860	0.0060	0.3152	4.3790	0.0010	0.2002	4.8830	0.0050	0.3159
	300	4.8910	0	0.2851	4.4190	0	0.1927	4.8930	0	0.2852

对给定变换参数 λ, 从表 4.3.4 至表 4.3.5 的结果可观察到以下的结论:

(1) 根据模型误差和模型复杂性, 基于 SCAD, LASSO 和 Hard 变量选择方法的表现, 随着样本量 n 的增大而越来越好.

(2) 给定惩罚函数, 变量选择方法的表现, 随着样本量 n 的增大而越来越好. $\hat{\beta}$ 和 $\hat{\gamma}$ 的广义均方误差, 随着样本量 n 的增大而越来越小.

(3) 给定样本量 n, 基于 SCAD 和 Hard 变量选择方法的表现类似. 而且基于 SCAD 和 Hard 变量选择方法的表现都好于 LASSO 方法.

(4) 给定惩罚函数和样本量 n, 基于模型误差和模型复杂性, 均值模型的变量选择的表现好于方差模型.

注意, 当 $\lambda = 1$ 时, 真实模型就是常见的联合均值与方差模型 (1.1.2), 联合均值与方差模型 (1.1.2) 的变量选择是其特例, 从表 4.3.5 可以看出其变量选择的表现也非常好.

4.3.3 基于不同惩罚函数和不同变换参数的模拟比较

表 4.3.6 基于不同惩罚函数和不同变换参数 $\lambda > 0$ 的模拟比较, $n = 200$

模型	方法	$\lambda = 1/8$			$\lambda = 1/4$			$\lambda = 1/2$		
		C	IC	GMSE	C	IC	GMSE	C	IC	GMSE
均值模型	SCAD	4.9510	0	0.0111	4.9480	0	0.0113	4.9740	0	0.0204
	LASSO	4.5610	0	0.0143	4.5360	0	0.0148	4.5590	0	0.0383
	Hard	4.9450	0	0.0112	4.9400	0	0.0114	4.9650	0	0.0206
方差模型	SCAD	4.8770	0.0020	0.3034	4.8900	0.0060	0.2649	4.8990	0.0530	0.1974
	LASSO	4.3600	0.0010	0.1899	4.3400	0.0010	0.1592	4.3530	0.0200	0.1087
	Hard	4.8760	0.0010	0.3037	4.8830	0.0060	0.2661	4.8850	0.0420	0.1977

表 4.3.7 基于不同惩罚函数和不同变换参数 $\lambda < 0$ 的模拟比较, $n = 200$

模型	方法	$\lambda = -1/2$			$\lambda = -1/4$			$\lambda = -1/8$		
		C	IC	GMSE	C	IC	GMSE	C	IC	GMSE
均值模型	SCAD	4.9710	0	0.0209	4.9560	0	0.0106	4.9600	0	0.0107
	LASSO	4.6010	0	0.0394	4.5570	0	0.0141	4.5060	0	0.0139
	Hard	4.9650	0	0.0210	4.9440	0	0.0108	4.9510	0	0.0109
方差模型	SCAD	4.9060	0.0630	0.2029	4.8900	0.0060	0.2701	4.8890	0.0030	0.3036
	LASSO	4.3400	0.0190	0.1105	4.3480	0.0020	0.1637	4.3940	0	0.1947
	Hard	4.8970	0.0530	0.2030	4.8820	0.0050	0.2713	4.8900	0.0030	0.3041

对给定样本量 $n = 200$, 从表 4.3.6 和表 4.3.7 的结果可观察到以下结论:

(1) 给定惩罚函数, 不同变换参数 λ 下变量选择方法的表现基本一致. 结果表明变量选择方法具有一定的稳健性.

(2) 给定变换参数 λ, 基于 SCAD 和 Hard 变量选择方法的表现类似. 而且基于 SCAD 和 Hard 变量选择方法的表现都好于 LASSO 方法.

(3) 给定惩罚函数和变换参数 λ, 基于模型误差和模型复杂性, 均值模型的变量选择的表现好于方差模型.

4.3.4 基于不同样本量和不同变换参数的模拟比较

表 4.3.8　基于不同样本量和不同变换参数的模拟比较, SCAD

模型	n	$\lambda = -1$			$\lambda = 0.5$			$\lambda = 1$		
		C	IC	GMSE	C	IC	GMSE	C	IC	GMSE
均值模型	150	4.9330	0	0.0165	4.9740	0	0.0247	4.9440	0	0.0155
	200	4.9430	0	0.0112	4.9750	0	0.0204	4.9460	0	0.0108
	300	4.9550	0	0.0076	4.9780	0	0.0168	4.9750	0	0.0067
方差模型	150	4.8530	0.0310	0.3383	4.8820	0.2100	0.2377	4.8410	0.0300	0.3379
	200	4.8660	0.0030	0.3124	4.8990	0.0530	0.1974	4.8860	0.0060	0.3152
	300	4.8950	0	0.2894	4.9320	0.0020	0.1800	4.8910	0	0.2851

对给定惩罚函数 SCAD, 从表 4.3.8 的结果可观察到以下的结论:

(1) 给定样本量 n, 不同变换参数 λ 下变量选择方法的表现基本一致. 结果表明变量选择方法具有一定的稳健性.

(2) 给定变换参数 λ, 根据模型误差和模型复杂性, 变量选择方法的表现, 随着样本量 n 的增大而越来越好.

(3) 给定样本量 n 和变换参数 λ, 基于模型误差和模型复杂性, 均值模型的变量选择的表现好于方差模型.

4.4　实 例 分 析

我们用 Atkinson(1982), Cook 和 Weisberg(1983), Aitkin(1987) 与 Verbyla(1993) 研究的 MINITAB 树的数据 (Ryan et al., 1976) 应用 4.2 节的方法进行变量选择分析. 在 MINITAB 树的数据中, 31 棵樱桃树的体积 V 为响应变量, 其树高 H 和直径 D 为解释变量. 一种较直观的物理模型是树的体积 $V^{1/3}$ 对树高 H 和树的直径 D 的关系.

本节取 $Y = V^{1/3}$, $X_1 = H$, $X_2 = D$, $X_3 = H^2$, $X_4 = HD$, $X_5 = D^2$, 考虑下列

模型

$$\begin{cases} y_i^{(1/3)} \sim N(\mu_i, \sigma_i^2), \\ \mu_i = \beta_0 + x_{i1}\beta_1 + x_{i2}\beta_2 + x_{i3}\beta_3 + x_{i4}\beta_4 + x_{i5}\beta_5, \\ \log\sigma_i^2 = \gamma_0 + x_{i1}\gamma_1 + x_{i2}\gamma_2 + x_{i3}\gamma_3 + x_{i4}\gamma_4 + x_{i5}\gamma_5, \\ i = 1, 2, \cdots, 31. \end{cases}$$

采用 4.3.2 节提出的变量选择方法, 通过计算得表 4.4.1.

表 4.4.1　树的 $V^{1/3}$ 的变量选择

模型	方法	常数项	H	D	H^2	HD	D^2
均值模型	SCAD	−2.9690	0.0401	0.4481	0	0	0
	LASSO	−2.9692	0.0402	0.4480	0	0	0
	Hard	−2.9577	0.0399	0.4486	0	0	0
方差模型	SCAD	−90.4277	2.1341	0	−0.0194	0.0747	−0.2067
	LASSO	−92.8554	2.1991	0	−0.0199	0.0755	−0.2090
	Hard	−84.7159	1.9809	0	−0.0186	0.0764	−0.2112

　　从表 4.4.1 的结果可以看出, 根据变量选择情况, 基于 SCAD、LASSO 和 Hard 方法完成得非常类似. 在均值模型挑选了两个非零系数 β_1, β_2, 方差模型挑选了四个非零系数 γ_1, γ_3, γ_4 和 γ_5. 结果表明 H^2, HD 和 D^2 对树的平均体积没有显著影响, D 对树的体积波动没有显著影响, 所得结果与 Aitkin(1987) 和 Verbyla(1993) 的发现基本一致.

4.5　小　　结

　　本章针对异方差偏斜数据, 研究提出了基于 Box-Cox 变换下联合均值与方差模型, 利用联合惩罚似然的方法, 研究提出了一种同时对均值模型和方差模型的变量选择方法, 而且该方法能同时对均值模型和方差模型进行估计和变量选择. 证明了提出的惩罚极大似然估计具有相合性和 Oracle 性质. 随机模拟和实例研究结果表明该模型和方法是有用和有效的.

　　本章仅考虑了参数维数固定的情形, 对于参数维数发散的情形, 变量选择等还有待于进一步研究.

第5章 双重广义线性模型

本章主要研究双重广义线性模型的经验似然推断和响应变量随机缺失下的参数估计问题. 而且针对稳健性, 研究提出 t 型双重广义线性模型, 并研究了该模型的变量选择问题.

5.1 双重广义线性模型的经验似然推断

5.1.1 引言

广义线性模型是经典线性回归模型的普遍化, 它在生物、医学和经济、社会数据的统计分析上具有重要意义 (陈希孺, 2002). 自 Nelder 和 Wedderburn(1972) 首次引入广义线性一词后, 引起了众多学者的关注. 而广义线性模型只对均值建模, 在许多应用领域, 特别在经济领域和工业产品的质量改进试验中, 非常有必要对均值和散度同时建模. 因此 Pregibon(1984) 提出了散度不等情况下的广义线性模型, 即双重广义线性模型.

考虑双重广义线性模型

$$
\begin{cases}
\mu_i = E(y_i|X, Z), \\
\mathrm{Var}(y_i|X, Z) = \phi_i V(\mu_i), \\
g(\mu_i) = X_i^{\mathrm{T}}\beta, \\
h(\phi_i) = Z_i^{\mathrm{T}}\gamma, \\
i = 1, 2, \cdots, n.
\end{cases}
\tag{5.1.1}
$$

其中 X 和 Z 分别是均值和散度模型中解释变量的观测值, 维数分别是 p 和 q, $g(\cdot)$ 和 $h(\cdot)$ 是已知的联系函数, $V(\cdot)$ 是方差函数, $\beta \in R^p$, $\gamma \in R^q$. 当响应变量 y_i 随机缺失, X, Z 可完全观测时, 记不完全样本为 $\{(X_i, Z_i, Y_i, \delta_i), 1 \leqslant i \leqslant n\}$, 若 y_i 缺失, 则 $\delta_i = 0$; 否则 $\delta_i = 1$.

Wang 和 Zhang(2009) 研究了双重广义线性模型中仅均值模型的变量选择. Nelder 和 Pregibon(1987) 利用扩展拟似然的方法同时估计出双重广义线性模型中的均值和散度. Gijbels 等 (2010) 研究了双重广义线性模型的非参数估计. 陈海露 (2011) 研究了双重广义线性模型的参数估计与变量选择等. Xu 等 (2014) 研究了高维数据下双重广义线性模型的变量选择. 目前据我们所知, 大量的文献集中于双重广义线性模型点估计的相关研究, 然而在某些实际具体问题中区间估计可能比点估计更有实用价值, 而双重广义线性模型的区间估计还没有相关文献研究成果. 另一方面, 经验似然作为一种完全样本下的非参数统计推断方法, 它有类似于 Bootstrap 的抽样特性. 由经验似然构造的置信区间具有域保持性、变换不变性, 并且置信域的形状由数据自行决定, 所以该方法成为当今统计研究的热点. 该方法自 Owen(1988, 1991) 提出后被其他学者广泛应用. Qin 和 Lawless(1993) 构造了估计方程中参数的经验似然比统计量, 同时将经验似然推广到半参数模型中; Kolaczyk(1994) 将经验似然推广到了广义线性模型中. Wang 和 Jing(1999) 利用经验似然方法研究了部分线性回归模型, 构造了模型中未知参数的置信域; You 和 Zhou(2006) 把经验似然方法应用到半参数变系数部分线性模型的统计推断.

数据缺失不仅可能造成估计量的偏差, 还会导致估计量方差的扭曲, 如何处理缺失数据一直是统计学家们感兴趣的话题. Wang 和 Rao(2002) 研究了响应变量缺失时的经验似然推断; Qin 和 Zhang(2007) 在其基础上进一步研究了实际情况中的应用; 赵培信和薛留根 (2010) 研究了响应变量随机缺失时, 变系数部分线性模型的经验似然推断; Xue 等 (2011) 研究了响应变量缺失时, 广义线性模型的经验似然推断; 闫莉和陈夏 (2013) 利用经验似然方法研究了缺失数据下广义线性模型中参数的置信域问题; 吴刘仓等 (2014) 研究了缺失数据下双重广义线性模型的参数估计. 本节的主要目的是研究响应变量随机缺失时, 双重广义线性模型的经验似然推断.

本节结构安排如下: 5.1.2 节介绍了完全数据下双重广义线性模型的扩展拟然估计和经验似然推断. 5.1.3 节介绍了在响应变量随机缺失时, 通过逆概率加权填补缺失值, 然后再用经验似然方法构造置信域. 5.1.4 节对上述理论进行了模拟研究并与传统的正态逼近方法相对比, 模拟结果表明, 本节所提出的方法是有效可行的. 5.1.5 节是实例分析. 5.1.6 节是小结.

5.1.2 完全数据下的经验似然推断

Nelder 和 Lee(1991) 构造了双重广义线性模型 (5.1.1) 的扩展拟然函数

$$Q^+(\mu, \phi|y) = -\frac{1}{2}\sum_{i=1}^{n}\frac{d_i(y_i; \mu_i)}{\phi_i} - \frac{1}{2}\sum_{i=1}^{n}\log\left\{2\pi\phi_i V(y_i)\right\}, \tag{5.1.2}$$

其中 d_i 是均值模型的偏差部分, 定义为

$$d_i(y_i; \mu_i) = 2\int_{\mu_i}^{y_i}\frac{y_i - t}{V(t)}\,\mathrm{d}t.$$

为极大化 Q^+, 对 β, γ 分别求导

$$\frac{\partial Q^+}{\partial \beta} = \sum_{i=1}^{n}\frac{y_i - \mu_i}{\phi_i V(\mu_i)}\frac{\partial \mu_i}{\partial \beta} = 0, \tag{5.1.3}$$

$$\frac{\partial Q^+}{\partial \gamma} = -\frac{1}{2}\sum_{i=1}^{n}\frac{d_i - \phi_i}{\phi_i^2}\frac{\partial \phi_i}{\partial \gamma} = 0, \tag{5.1.4}$$

解出 (5.1.3), (5.1.4) 式可以得出 β, γ 的估计值 $\hat\beta$, $\hat\gamma$; 实际应用时, 往往通过 Gauss-Newton 迭代得出 $\hat\beta$, $\hat\gamma$ 的数值解.

总体均值的经验似然推断中均值 μ 由方程

$$\int (x - \mu)\,\mathrm{d}F(x) = 0 \tag{5.1.5}$$

确定, $F(x)$ 为 x 的分布函数. 考虑更一般的情形, 对 $\theta \in \Theta \subseteq R^p$, 设 $m(X, \theta) \in R^p$ 由方程

$$\int m(x, \theta)\,\mathrm{d}F(x) = 0 \tag{5.1.6}$$

确定. 得到 θ 的截面经验似然函数为

$$\Re(\theta) = \sup\left\{\prod_{i=1}^{n} np_i \,\middle|\, \sum_{i=1}^{n} p_i m(X_i, \theta) = 0, \sum_{i=1}^{n} p_i = 1, p_i \geqslant 0\right\}. \tag{5.1.7}$$

Qin 和 Lawless (1993) 证明了下面结果: 设 $\theta_0 \in \Theta$ 使 $\mathrm{Var}(m(X, \theta_0))$ 有限且有秩 $p > 0$, 若 θ_0 满足 $E[m(X, \theta_0)] = 0$ 则 $-2\log\Re(\theta_0) \xrightarrow{\mathcal{L}} \chi^2_{(p)}$, 其中 "$\xrightarrow{\mathcal{L}}$" 是依分布收敛.

当 (5.1.7) 式中 $F(x)$ 为离散函数时, (5.1.3), (5.1.4) 式满足这一形式. 故 (5.1.3), (5.1.4) 式可以作为截面经验似然比函数的约束条件, 此时, 截面经验似然比函数可以表示为

$$\begin{aligned}
\Re(\beta, \gamma) = \sup\Bigg\{&\prod_{i=1}^{n} np_i \,\Bigg|\, \sum_{i=1}^{n} p_i \frac{y_i - \mu_i}{\phi_i V(\mu_i)}\frac{\partial \mu_i}{\partial \beta} = 0, \\
&\sum_{i=1}^{n} p_i \frac{d_i - \phi_i}{\phi_i^2}\frac{\partial \phi_i}{\partial \gamma} = 0, \sum_{i=1}^{n} p_i = 1, p_i \geqslant 0\Bigg\},
\end{aligned} \tag{5.1.8}$$

为求解 (5.1.8) 式, 可视为在一定条件下求解 $\prod_{i=1}^{n} np_i$ 的极大值. 为了简化 p_i 的表达形式, 构造拉格朗日算子如下

$$\begin{aligned}
G = &\sum_{i=1}^{n} \log(np_i) - n\lambda_1^{\mathrm{T}}\sum_{i=1}^{n} p_i \frac{y_i - \mu_i}{\phi_i V(\mu_i)}\frac{\partial \mu_i}{\partial \beta} \\
&- n\lambda_2^{\mathrm{T}}\sum_{i=1}^{n} p_i \frac{d_i - \phi_i}{\phi_i^2}\frac{\partial \phi_i}{\partial \gamma} + \lambda_3\left(\sum_{i=1}^{n} p_i - 1\right),
\end{aligned} \tag{5.1.9}$$

其中 λ_1, λ_2 分别为 p 维和 q 维的列向量.

$$0 = \frac{\partial G}{\partial p_i} = \frac{1}{p_i} - n\lambda_1^{\mathrm{T}} \frac{y_i - \mu_i}{\phi_i V(\mu_i)} \frac{\partial \mu_i}{\partial \beta} - n\lambda_2^{\mathrm{T}} \frac{d_i - \phi_i}{\phi_i^2} \frac{\partial \phi_i}{\partial \gamma} + \lambda_3, \tag{5.1.10}$$

$$0 = \frac{\partial G}{\partial \lambda_1} = \sum_{i=1}^{n} p_i \frac{y_i - \mu_i}{\phi_i V(\mu_i)} \frac{\partial \mu_i}{\partial \beta}, \tag{5.1.11}$$

$$0 = \frac{\partial G}{\partial \lambda_2} = \sum_{i=1}^{n} p_i \frac{d_i - \phi_i}{\phi_i^2} \frac{\partial \phi_i}{\partial \gamma}, \tag{5.1.12}$$

$$0 = \frac{\partial G}{\partial \lambda_3} = \sum_{i=1}^{n} p_i - 1, \tag{5.1.13}$$

(5.1.10) 式两边同乘 p_i 并求和, 得 $\lambda_3 = -n$, 再代回 (5.1.10) 式中得

$$p_i = \frac{1}{n} \frac{1}{1 + \lambda_1^{\mathrm{T}} \dfrac{y_i - \mu_i}{\phi_i V(\mu_i)} \dfrac{\partial \mu_i}{\partial \beta} + \lambda_2^{\mathrm{T}} \dfrac{d_i - \phi_i}{\phi_i^2} \dfrac{\partial \phi_i}{\partial \gamma}}, \tag{5.1.14}$$

将 (5.1.14) 式代入 (5.1.11), (5.1.12) 式中可得

$$\sum_{i=1}^{n} \frac{1}{n} \frac{\dfrac{y_i - \mu_i}{\phi_i V(\mu_i)} \dfrac{\partial \mu_i}{\partial \beta}}{1 + \lambda_1^{\mathrm{T}} \dfrac{y_i - \mu_i}{\phi_i V(\mu_i)} \dfrac{\partial \mu_i}{\partial \beta} + \lambda_2^{\mathrm{T}} \dfrac{d_i - \phi_i}{\phi_i^2} \dfrac{\partial \phi_i}{\partial \gamma}} = 0, \tag{5.1.15}$$

$$\sum_{i=1}^{n} \frac{1}{n} \frac{\dfrac{d_i - \phi_i}{\phi_i^2} \dfrac{\partial \phi_i}{\partial \gamma}}{1 + \lambda_1^{\mathrm{T}} \dfrac{y_i - \mu_i}{\phi_i V(\mu_i)} \dfrac{\partial \mu_i}{\partial \beta} + \lambda_2^{\mathrm{T}} \dfrac{d_i - \phi_i}{\phi_i^2} \dfrac{\partial \phi_i}{\partial \gamma}} = 0. \tag{5.1.16}$$

联立 (5.1.15), (5.1.16) 两式, 解得 $\lambda_1 = \lambda_1(\beta, \gamma), \lambda_2 = \lambda_2(\beta, \gamma)$. 代入 (5.1.14) 式可得

$$p_i = \frac{1}{n} \frac{1}{1 + \lambda_1^{\mathrm{T}} \dfrac{y_i - \mu_i}{\phi_i V(\mu_i)} \dfrac{\partial \mu_i}{\partial \beta} + \lambda_2^{\mathrm{T}} \dfrac{d_i - \phi_i}{\phi_i^2} \dfrac{\partial \phi_i}{\partial \gamma}}. \tag{5.1.17}$$

构造置信域时, 为了表示方便, 对 β, γ 各分量重新排序, 令

$$B = (\beta_{(1)}, \beta_{(2)}, \cdots, \beta_{(p_1)}, \cdots, \beta_{(p)})^{\mathrm{T}}, \quad \Gamma = (\gamma_{(1)}, \gamma_{(2)}, \cdots, \gamma_{(q_1)}, \cdots, \gamma_{(q)})^{\mathrm{T}}, \tag{5.1.18}$$

$B_1 = (\beta_{(1)}, \beta_{(2)}, \cdots, \beta_{(p_1)})^{\mathrm{T}}$ 与 $\Gamma_1 = (\gamma_{(1)}, \gamma_{(2)}, \cdots, \gamma_{(q_1)})^{\mathrm{T}}$ 表示待构造置信域的参数. 当 $p_1 = 1$ 时, 即单个参数的情形; 当 $p_1 = p$ 时, 就是对 β 所有分量构造置信域, Γ 与 B 类似. 截面经验似然比函数表示为

$$\Re(B_1, \Gamma_1) = \frac{1}{1 + \lambda_1^{\mathrm{T}} \dfrac{y_i - \mu_i}{\phi_i V(\mu_i)} f(\mu_i, B) + \lambda_2^{\mathrm{T}} \dfrac{d_i - \phi_i}{\phi_i^2} f(\phi_i, \Gamma)}, \tag{5.1.19}$$

其中

$$\begin{aligned}
f(\mu_i, B) &= \left. \frac{\partial \mu_i}{\partial B} \right|_{B = (\beta_{(1)}, \beta_{(2)}, \cdots, \beta_{(p_1)}, \hat{\beta}_{(p_1+1)}, \cdots, \hat{\beta}_{(p)})^{\mathrm{T}}} \quad f(\mu_i, \Gamma) \\
&= \left. \frac{\partial \mu_i}{\partial \Gamma} \right|_{\Gamma = (\gamma_{(1)}, \gamma_{(2)}, \cdots, \gamma_{(q_1)}, \hat{\gamma}_{(q_1+1)}, \cdots, \hat{\gamma}_{(q)})^{\mathrm{T}}},
\end{aligned}$$

其置信域表示为

$$\left\{ (B_1, \Gamma_1) : -2 \log \Re(B_1, \Gamma_1) \leqslant \chi^2_{p_1 + q_1, \alpha} \right\}. \tag{5.1.20}$$

5.1.3　缺失数据下的经验似然推断

当响应变量存在缺失时, 若仍使用完全数据下的经验似然方法会导致置信域的覆盖精度降低. 为解决这一问题, 通常我们会将预测的响应变量填补缺失的部分, 然后使用填补后的数据集

$$\tilde{Y}_i = \delta_i Y_i + (1 - \delta_i) g^{-1}(X_i^{\mathrm{T}} \beta), \tag{5.1.21}$$

构造出 β, γ 的截面经验似然比函数 $\tilde{\Re}(\beta, \gamma)$, 然而由 $\tilde{\Re}(\beta, \gamma)$ 所得置信域的精度较低, Jeffrey(2007) 提出用 $\dfrac{\delta_i}{\hat{p}(X_i)}$ 代替 δ_i, 即

$$\hat{Y}_i = \frac{\delta_i}{\hat{p}(X_i)} Y_i + \left(1 - \frac{\delta_i}{\hat{p}(X_i)} \right) g^{-1}(X_i^{\mathrm{T}} \beta), \tag{5.1.22}$$

因此, 截面经验似然比函数为

$$\begin{aligned}
\Re(\beta, \gamma) = \sup \Bigg\{ & \prod_{i=1}^{n} n p_i \,\Bigg|\, \sum_{i=1}^{n} p_i \frac{\hat{y}_i - \mu_i}{\phi_i V(\mu_i)} \frac{\partial \mu_i}{\partial \beta} = 0, \\
& \sum_{i=1}^{n} p_i \frac{\hat{d}_i - \phi_i}{\phi_i^2} \frac{\partial \phi_i}{\partial \gamma} = 0, \sum_{i=1}^{n} p_i = 1, p_i \geqslant 0 \Bigg\}, \tag{5.1.23}
\end{aligned}$$

将 (5.1.15) 式中所涉及 y_i 的值替换为 $\tilde{y}_i, \hat{y}_i$ 可分别构造出未加权、逆概率加权两种情形下的置信域.

5.1.4 模拟研究

为了说明 5.1.2 节和 5.1.3 节所提出的方法, 简单起见, 在模拟过程中, 设相互独立的响应变量 y_i 的分布如下

$$
\begin{cases}
y_i|m_i \sim \mathrm{Poisson}(m_i), \\
m_i \sim \mathrm{Gamma}(v_i, \alpha_i), \\
E(y_i) = v_i\alpha_i = \mu_i, \\
\mathrm{Var}(y_i) = v_i\alpha_i + v_i\alpha_i^2 = \mu_i\phi_i, \\
\log(\mu_i) = X_i^{\mathrm{T}}\beta, \\
\log(\phi_i) = Z_i^{\mathrm{T}}\gamma, \\
i = 1, 2, \cdots, n.
\end{cases}
\tag{5.1.24}
$$

其中设定 $X_i = (X_{1i}, X_{2i})^{\mathrm{T}}, X_{1i}, X_{2i} \sim U(0,1), Z_i = (Z_{1i}, Z_{2i})^{\mathrm{T}}, Z_{1i}, Z_{2i} \sim U(0,1),$ $\beta = (2,1)^{\mathrm{T}}, \gamma = (0.5, 1)^{\mathrm{T}}.$

选择概率由下式确定

$$
P_1(\delta = 1|X) = \frac{\exp(2.2 + 0.6X_1 - 1.6X_2)}{1 + \exp(2.2 + 0.6X_1 - 1.6X_2)},
\tag{5.1.25}
$$

$$
P_2(\delta = 1|X) = \frac{\exp(1.2 + 0.3X_1 - 1.2X_2)}{1 + \exp(1.2 + 0.3X_1 - 1.2X_2)},
\tag{5.1.26}
$$

平均缺失率为 $p_1 = 0.1658, p_2 = 0.2945.$ 经交叉核实法选取最优窗宽, 核函数记为 $K(x_1, x_2) = K_0(x_1)K_0(x_2),$ 其中 $K_0(x) = \dfrac{15}{16}(1 - x^2)^2.$

若使用正态逼近对 (5.1.20) 式构造单个参数 $\theta(\beta, \gamma)$ 的置信区间, 当 n 足够大时, 有

$$
\sqrt{n}(\hat{\theta} - \theta) \xrightarrow{\mathcal{L}} N(0, \Sigma),
\tag{5.1.27}
$$

其中 "$\xrightarrow{\mathcal{L}}$" 是依分布收敛.

这里我们需要用到 Σ 的估计值, 表示为

$$
\hat{\Sigma} = \hat{A}^{-1}\hat{B}\hat{A}^{-1},
\tag{5.1.28}
$$

其中 $\hat{A} = \dfrac{1}{n}\sum\limits_{i=1}^{n} \exp\left\{X_i^{\mathrm{T}}\hat{\beta}\right\} x_{ij} X_i X_i^{\mathrm{T}}, \hat{B} = \dfrac{1}{n}\sum\limits_{i=1}^{n} \exp\left\{Z_i^{\mathrm{T}}\hat{\gamma}\right\} \exp\left\{X_i^{\mathrm{T}}\hat{\beta}\right\} X_i X_i^{\mathrm{T}}, \hat{A}, \hat{B}$ 均为正定矩阵, j 为 θ 对应待估参数的下标.

下面分别用经验似然 (empirical likelihood, EL) 和正态逼近 (normal approximation, NA), 在完全数据集 (CEL)、逆概率加权填补 (IWCL) 所得的数据集和未加

权填补 (UWCL) 所得的数据集三种情形下, 对均值参数 β_1 和散度参数 γ_2 构造置信区间, 模拟 300 次, 结果分别如表 5.1.1—表 5.1.3 所示.

表 5.1.1　完全数据下, 不同样本量下 95% 置信区间的平均长度和平均覆盖率

| n | β_1 的置信区间 | | | | γ_2 的置信区间 | | | |
| | 平均长度 | | 平均覆盖率 | | 平均长度 | | 平均覆盖率 | |
	EL	NA	EL	NA	EL	NA	EL	NA
50	0.5516	0.5217	0.9185	0.9022	1.3592	1.2971	0.8823	0.8542
100	0.4089	0.3901	0.9341	0.9246	0.9872	0.9507	0.9047	0.8897
150	0.2932	0.2837	0.9462	0.9417	0.8031	0.7855	0.9308	0.9213

表 5.1.2　逆概率加权填补的数据集下, 不同样本量下 95% 置信区间的平均长度和平均覆盖率

| p | n | β_1 的置信区间 | | | | γ_2 的置信区间 | | | |
| | | 平均长度 | | 平均覆盖率 | | 平均长度 | | 平均覆盖率 | |
		EL	NA	EL	NA	EL	NA	EL	NA
0.1658	50	0.5720	0.5577	0.8953	0.8842	1.3930	1.3633	0.8729	0.8431
	100	0.4184	0.4056	0.9323	0.9239	1.0167	0.9920	0.9039	0.8830
	150	0.3028	0.2897	0.9449	0.9416	0.8452	0.8321	0.9302	0.9212
0.2945	50	0.6115	0.5980	0.8820	0.8687	1.4415	1.4181	0.8771	0.8417
	100	0.4382	0.4230	0.9337	0.9268	1.0594	1.0565	0.9002	0.8810
	150	0.3105	0.2980	0.9460	0.9410	0.8684	0.8520	0.9310	0.9208

表 5.1.3　未加权填补的数据集下, 不同样本量下 95% 置信区间的平均长度和平均覆盖率

| p | n | β_1 的置信区间 | | | | γ_2 的置信区间 | | | |
| | | 平均长度 | | 平均覆盖率 | | 平均长度 | | 平均覆盖率 | |
		EL	NA	EL	NA	EL	NA	EL	NA
0.1658	50	0.5740	0.5592	0.8923	0.8859	1.3932	1.3703	0.8698	0.8407
	100	0.4178	0.4092	0.9297	0.9226	1.0162	0.9930	0.9014	0.8797
	150	0.2997	0.2875	0.9416	0.9381	0.8433	0.8243	0.9274	0.9203
0.2945	50	0.6104	0.5972	0.8799	0.8684	1.4394	1.4088	0.8748	0.8360
	100	0.4356	0.4205	0.9320	0.9234	1.0583	1.0491	0.8976	0.8781
	150	0.3091	0.2969	0.9435	0.9381	0.8676	0.8419	0.9274	0.9195

由表 5.1.1 至表 5.1.3 的模拟结果可以看出:

(1) 随着样本量的增大, 三种情形下 EL 与 NA 的均值参数 β_1 与散度参数 γ_2 的置信区间平均长度明显变小, 平均覆盖率逐渐增加并趋近于 95%. 与 NA 相比较, EL 的平均覆盖率较为接近 95%, 但平均长度稍长.

(2) 除少数个例外, 各种方法的平均长度: IWEL>UWEL>CEL; 平均覆盖率: CEL>IWEL >UWEL. 逆概率加权填补的数据集所构造的置信域要优于未加权的情形.

(3) 三种情形下, 散度参数的模拟结果不如均值参数的结果理想, 散度参数的置信区间比均值参数的平均覆盖率小, 平均长度长.

5.1.5　实例分析

根据美国综合社会调查于 1982 年提供的截面数据, 数据内容是非裔美国人关于堕胎政策的态度. 我们将健康因素 (health) 作为响应变量, 种族 (ethnicity)、性别 (gender)、宗教 (religion)、ERA 支持度 (ERA support) 作为协变量. 各变量介绍如下:

健康因素 (Y): 您认为, 如果一个孕妇健康状况已经差到足以影响胎儿的健康时, 是否应该接受合法堕胎, 接受记为 1, 不接受记为 0. 其中 1 为 1061 个, 0 为 104 个.

种族因素 (X_1): 非裔美国人记为 0, 其他美国人记为 1. 其中 1 为 862 个, 0 为 303 个.

性别因素 (X_2): 男性记为 1, 女性记为 0. 其中 1 为 467 个, 0 为 698 个.

宗教因素 (X_3): 其他宗教或者无神论者记为 1, 天主教记为 0. 其中 1 为 878 个, 0 为 287 个.

ERA 支持度 (X_4): 平等权利修正案（Equal Rights Amendment）的支持程度, 从不支持到非常支持依次记为 0, 0.33, 0.67, 1. 其中 1 为 317 个, 0.67 为 545 个, 0.33 为 203 个, 0 为 100 个.

令 Y 服从 Logistic 模型, 模型表示如下

$$\begin{cases} y_i \sim \mathrm{LG}(\mu_i, \sigma_i^2), \\ \mu_i = \beta_1 x_{i1} + \beta_2 x_{i2} + \beta_3 x_{i3} + \beta_4 x_{i4}, \\ \log(\sigma_i^2) = \gamma_1 x_{i1} + \gamma_2 x_{i2} + \gamma_3 x_{i3} + \gamma_4 x_{i4}, \\ i = 1, 2, \cdots, 1165. \end{cases}$$

考虑数据缺失时, 选择概率由下式确定

$$P(\delta = 1|X) = \frac{\exp(2.2 + 0.6X_1 - 1.6X_2)}{1 + \exp(2.2 + 0.6X_1 - 1.6X_2)},$$

其中 $X_1, X_2 \sim U(0,1)$. 平均缺失率为 0.1658. 表 5.1.4 为完全数据下, 响应变量缺失时, 对逆概率加权后的数据进行参数估计, 以及对逆概率加权后的数据的正态逼近方法和经验似然方法的区间估计. 除完全数据的参数估计以外, 数据为模拟响应变量随机缺失 10 次后所得的结果.

由表 5.1.4 的结果可以看出:

(1) 影响均值的因素中, 系数的绝对值最大, 表现为越支持平等权利修正案, 越反对因健康因素而堕胎; 影响散度的因素中, 系数的绝对值最大, 表现为非裔美国人比例越小, 响应变量的波动就越小. 无论是均值模型中还是散度模型中, 都是性别因素影响程度最小.

(2) 除少数个例外, 经验似然方法的平均长度要略长于正态逼近方法; 而前者的平均覆盖率要大于后者. 但是样本量较大时, 这一差异已经并不明显.

表 5.1.4　实例计算结果

参数	完全数据	缺失数据	加权填补	正态逼近		经验似然	
				平均长度	平均覆盖率	平均长度	平均覆盖率
β_1	0.5657	0.5625	0.5815	0.1097	0.9509	0.1129	0.9516
β_2	0.3312	0.2609	0.2746	0.0555	0.9484	0.0541	0.9504
β_3	0.5761	0.2738	0.537	0.1012	0.9439	0.1045	0.9544
β_4	-1.2153	-1.1016	-1.2718	0.2764	0.9473	0.2851	0.9548
γ_1	1.9188	1.9415	1.9452	0.9151	0.9462	0.9263	0.9478
γ_2	0.7640	0.6768	0.7138	0.2556	0.9439	0.2652	0.9545
γ_3	1.4542	1.4139	1.4153	0.6779	0.9506	0.7015	0.9505
γ_4	1.5729	1.5273	1.5702	0.5095	0.9507	0.5079	0.9459

(3) 散度参数的模拟结果不如均值参数的结果理想, 散度参数的置信区间比均值参数的平均覆盖率小, 平均长度长.

5.1.6　小结

本节研究了响应变量随机缺失时, 双重广义线性模型中的经验似然置信域问题. 对缺失数据的处理, 本节主要采用了逆概率加权这一填补方法, 通过与未加权的填补方法和正态逼近的推断方法相对比, 表明在双重广义线性模型中, 逆概率加权方法和经验似然方法是有效和可行的.

5.2 缺失数据下双重广义线性模型的参数估计

5.2.1 引言

在经济领域和工业产品质量改进试验中, 对均值和散度同时建模十分必要; 在数据采集过程中, 时常会遇到数据缺失问题. 基于上述两点, 本节研究缺失数据下的双重广义线性模型 (5.1.1) 的参数估计, 采用最近距离插补和反距离加权插补对缺失数据进行处理, 并应用最大扩展拟似然估计和最大伪似然估计两种估计方法对未知参数进行估计. 随机模拟和实例结果表明, 该模型和所应用的方法是有用和有效的.

本节的结构安排如下: 5.2.2 节介绍了针对一般的双重广义线性模型的参数估计方法: 最大扩展拟似然估计和最大伪似然估计; 5.2.3 节提出了适合对缺失数据下的双重广义线性模型插补缺失数据的方法; 5.2.4 节对上述理论进行了模拟研究; 5.2.5 节进行了实例分析, 模拟结果和实例研究表明, 本节所提出的方法是有效可行的; 5.2.6 节是小结.

5.2.2 最大扩展拟似然估计与最大伪似然估计

对于完全数据下的双重广义线性模型, 本节中采用扩展拟似然估计和伪似然估计两种估计方法对该模型中的未知参数进行估计.

1. 最大扩展拟似然估计

扩展拟似然函数 (EQL)(Nelder and Lee, 1991) 为 Q^+:

$$Q^+(\mu, \phi|y) = -\frac{1}{2}\sum_{i=1}^{n}\frac{d_i(y_i; \mu_i)}{\phi_i} - \frac{1}{2}\sum_{i=1}^{n}\log\left\{2\pi\phi_i V(y_i)\right\}, \tag{5.2.1}$$

其中 d_i 是均值模型的偏差部分, 定义为

$$d_i(y_i; \mu_i) = 2\int_{\mu_i}^{y_i}\frac{y_i - t}{V(t)}\,\mathrm{d}t. \tag{5.2.2}$$

记 $\rho_k(t) = \dfrac{\mathrm{d}^k}{\mathrm{d}t^k}g^{-1}(t)$, $q_k(t) = \dfrac{\mathrm{d}^k}{\mathrm{d}t^k}h^{-1}(t)$, $k = 1, 2$.

将双重广义线性模型 (5.1.1) 代入 (5.2.1), 为极大化 Q^+, 对 β, γ 分别求导

$$\frac{\partial Q^+}{\partial \beta} = \sum_{i=1}^{n}\frac{y_i - \mu_i}{\phi_i V(\mu_i)}\rho_1(x_i^{\mathrm{T}}\beta)x_i, \tag{5.2.3}$$

$$\frac{\partial Q^+}{\partial \gamma} = -\frac{1}{2} \sum_{i=1}^{n} \frac{d_i - \phi_i}{\phi_i^2} q_1(z_i^{\mathrm{T}} \gamma) z_i, \tag{5.2.4}$$

$$\frac{\partial^2 Q^+}{\partial \beta \partial \beta^{\mathrm{T}}} = \sum_{i=1}^{n} \frac{1}{\phi_i} \left\{ -\frac{(y_i - \mu_i)(\rho_1(x_i^{\mathrm{T}} \beta))^2 V'(\mu_i)}{V^2(\mu_i)} \right.$$
$$\left. + \frac{(y_i - \mu_i)\rho_2(x_i^{\mathrm{T}} \beta) - (\rho_1(x_i^{\mathrm{T}} \beta))^2}{V(\mu_i)} \right\} x_i x_i^{\mathrm{T}}, \tag{5.2.5}$$

$$\frac{\partial^2 Q^+}{\partial \beta \partial \gamma^{\mathrm{T}}} = \frac{\partial^2 Q^+}{\partial \gamma \partial \beta^{\mathrm{T}}}$$
$$= -\sum_{i=1}^{n} \frac{(y_i - \mu_i)\rho_1(x_i^{\mathrm{T}} \beta)q_1(z_i^{\mathrm{T}} \gamma)}{\phi_i^2 V(\mu_I)} x_i z_i^{\mathrm{T}}, \tag{5.2.6}$$

$$\frac{\partial^2 Q^+}{\partial \gamma \partial \gamma^{\mathrm{T}}} = \frac{1}{2} \sum_{i=1}^{n} \left\{ \left(-2\frac{d_i}{\Phi_i^3} + \frac{1}{\Phi_i^2} \right) [q_1(z_i^{\mathrm{T}} \gamma)]^2 + \left(\frac{d_i}{\Phi_i^2} - \frac{1}{\Phi_i} \right) q_1(z_i^{\mathrm{T}} \gamma) \right\} z_i z_i^{\mathrm{T}}. \tag{5.2.7}$$

通过 Gauss-Newton 迭代方法得出最大扩展拟似然估计的数值解 $\hat{\beta}$, $\hat{\gamma}$.

2. 最大伪似然估计

伪似然函数 (PL)(Nelder and Lee, 1992; Engel and Huele, 1996) Q_p 为

$$Q_p(\mu, \phi | y) = \sum_{i=1}^{n} \frac{\chi_i^2}{\phi_i} + \sum_{i=1}^{n} \log \left\{ 2\pi \phi_i V(\mu_i) \right\}, \tag{5.2.8}$$

其中

$$\chi_i^2 = \frac{(y_i - \mu_i)^2}{V(\mu_i)}.$$

记 $\rho_k(t) = \dfrac{\mathrm{d}^k}{\mathrm{d}t^k} g^{-1}(t)$, $q_k(t) = \dfrac{\mathrm{d}^k}{\mathrm{d}t^k} h^{-1}(t)$, $k = 1, 2$.

将双重广义线性模型 (5.1.1) 代入 (5.2.8), 为极大化 Q_p, 分别对 β, γ 求导

$$\frac{\partial Q_p}{\partial \beta} = \sum_{i=1}^{n} \left[\frac{-2(y_i - \mu_i)V(\mu_i) - (y_i - \mu_i)^2 V'(\mu_i)}{V^2(\mu_i)h^{-1}} + \frac{V'(\mu_i)}{V(\mu_i)} \right] \rho_1(x_i^{\mathrm{T}} \beta)x_i, \tag{5.2.9}$$

$$\frac{\partial Q_p}{\partial \gamma} = \sum_{i=1}^{n} \left[\frac{-(y_i - \mu_i)^2}{V(\mu_i)\Phi_i^2} + \frac{1}{\Phi_i} \right] q_1(z_i^{\mathrm{T}} \gamma)z_i, \tag{5.2.10}$$

$$\frac{\partial^2 Q_p}{\partial\beta\partial\beta^{\mathrm{T}}} = \sum_{i=1}^{n}\left[\frac{A}{V^4(\mu_i)\Phi_i^2} + \frac{V''(\mu_i)V(\mu_i) - V'^2(\mu_i)}{V^2(\mu_i)}\right]\rho_1^2(x_i^{\mathrm{T}}\beta)x_i x_i^{\mathrm{T}}$$

$$+ \sum_{i=1}^{n}\left[\frac{-2(y_i - \mu_i)V(\mu_i) - (y_i - \mu_i)^2 V'(\mu_i)}{V^2(\mu_i)\Phi_i} + \frac{V'(\mu_i)}{V(\mu_i)}\right]\rho_2(x_i^{\mathrm{T}}\beta)x_i x_i^{\mathrm{T}},$$

$$\tag{5.2.11}$$

其中

$$A = \left[2V(\mu_i) - (y_i - \mu_i)^2 V''(\mu_i)\right]V(\mu_i)$$

$$+ \left[4(y_i - \mu_i)V(\mu_i) + 2(y_i - \mu_i)^2 V'(\mu_i)\right]V'(\mu_i)V(\mu_i)\Phi_i$$

$$\frac{\partial^2 Q_p}{\partial\beta\partial\gamma^{\mathrm{T}}} = \frac{\partial^2 Q_p}{\partial\beta\partial\gamma^{\mathrm{T}}} = \sum_{i=1}^{n}\left[\frac{2(y_i - \mu_i)V(\mu_i) + (y_i - \mu_i)^2 V'(\mu_i)}{V^2(\mu_i)\Phi_i^2}\right]$$

$$\cdot \rho_1(x_i^{\mathrm{T}}\beta)q_1(z_i^{\mathrm{T}}\gamma)x_i z_i^{\mathrm{T}}, \tag{5.2.12}$$

$$\frac{\partial^2 Q_p}{\partial\gamma\partial\gamma^{\mathrm{T}}} = \sum_{i=1}^{n}\left\{\left[\frac{2(y_i - \mu_i)^2}{V(\mu_i)\Phi_i^3} - \frac{1}{\Phi_i}\right]q_1^2(z_i^{\mathrm{T}}\gamma)\right.$$

$$\left. + \left[\frac{-(y_i - \mu_i)^2}{V(\mu_i)\Phi_i^2} + \frac{1}{\Phi_i}\right]q_2(z_i^{\mathrm{T}}\gamma)\right\}z_i z_i^{\mathrm{T}}. \tag{5.2.13}$$

通过 Gauss-Newton 迭代方法得出最大伪似然估计的数值解 $\hat{\beta}$, $\hat{\gamma}$.

5.2.3 缺失数据的最近距离插补和反距离加权插补

记缺失率为 p, 样本为 $y_i, x_i, z_i, i = 1, 2, \cdots, n$. 为了描述方便, 在对样本中的 y_i 进行随机缺失后, 将数据重新分为观测数据和缺失数据两组. 记观测数据为 $y_{j\mathrm{obs}}, x_{j\mathrm{obs}}, z_{j\mathrm{obs}}, j = 1, 2, \cdots, (1-p)\times n$. 缺失数据为 $y_{m\mathrm{mis}}, x_{m\mathrm{mis}}, z_{m\mathrm{mis}}, m = 1, 2, \cdots, p\times n$. 对于样本中的缺失数据 $y_{m\mathrm{mis}}, m = 1, 2, \cdots, p\times n$, 本节主要采用最近距离插补和反距离加权插补两种插补方法, 将不完全数据插补为 "完全数据", 再按照完全数据的参数估计方法对未知参数进行估计.

1. 最近距离插补

最近距离插补 (金勇进和邵军, 2009) 是根据研究对象在辅助变量上的接近程度来选择赋值单元, 利用辅助变量, 定义一个测量单元间距离的函数, 在无回答单元临近的单元中, 选择满足所设定的距离条件的单元所对应的变量作为插补值. 针对本节的双重广义线性模型 (5.1.1), 具体插补步骤如下:

步骤 1 取缺失数据 $y_{m\text{mis}}, m = 1, 2, \cdots, p \times n$ 的第 m 组, 分别与观测数据的第 $j(j = 1, 2, \cdots, (1 - p) \times n)$ 组对辅助变量 x, z 进行距离计算, 得到 $(1 - p) \times n$ 组距离;

步骤 2 在这些距离中寻找最小距离, 并找到与之对应的数据;

步骤 3 用找到的数据中的 $y_{j\text{obs}}$ 作为缺失数据中第 m 组 $y_{m\text{mis}}$ 的插补值;

步骤 4 重复以上三步 $p \times n$ 次, 插补完所有数据.

2. 反距离加权插补

反距离加权插补也称为距离倒数乘方法, 它是基于相近相似的原理, 即两个物体离得越近, 它们的性质相似性越大, 相反, 离得越远, 相似性越小. 它是以缺失值与样本点间的距离为权重进行加权平均, 离缺失值距离越近的样本点赋予的权重越大, 相反, 离缺失值距离越远的样本点赋予的权重越小. 本节反距离加权插补的步骤为:

步骤 1 取缺失数据 $y_{m\text{mis}}, x_{m\text{mis}}, z_{m\text{mis}}, m = 1, 2, \cdots, p \times n$ 的第 m 组, 分别与观测数据的第 $j(j = 1, 2, \cdots, (1 - p) \times n)$ 组对辅助变量 x, z 进行距离计算, 得到 $(1 - p) \times n$ 组距离;

步骤 2 将这 $(1 - p) \times n$ 组距离取倒数并换算成它们各自在这些倒数中所占的百分数;

步骤 3 将这些百分数和与其对应的观测数据中的 $y_{j\text{obs}}$ 作积, 再求和;

步骤 4 将此和作为第 m 组的插补值;

步骤 5 重复以上四步 $p \times n$ 次, 完成插补.

3. 距离介绍

在最近距离插补与反距离加权插补两种插补方法中, 均应用了以下四种距离.

1) 曼哈顿距离与欧氏距离

一般地, 向量 x_i 和 x_j 的距离为

$$d(x_i, x_j) = (|x_{i1} - x_{j1}|^s + |x_{i2} - x_{j2}|^s + \cdots + |x_{ip} - x_{jp}|^s)^{1/s}, \qquad (5.2.14)$$

当 $s = 1$ 时, 此距离为曼哈顿距离. 当 $s = 2$ 时, 此距离为欧氏距离.

针对双重广义线性模型 (5.1.1), 考虑到辅助变量 x 和 z 都会影响响应变量 y 的取值, 因此在计算任意两组数据距离时, 将 x 和 z 组合为一个向量, 即

$$d(i, m) = (|(x^{\text{T}}, z^{\text{T}})_{i1} - (x^{\text{T}}, z^{\text{T}})_{m1}|^s + \cdots + |(x^{\text{T}}, z^{\text{T}})_{i(p+q)} - (x^{\text{T}}, z^{\text{T}})_{m(p+q)}|^s)^{1/s},$$

$$(5.2.15)$$

当 $s = 1$ 时, 定义此距离为本节中采用的曼哈顿距离. 当 $s = 2$ 时, 定义此距离为本节中采用的欧氏距离.

2) 马氏距离

一般地, 向量 x_i 和 x_j 的马氏距离为

$$d(i,j) = [(x_i - x_j)^\mathrm{T} S^{-1} (x_i - x_j)]^{1/2}. \tag{5.2.16}$$

本节中, 马氏距离定义为

$$d(i,m) = \left[((x^\mathrm{T}, z^\mathrm{T})_i - (x^\mathrm{T}, z^\mathrm{T})_m) S^{-1} ((x^\mathrm{T}, z^\mathrm{T})_i - (x^\mathrm{T}, z^\mathrm{T})_m)^\mathrm{T} \right]^{1/2}, \tag{5.2.17}$$

其中 S 为缺失数据 y_{mmis} 所对应的辅助变量 x 和 z 的协方差矩阵.

3) 指标差异放大化

针对双重广义线性模型 (5.1.1), 因变量 y 的取值很大程度上是由辅助变量 x 和 z 共同决定的, 所以 $(x^\mathrm{T}, z^\mathrm{T})_i (i = 1, 2, \cdots, n)$ 中某一指标的大幅度变化, 都会影响到 y 的大幅度变化. 而曼哈顿距离和欧氏距离受到 $(x^\mathrm{T}, z^\mathrm{T})_i (i = 1, 2, \cdots, n)$ 中变化幅度较小指标的影响, 将某一指标的大幅度变化 "分摊" 了. 而指标差异放大化 "夸大" 了 $(x^\mathrm{T}, z^\mathrm{T})_i (i = 1, 2, \cdots, n)$ 中差异较大指标的差异, 从而排除将此组数据中 y 值作为插补值的可能性.

本节中, 指标差异放大化定义如下

$$d(i,m) = (|(x^\mathrm{T}, z^\mathrm{T})_{i1} - (x^\mathrm{T}, z^\mathrm{T})_{m1}|^s + \cdots + |(x^\mathrm{T}, z^\mathrm{T})_{i(p+q)} - (x^\mathrm{T}, z^\mathrm{T})_{m(p+q)}|^s)^{1/s}, \tag{5.2.18}$$

其中 $s \geqslant 3$ 且取整数.

5.2.4 模拟研究

本节以 Poisson-Gamma 模型为背景, 通过 Monte Carlo 模拟, 对双重广义线性模型 (5.1.1) 未知参数进行扩展拟似然估计和伪似然估计. Poisson-Gamma 模型的结构如下:

$$\begin{cases} y_i | m_i \sim \mathrm{Poisson}(m_i), \\ m_i \sim \mathrm{Gamma}(v_i, \alpha_i), \\ E(y_i) = v_i \alpha_i = \mu_i, \\ \mathrm{Var}(y_i) = v_i \alpha_i + v_i \alpha_i^2 = \mu_i (1 + \alpha_i) = \mu_i \phi_i, \\ \log(\mu_i) = x_i^\mathrm{T} \beta, \\ \log(\phi_i) = z_i^\mathrm{T} \gamma, \\ i = 1, 2, \cdots, n. \end{cases} \tag{5.2.19}$$

其中 x_i 和 z_i 均为 3×1 的向量, 其元素都服从均匀分布 $U(0,1)$, x_i 和 z_i 相互独立; $\beta_0 = (0.7, 0.9, 1.1)^\mathrm{T}$, $\gamma_0 = (0.3, 0.6, 0.4)^\mathrm{T}$, 分别对 $n = 100, 200, 300$, 缺失率 $p = 10\%, 30\%, 50\%$, 应用不同插补方法进行的模拟, 重复 1000 次, 见表 5.2.1 至表 5.2.6.

利用均方误差来评价 $\hat{\beta}$ 和 $\hat{\gamma}$ 的估计精度, 定义为

$$\mathrm{MSE}(\hat{\beta}) = E(\hat{\beta} - \beta_0)^{\mathrm{T}}(\hat{\beta} - \beta_0),$$
$$\mathrm{MSE}(\hat{\gamma}) = E(\hat{\gamma} - \gamma_0)^{\mathrm{T}}(\hat{\gamma} - \gamma_0). \tag{5.2.20}$$

表 5.2.1　样本量 $n = 100$ 时, 不同缺失率和不同插补方法下参数的伪似然估计

缺失率 p	插补方法	$\hat{\beta}^{\mathrm{T}}$	$\mathrm{MSE}(\hat{\beta})$	$\hat{\gamma}^{\mathrm{T}}$	$\mathrm{MSE}(\hat{\gamma})$
	完全数据	(0.6244, 0.8131, 0.9633)	0.1729	(0.3721, 0.6592, 0.4766)	0.9156
$p = 10\%$	缺失数据	(0.6235, 0.8118, 0.9655)	0.1925	(0.3740, 0.6524, 0.4729)	0.9952
	曼哈	(0.6282, 0.8147, 0.9612)	0.2034	(0.3790, 0.6579, 0.4759)	1.0186
最近距离	欧氏	(0.6299, 0.8128, 0.9603)	0.2007	(0.3841, 0.6529, 0.4734)	1.0262
	马氏	(0.6337, 0.8133, 0.9548)	0.1982	(0.3782, 0.6482, 0.4929)	1.0034
	放大	(0.6272, 0.8148, 0.9624)	0.1988	(0.3772, 0.6564, 0.4790)	1.0201
	曼哈	(0.6455, 0.8121, 0.9466)	0.1649	(0.3506, 0.6204, 0.4497)	0.9036
反距离加权	欧氏	(0.6459, 0.8120, 0.9467)	0.1648	(0.3516, 0.6205, 0.4506)	0.8985
	马氏	(0.6467, 0.8123, 0.9460)	0.1646	(0.3528, 0.6231, 0.4515)	0.8944
	放大	(0.6322, 0.8129, 0.9579)	0.1835	(0.3454, 0.6268, 0.4512)	0.9957
$p = 30\%$	缺失数据	(0.6251, 0.8019, 0.9629)	0.2426	(0.3589, 0.6257, 0.4666)	1.2845
	曼哈	(0.6449, 0.8076, 0.9495)	0.2468	(0.3977, 0.6365, 0.4669)	1.2414
最近距离	欧氏	(0.6445, 0.8021, 0.9527)	0.2506	(0.4114, 0.6198, 0.4643)	1.2690
	马氏	(0.6418, 0.8020, 0.9547)	0.2461	(0.4091, 0.6179, 0.4735)	1.2408
	放大	(0.6442, 0.7988, 0.9585)	0.2544	(0.4082, 0.6118, 0.4747)	1.2586
	曼哈	(0.6832, 0.8041, 0.9154)	0.1535	(0.2887, 0.5289, 0.3903)	0.9414
反距离加权	欧氏	(0.6838, 0.8045, 0.9154)	0.1528	(0.2912, 0.5301, 0.3919)	0.9381
	马氏	(0.6842, 0.8040, 0.9161)	0.1528	(0.2913, 0.5328, 0.3931)	0.9426
	放大	(0.6501, 0.8018, 0.9475)	0.2060	(0.3064, 0.5278, 0.3868)	1.2737
$p = 50\%$	缺失数据	(0.6131, 0.8009, 0.9605)	0.3387	(0.3063, 0.5941, 0.4739)	1.8278
	曼哈	(0.6535, 0.8156, 0.9265)	0.3207	(0.3961, 0.6140, 0.4827)	1.5285
最近距离	欧氏	(0.6465, 0.8130, 0.9322)	0.3265	(0.3962, 0.5987, 0.4834)	1.5690
	马氏	(0.6463, 0.8104, 0.9347)	0.3171	(0.3885, 0.5989, 0.4892)	1.5566
	放大	(0.6472, 0.8046, 0.9400)	0.3266	(0.3942, 0.6018, 0.4911)	1.5560
	曼哈	(0.7118, 0.8070, 0.8830)	0.1512	(0.2129, 0.4228, 0.3454)	0.9745
反距离加权	欧氏	(0.7134, 0.8070, 0.8828)	0.1502	(0.2179, 0.4243, 0.3489)	0.9598
	马氏	(0.7137, 0.8079, 0.8822)	0.1521	(0.2185, 0.4243, 0.3516)	0.9737
	放大	(0.6593, 0.8062, 0.9293)	0.2417	(0.2252, 0.4457, 0.3374)	1.6683

注: "曼哈" 表示曼哈顿距离, "放大" 表示指标差异放大化, 下同.

表 5.2.2 样本量 $n = 100$ 时, 不同缺失率和不同插补方法下参数的扩展拟似然估计

缺失率 p	插补方法	$\hat{\beta}^{\mathrm{T}}$	MSE$(\hat{\beta})$	$\hat{\gamma}^{\mathrm{T}}$	MSE$(\hat{\gamma})$
	完全数据	(0.6891, 0.9050, 1.0919)	0.1244	(0.2569, 0.5725, 0.3756)	0.5858
$p = 10\%$	缺失数据	(0.6892, 0.9038, 1.0941)	0.1381	(0.2539, 0.5744, 0.3716)	0.6554
	曼哈	(0.6930, 0.9005, 1.0857)	0.1493	(0.2637, 0.5803, 0.3759)	0.6676
最近距离	欧氏	(0.6941, 0.8987, 1.0867)	0.1482	(0.2666, 0.5750, 0.3748)	0.6753
	马氏	(0.6956, 0.8991, 1.0786)	0.1449	(0.2635, 0.5707, 0.3941)	0.6552
	放大	(0.6900, 0.9016, 1.0888)	0.1469	(0.2612, 0.5763, 0.3818)	0.6702
	曼哈	(0.7096, 0.9046, 1.0731)	0.1177	(0.2281, 0.5330, 0.3406)	0.6061
反距离加权	欧氏	(0.7097, 0.9043, 1.0730)	0.1175	(0.2291, 0.5334, 0.3413)	0.6030
	马氏	(0.7098, 0.9042, 1.0721)	0.1174	(0.2303, 0.5355, 0.3427)	0.6008
	放大	(0.7016, 0.9072, 1.0869)	0.1332	(0.2173, 0.5417, 0.3397)	0.6642
$p = 30\%$	缺失数据	(0.6901, 0.9013, 1.0901)	0.1799	(0.2338, 0.5650, 0.3583)	0.9034
	曼哈	(0.7016, 0.8869, 1.0699)	0.2003	(0.2855, 0.5719, 0.3697)	0.8578
最近距离	欧氏	(0.6970, 0.8888, 1.0714)	0.2049	(0.2880, 0.5654, 0.3636)	0.8838
	马氏	(0.6981, 0.8865, 1.0699)	0.2023	(0.2977, 0.5559, 0.3684)	0.8499
	放大	(0.6951, 0.8881, 1.0742)	0.2070	(0.2822, 0.5613, 0.3781)	0.8824
	曼哈	(0.7450, 0.9007, 1.0365)	0.1118	(0.1568, 0.4325, 0.2595)	0.7165
反距离加权	欧氏	(0.7455, 0.9006, 1.0357)	0.1111	(0.1599, 0.4336, 0.2612)	0.7129
	马氏	(0.7453, 0.9000, 1.0358)	0.1115	(0.1609, 0.4357, 0.2624)	0.7109
	放大	(0.7236, 0.9070, 1.0747)	0.1603	(0.1490, 0.4437, 0.2505)	0.9133
$p = 50\%$	缺失数据	(0.6865, 0.8969, 1.0849)	0.2741	(0.1807, 0.5498, 0.3534)	1.4742
	曼哈	(0.6997, 0.8817, 1.0412)	0.2852	(0.2961, 0.5534, 0.3902)	1.1216
最近距离	欧氏	(0.6944, 0.8844, 1.0435)	0.2875	(0.2950, 0.5439, 0.3793)	1.1541
	马氏	(0.6949, 0.8854, 1.0403)	0.2825	(0.2911, 0.5464, 0.3791)	1.1296
	放大	(0.6928, 0.8836, 1.0443)	0.2866	(0.2907, 0.5405, 0.3961)	1.1366
	曼哈	(0.7762, 0.9002, 0.9980)	0.1175	(0.0678, 0.3097, 0.1886)	0.8741
反距离加权	欧氏	(0.7771, 0.9000, 0.9965)	0.1169	(0.0731, 0.3115, 0.1920)	0.8632
	马氏	(0.7774, 0.8999, 0.9954)	0.1195	(0.0754, 0.3112, 0.1941)	0.8670
	放大	(0.7396, 0.9106, 1.0532)	0.2050	(0.0527, 0.3426, 0.1727)	1.3070

表 5.2.3　样本量 $n = 200$ 时, 不同缺失率和不同插补方法下参数的伪似然估计

缺失率 p 插补方法		$\hat{\beta}^{\mathrm{T}}$	MSE($\hat{\beta}$)	$\hat{\gamma}^{\mathrm{T}}$	MSE($\hat{\gamma}$)
	完全数据	(0.6247, 0.7958, 0.9731)	0.1031	(0.4162, 0.6762, 0.4828)	0.5147
$p = 10\%$	缺失数据	(0.6406, 0.7983, 0.9704)	0.1131	(0.4134, 0.6751, 0.4789)	0.5589
最近距离	曼哈	(0.6416, 0.8029, 0.9683)	0.1161	(0.4103, 0.6816, 0.4853)	0.5717
	欧氏	(0.6390, 0.8028, 0.9694)	0.1180	(0.4175, 0.6740, 0.4850)	0.5633
	马氏	(0.6424, 0.7984, 0.9694)	0.1179	(0.4216, 0.6747, 0.4822)	0.5736
	放大	(0.6417, 0.8019, 0.9680)	0.1172	(0.4213, 0.6758, 0.4809)	0.5807
反距离加权	曼哈	(0.6583, 0.8008, 0.9539)	0.1010	(0.3938, 0.6368, 0.4533)	0.4925
	欧氏	(0.6588, 0.8008, 0.9539)	0.1008	(0.3952, 0.6377, 0.4529)	0.4906
	马氏	(0.6590, 0.8011, 0.9537)	0.1008	(0.3960, 0.6372, 0.4550)	0.4890
	放大	(0.6434, 0.7999, 0.9671)	0.1105	(0.3881, 0.6438, 0.4549)	0.5594
$p = 30\%$	缺失数据	(0.6434, 0.7955, 0.9658)	0.1399	(0.4097, 0.6596, 0.4743)	0.6948
最近距离	曼哈	(0.6582, 0.8019, 0.9553)	0.1543	(0.4286, 0.6627, 0.4880)	0.7177
	欧氏	(0.6552, 0.7982, 0.9596)	0.1533	(0.4256, 0.6621, 0.4873)	0.7088
	马氏	(0.6546, 0.7984, 0.9593)	0.1522	(0.4319, 0.6562, 0.4874)	0.7039
	放大	(0.6584, 0.7983, 0.9567)	0.1538	(0.4271, 0.6619, 0.4894)	0.7198
反距离加权	曼哈	(0.6955, 0.8006, 0.9186)	0.1027	(0.3455, 0.5399, 0.3960)	0.4888
	欧氏	(0.6970, 0.8008, 0.9183)	0.1026	(0.3481, 0.5423, 0.3972)	0.4841
	马氏	(0.6974, 0.8006, 0.9186)	0.1028	(0.3690, 0.5422, 0.3987)	0.4865
	放大	(0.6600, 0.7991, 0.9513)	0.1292	(0.3355, 0.5617, 0.3943)	0.7087
$p = 50\%$	缺失数据	(0.6380, 0.7928, 0.9664)	0.1853	(0.3977, 0.6307, 0.4790)	0.9275
最近距离	曼哈	(0.6643, 0.7961, 0.9568)	0.1977	(0.4416, 0.6299, 0.5202)	0.9325
	欧氏	(0.6582, 0.7970, 0.9605)	0.1981	(0.4346, 0.6316, 0.5150)	0.9139
	马氏	(0.6591, 0.7940, 0.9608)	0.2030	(0.4320, 0.6364, 0.5133)	0.8991
	放大	(0.6604, 0.7976, 0.9563)	0.2011	(0.4339, 0.6470, 0.5058)	0.9113
反距离加权	曼哈	(0.7228, 0.8026, 0.8899)	0.1070	(0.2839, 0.4308, 0.3422)	0.5188
	欧氏	(0.7243, 0.8030, 0.8898)	0.1067	(0.2900, 0.4310, 0.3468)	0.5074
	马氏	(0.7240, 0.8034, 0.8899)	0.1076	(0.2905, 0.4333, 0.3451)	0.5147
	放大	(0.6680, 0.7968, 0.9436)	0.1560	(0.2696, 0.4691, 0.3497)	0.9753

表 5.2.4 样本量 $n = 200$ 时, 不同缺失率和不同插补方法下参数的扩展拟似然估计

缺失率 p	插补方法	$\hat{\beta}^{\mathrm{T}}$	MSE($\hat{\beta}$)	$\hat{\gamma}^{\mathrm{T}}$	MSE($\hat{\gamma}$)
	完全数据	(0.6940, 0.8945, 1.1020)	0.0615	(0.3044, 0.5761, 0.3822)	0.2537
$p = 10\%$	缺失数据	(0.6936, 0.8963, 1.0988)	0.0696	(0.3009, 0.5765, 0.3778)	0.2821
	曼哈	(0.6929, 0.8970, 1.0950)	0.0752	(0.3037, 0.5806, 0.3845)	0.2928
最近距离	欧氏	(0.6914, 0.8959, 1.0966)	0.0760	(0.3093, 0.5757, 0.3841)	0.2874
	马氏	(0.6924, 0.8921, 1.0960)	0.0753	(0.3125, 0.5745, 0.3843)	0.2912
	放大	(0.6926, 0.8951, 1.0949)	0.0753	(0.3107, 0.5771, 0.3826)	0.2956
	曼哈	(0.7117, 0.8972, 1.0808)	0.0603	(0.2756, 0.5337, 0.3453)	0.2686
反距离加权	欧氏	(0.7120, 0.8971, 1.0807)	0.0601	(0.2769, 0.5344, 0.3455)	0.2675
	马氏	(0.7119, 0.8972, 1.0803)	0.0603	(0.2780, 0.5342, 0.3468)	0.2666
	放大	(0.7017, 0.9000, 1.0973)	0.0691	(0.2664, 0.5374, 0.3443)	0.0956
$p = 30\%$	缺失数据	(0.6938, 0.8948, 1.0953)	0.0918	(0.2950, 0.5645, 0.3760)	0.3801
	曼哈	(0.7012, 0.8925, 1.0763)	0.1083	(0.3264, 0.5632, 0.3943)	0.3991
最近距离	欧氏	(0.6984, 0.8892, 1.0813)	0.1079	(0.3215, 0.5643, 0.3929)	0.3988
	马氏	(0.6997, 0.8886, 1.0789)	0.1063	(0.3246, 0.5631, 0.3918)	0.3948
	放大	(0.7022, 0.8865, 1.0783)	0.1608	(0.3194, 0.5683, 0.3946)	0.4043
	曼哈	(0.7484, 0.8957, 1.0414)	0.0624	(0.2076, 0.4270, 0.2795)	0.3375
反距离加权	欧氏	(0.7491, 0.8954, 1.0406)	0.0624	(0.2104, 0.4291, 0.2811)	0.3341
	马氏	(0.7494, 0.8950, 1.0404)	0.0629	(0.2112, 0.4296, 0.2825)	0.3343
	放大	(0.7261, 0.9031, 1.0836)	0.0862	(0.1900, 0.4376, 0.2674)	0.4442
$p = 50\%$	缺失数据	(0.6889, 0.8959, 1.0938)	0.1295	(0.2826, 0.5593, 0.3670)	0.5560
	曼哈	(0.6890, 0.8835, 1.0663)	0.1496	(0.3505, 0.5565, 0.4121)	0.5360
最近距离	欧氏	(0.6916, 0.8872, 1.0715)	0.1490	(0.3416, 0.5592, 0.4041)	0.5285
	马氏	(0.6942, 0.8827, 1.0708)	0.1532	(0.3419, 0.5622, 0.4033)	0.5154
	放大	(0.6946, 0.8844, 1.0663)	0.1510	(0.3380, 0.5713, 0.4034)	0.5371
	曼哈	(0.7816, 0.8945, 1.0058)	0.0679	(0.1292, 0.3128, 0.1959)	0.4599
反距离加权	欧氏	(0.7821, 0.8943, 1.0046)	0.0677	(0.1349, 0.3142, 0.2006)	0.4515
	马氏	(0.7818, 0.8944, 1.0042)	0.0689	(0.1352, 0.3158, 0.2001)	0.4528
	放大	(0.7408, 0.9075, 1.0757)	0.1116	(0.1037, 0.3400, 0.1825)	0.6832

表 5.2.5 样本量 $n = 300$ 时, 不同缺失率和不同插补方法下参数的伪似然估计

缺失率 p	插补方法	$\hat{\beta}^{\mathrm{T}}$	MSE($\hat{\beta}$)	$\hat{\gamma}^{\mathrm{T}}$	MSE($\hat{\gamma}$)
	完全数据	(0.6503, 0.7935, 0.9717)	0.0751	(0.4153, 0.7015, 0.4768)	0.3582
$p = 10\%$	缺失数据	(0.6505, 0.7944, 0.9699)	0.0810	(0.4189, 0.6941, 0.4742)	0.3980
	最近距离 曼哈	(0.6536, 0.7970, 0.9671)	0.0846	(0.4205, 0.6972, 0.4799)	0.4183
	欧氏	(0.6527, 0.7969, 0.9673)	0.0848	(0.4219, 0.6974, 0.4769)	0.4188
	马氏	(0.6523, 0.7986, 0.9661)	0.0841	(0.4227, 0.6967, 0.4784)	0.4219
	放大	(0.6524, 0.7983, 0.9657)	0.0836	(0.4274, 0.6896, 0.4801)	0.4192
	反距离加权 曼哈	(0.6675, 0.7971, 0.9537)	0.0751	(0.3982, 0.6550, 0.4481)	0.3518
	欧氏	(0.6681, 0.7973, 0.9536)	0.0750	(0.3989, 0.6557, 0.4487)	0.3502
	马氏	(0.6685, 0.7974, 0.9534)	0.0751	(0.3994, 0.6552, 0.4503)	0.3501
	放大	(0.6530, 0.7964, 0.9647)	0.0800	(0.3954, 0.6620, 0.4454)	0.3930
$p = 30\%$	缺失数据	(0.6447, 0.7989, 0.9681)	0.0952	(0.4129, 0.6861, 0.4697)	0.4999
	最近距离 曼哈	(0.6563, 0.8040, 0.9578)	0.1046	(0.4305, 0.6910, 0.4789)	0.5269
	欧氏	(0.6554, 0.8030, 0.9588)	0.1049	(0.4280, 0.6932, 0.4755)	0.5395
	马氏	(0.6555, 0.8024, 0.9597)	0.1054	(0.4295, 0.6915, 0.4788)	0.5393
	放大	(0.6552, 0.8036, 0.9596)	0.1040	(0.4353, 0.6849, 0.4826)	0.5358
	反距离加权 曼哈	(0.6948, 0.8056, 0.9210)	0.0764	(0.3505, 0.5614, 0.3888)	0.3496
	欧氏	(0.6963, 0.8061, 0.9209)	0.0761	(0.3523, 0.5626, 0.3924)	0.3451
	马氏	(0.6966, 0.8065, 0.9207)	0.0764	(0.3527, 0.5627, 0.3937)	0.3486
	放大	(0.6584, 0.7999, 0.9527)	0.0907	(0.3394, 0.5879, 0.3795)	0.5056
$p = 50\%$	缺失数据	(0.6393, 0.8006, 0.9675)	0.1198	(0.4045, 0.6732, 0.4638)	0.6948
	最近距离 曼哈	(0.6651, 0.8090, 0.9506)	0.1303	(0.4531, 0.6720, 0.4889)	0.7009
	欧氏	(0.6639, 0.8046, 0.9531)	0.1318	(0.4488, 0.6773, 0.4795)	0.7057
	马氏	(0.6662, 0.8063, 0.9506)	0.1350	(0.4501, 0.6752, 0.4844)	0.7049
	放大	(0.6662, 0.8073, 0.9504)	0.1318	(0.4550, 0.6681, 0.4938)	0.7038
	反距离加权 曼哈	(0.7206, 0.8104, 0.8908)	0.0834	(0.2899, 0.4605, 0.3219)	0.3830
	欧氏	(0.7226, 0.8112, 0.8909)	0.0830	(0.2936, 0.4621, 0.3281)	0.3756
	马氏	(0.7223, 0.8119, 0.8907)	0.0836	(0.2932, 0.4629, 0.3291)	0.3801
	放大	(0.6685, 0.8034, 0.9394)	0.1062	(0.2827, 0.5027, 0.3163)	0.7154

表 5.2.6 样本量 $n = 300$ 时, 不同缺失率和不同插补方法下参数的扩展拟似然估计

缺失率 p 插补方法		$\hat{\beta}^{\mathrm{T}}$	MSE($\hat{\beta}$)	$\hat{\gamma}^{\mathrm{T}}$	MSE($\hat{\gamma}$)
	完全数据	(0.7047, 0.8920, 1.0973)	0.0360	(0.3019, 0.5931, 0.3800)	0.1651
$p = 10\%$	缺失数据	(0.7052, 0.8933, 1.0955)	0.0401	(0.3048, 0.5884, 0.3775)	0.1863
最近距离	曼哈	(0.7049, 0.8934, 1.0910)	0.0437	(0.3105, 0.5906, 0.3852)	0.1961
	欧氏	(0.7042, 0.8936, 1.0913)	0.0440	(0.3113, 0.5905, 0.3824)	0.1973
	马氏	(0.7041, 0.8941, 1.0897)	0.0435	(0.3137, 0.5900, 0.3834)	0.1958
	放大	(0.7040, 0.8941, 0.0896)	0.0432	(0.3171, 0.5847, 0.3838)	0.1980
反距离加权	曼哈	(0.7226, 0.8938, 1.0781)	0.0360	(0.2791, 0.5456, 0.3442)	0.1795
	欧氏	(0.7229, 0.8939, 1.0778)	0.0360	(0.2799, 0.5463, 0.3449)	0.1788
	马氏	(0.7231, 0.8939, 1.0777)	0.0361	(0.2804, 0.5461, 0.3461)	0.1784
	放大	(0.7131, 0.8976, 1.0932)	0.0400	(0.2710, 0.5486, 0.3387)	0.1968
$p = 30\%$	缺失数据	(0.7000, 0.8969, 1.0949)	0.0526	(0.3008, 0.5838, 0.3691)	0.2483
最近距离	曼哈	(0.7028, 0.8941, 1.0789)	0.0617	(0.3230, 0.5916, 0.3855)	0.2673
	欧氏	(0.7028, 0.8936, 1.0790)	0.0627	(0.3188, 0.5951, 0.3810)	0.2729
	马氏	(0.7023, 0.8926, 1.0800)	0.0634	(0.3193, 0.5965, 0.3829)	0.2710
	放大	(0.7025, 0.8933, 1.0774)	0.0623	(0.3281, 0.5878, 0.3863)	0.2740
反距离加权	曼哈	(0.7520, 0.8990, 1.0409)	0.0386	(0.2190, 0.4448, 0.2656)	0.2378
	欧氏	(0.7529, 0.8989, 1.0402)	0.0386	(0.2211, 0.4466, 0.2691)	0.2350
	马氏	(0.7528, 0.8992, 1.0399)	0.0389	(0.2216, 0.4469, 0.2702)	0.2356
	放大	(0.7281, 0.9071, 1.0848)	0.0508	(0.1922, 0.4602, 0.2460)	0.3162
$p = 50\%$	缺失数据	(0.6947, 0.8972, 1.0965)	0.0747	(0.2847, 0.5843, 0.3627)	0.3658
最近距离	曼哈	(0.7050, 0.8920, 1.0650)	0.0883	(0.3439, 0.5841, 0.4003)	0.3730
	欧氏	(0.7051, 0.8897, 1.0654)	0.0880	(0.3394, 0.5872, 0.3916)	0.3802
	马氏	(0.7073, 0.8903, 1.0633)	0.0902	(0.3408, 0.5886, 0.3931)	0.3849
	放大	(0.7058, 0.8898, 1.0620)	0.0884	(0.3506, 0.5791, 0.4004)	0.3856
反距离加权	曼哈	(0.7831, 0.9011, 1.0045)	0.0470	(0.1377, 0.3320, 0.1789)	0.3576
	欧氏	(0.7838, 0.9011, 1.0035)	0.0471	(0.1422, 0.3345, 0.1847)	0.3510
	马氏	(0.7835, 0.9014, 1.0032)	0.0478	(0.1422, 0.3353, 0.1857)	0.3510
	放大	(0.7469, 0.9146, 1.0732)	0.0678	(0.1039, 0.3602, 0.1532)	0.5320

从表 5.2.1 至表 5.2.6 模拟结果可以看到:

(1) 同一样本量下, 随着缺失率的减少, 插补效果越来越好;

(2) 同一缺失率下, 随着样本量的减少, 插补效果越来越好;

(3) 在最近距离插补下, 扩展拟似然估计的偏差小于伪似然估计的偏差, 且在样本量较小时, 大都优于缺失数据下估计的偏差;

(4) 在反距离加权插补下, 伪似然估计的偏差小于扩展拟似然估计的偏差, 且在缺失率小于 30% 时, 大都优于缺失数据下估计的偏差;

(5) 在伪似然、扩展拟似然两种估计方式下, 反距离加权插补的均方误差均小于最近距离插补的均方误差, 且优于缺失数据下估计的均方误差;

(6) 在最近距离插补下, 当样本量较小时, 最近曼哈顿距离插补略好于其他距离插补, 当样本量较大时, 指标差异放大化的插补方法略好于其他距离插补;

(7) 在反距离加权插补下, 四种距离的插补效果相差不大.

5.2.5   实例分析

表 5.2.7 是一组关于 20 架喷气式战斗机机型的数据 (Cook and Weisberg, 1982), 因变量是首次飞行时间 (FFD)(从 1940 年 1 月算起, 以月为单位), 有五个自变量, 分别为: 功率系数 (SPR)、飞行范围因素 (RGF)、有效荷载 (PLF)、持续负载系数 (SLF)、指示变量 (CAR)(能够在航母上着陆记为 1, 否则记为 0)(表 5.2.7).

从表 5.2.8 计算结果可以看出:

(1) 在完全数据下, 在影响战斗机首次飞行时间的五个因素中, 有效荷载对战斗机的首次飞行时间的均值函数和散度函数均有最大影响, 伪似然估计和扩展拟似然估计表现出了同样的信息;

(2) 对比完全数据下的参数估计值与缺失数据下的参数估计值, 可以发现二者相差较大, 因此, 对缺失后的数据进行插补是十分必要的.

(3) 对比完全数据下的参数估计值与插补后的参数估计值, 可以发现二者相差较小, 说明本章所采用的插补方法是有效的.

(4) 最近距离插补中, 最近欧氏距离插补、最近马氏距离插补、指标差异放大化三种插补方法得到了相同的估计值, 且略好于最近曼哈顿距离插补的估计值.

(5) 反距离加权插补中, 反欧氏距离加权插补、反马氏距离加权插补得到了相同的估计值, 本章提出的指标差异放大化的方法优于反欧氏、马氏距离加权插补, 更优于反曼哈顿距离加权插补.

5.2.6   小结

本节研究了缺失数据下的双重广义线性模型的均值参数与散度参数的估计问题. 对于缺失数据的处理, 本节主要采用了最近距离插补和反距离加权插补的方法, 将缺失数据补充为 "完全数据". 对补充后的 "完全数据", 本节采用了扩展拟似然估计与伪似然估计两种估计方法对未知参数进行了估计. 模拟结果和实例表明, 本节所提出和采用的方法是有效可行的.

表 5.2.7 喷气式战斗机机型数据

编号	ID	FFD	SPR	RGF	PLF	SLF	CAR
1	FH-1	82	1.468	3.30	0.166	0.10	0
2	FJ-1	89	1.605	3.64	0.154	0.10	0
3	F-86A	101	2.168	4.87	0.177	2.90	1
4	F9F-2	107	2.054	4.72	0.275	1.10	0
5	F-94A	115	2.467	4.11	0.298	1.00	1
6	F3D-A	122	1.294	3.75	0.150	0.90	0
7	F-89A	127	2.183	3.97	0.000	2.40	1
8	XF10F-1	137	2.426	4.65	0.117	1.80	0
9	F9F-6	147	2.607	3.84	0.155	2.30	0
10	F-100A	166	4.567	4.92	0.138	3.20	1
11	F4D-1	174	4.588	3.82	0.249	3.50	0
12	F11F-1	175	3.618	4.32	0.143	2.80	0
13	F-101A	177	5.855	4.53	0.172	2.50	1
14	F3H-2	184	2.898	4.48	0.178	3.00	0
15	F-102A	187	3.880	5.39	0.101	3.00	1
16	F-8A	189	0.455	4.99	0.008	2.64	0
17	F-104A	194	8.088	4.50	0.251	2.70	1
18	F-105B	197	6.502	5.20	0.366	2.90	1
19	YF-107A	201	6.081	5.65	0.106	2.90	1
20	F-106A	204	7.105	5.40	0.089	3.20	1

表 5.2.8 实例计算结果

估计方法	参数	完全数据	缺失数据	最近距离插补				反距离加权插补			
				曼哈	欧氏	马氏	放大	曼哈	欧氏	马氏	放大
伪似然估计	β_1	−0.0079	0.0011	−0.0091	−0.0055	−0.0055	−0.0055	−0.0154	−0.0151	−0.0151	−0.0089
	β_2	1.0448	1.0460	1.0421	1.0426	1.0426	1.0426	1.0457	1.0455	1.0455	1.0442
	β_3	1.4115	1.4947	1.4920	1.4455	1.4455	1.4455	1.4574	1.4580	1.4580	1.4232
	β_4	0.0420	0.0227	0.0423	0.0405	0.0405	0.0405	0.0453	0.0453	0.0453	0.0434
	β_5	−0.4049	−0.4324	−0.4069	−0.4138	−0.4138	−0.4138	−0.3849	−0.3857	−0.3857	−0.3998
	γ_1	−0.1158	−0.1404	−0.1157	−0.1027	−0.1027	−0.1027	−0.1176	−0.1173	−0.1173	−0.1050
	γ_2	0.7925	0.7730	0.7894	0.7947	0.7947	0.7947	0.7949	0.7948	0.7948	0.7998
	γ_3	2.0816	3.0106	2.1841	1.9781	1.9781	1.9781	2.0725	2.0716	2.0716	1.8795
	γ_4	0.1372	0.1174	0.1330	0.1234	0.1234	0.1234	0.1363	0.1364	0.1364	0.1279
	γ_5	0.0624	0.1071	0.0472	0.0208	0.0208	0.0208	0.0762	0.0752	0.0752	0.0323

续表

估计方法	参数	完全数据	缺失数据	最近距离插补				反距离加权插补			
				曼哈	欧氏	马氏	放大	曼哈	欧氏	马氏	放大
扩展拟似然估计	β_1	0.0501	0.0645	0.0514	0.0532	0.0532	0.0532	0.0519	0.0502	0.0502	0.0505
	β_2	0.9568	0.9521	0.9539	0.9539	0.9539	0.9539	0.9570	0.9568	0.9568	0.9555
	β_3	4.2111	3.5222	3.9254	3.9616	3.9616	3.9616	3.9854	4.0417	4.0417	4.1786
	β_4	0.0702	0.1051	0.0907	0.0862	0.0862	0.0862	0.0817	0.0805	0.0805	0.0732
	β_5	−0.7723	−0.8060	−0.7797	−0.7799	−0.7799	−0.7799	−0.7877	−0.7828	−0.7828	−0.7712
	γ_1	−1.0504	−0.8036	−0.9354	−0.9378	−0.9378	−0.9378	−0.9886	−0.9988	−0.9988	−1.0232
	γ_2	0.8382	1.0614	0.8869	0.8827	0.8827	0.8827	0.8634	0.8546	0.8546	0.8520
	γ_3	11.8644	6.9670	10.3861	10.4426	10.4426	10.4426	10.8447	11.0708	11.0708	11.4806
	γ_4	−0.3106	−0.6328	−0.4271	−0.4166	−0.4166	−0.4166	−0.3487	−0.3377	−0.3377	−0.3350
	γ_5	3.7378	2.7082	3.4629	3.4687	3.4687	3.4687	3.5883	3.6181	3.6181	3.6745

5.3　t 型双重广义线性模型的变量选择

5.3.1　引言

广义线性回归模型是经典线性回归模型极其重要的发展与推广. 目前, 对均值的广义线性回归模型已有大量的文献提出了许多有效和灵活的方法. 然而, 在许多应用方面, 特别在经济领域和工业产品的质量改进试验中, 非常有必要对散度建模, 了解方差的来源, 以便有效控制方差. 典型的例子之一就是试验设计中的田口方法, 它是日本田口玄一所创立的一种以廉价的成本实现高性能产品的稳健设计方法, 其基本观点就是产品质量高不但表现在出产时能让顾客满意, 而且在使用过程中给顾客和社会带来的损失较小. 用统计语言描述就是, 使期望达到要求, 同时方差尽量小. 这便引出了均值和方差的同时建模问题. 用所建立的模型来选择使得波动达到最小而均值达到要求的设计变量的实施条件 (王大荣, 2009; Lee et al., 2006). 另一方面, 散度建模本身具有科学意义. 而且对有效估计和正确推断均值参数起到非常关键的作用 (Carroll, 1987; Carroll and Ruppert, 1988). 所以, 散度建模与均值建模同等重要. 相比均值建模, 散度建模研究处于起步阶段.

Pregibon(1984) 在一篇综述文章中首次提出了对散度参数建模的方法, 即考虑下面的双重广义线性模型:

$$\begin{cases} \mathrm{Var}(y_i) = \phi_i V(\mu_i), \\ g(\mu_i) = x_i^\mathrm{T} \beta, \\ h(\phi_i) = z_i^\mathrm{T} \gamma, \\ i = 1, 2, \cdots, n. \end{cases} \tag{5.3.1}$$

其中 $h(\cdot)$ 是另一个联系函数, $x_i = (x_{i1}, \cdots, x_{ip})^\mathrm{T}$ 和 $z_i = (z_{i1}, \cdots, z_{iq})^\mathrm{T}$ 是解释变量, y_i 是其相应的响应变量, $\beta = (\beta_1, \cdots, \beta_p)^\mathrm{T}$ 是 $p \times 1$ 的均值模型的未知参数向量, $\gamma = (\gamma_1, \cdots, \gamma_q)^\mathrm{T}$ 是 $q \times 1$ 的散度模型的未知参数向量. z_i 包含一些或者所有 x_i 和其他不在 x_i 的变量, 即均值模型和散度模型可能包含不同的解释变量或者相同的一些解释变量, 包含相同的解释变量但不同的影响方式. $g(\cdot), h(\cdot)$ 分别是均值与散度的联系函数, 而且要求 $(h \geqslant 0)g^{-1}, h^{-1}$ 存在而且 $h'(\cdot) \neq 0$.

双重广义线性模型已引起了许多统计学者的研究兴趣, 研究方法大概分为两类. 第一类, 不假定分布的情况下, 只需假定前二阶矩的存在. 主要是利用基于扩展拟似然 (Nelder and Pregibon, 1987) 和伪似然 (Engel and Huele, 1996) 两类推广的似然方法. 第二类, 假定双指数分布族 (double exponential family, DEF)(Efron, 1986). 基于 DEF 下双重广义线性模型的统计推断 (Galfand and Dalal, 1990; Dey et al., 1997; Gijbels, 2010). 关于该模型的参数估计问题, Smyth(1989) 给出了参数的极大似然估计; Nelder 和 Lee(1991, 1998) 利用扩展拟似然函数, 在分布前二阶矩的条件下, 给出了最大扩展拟似然估计 (MEQL); Smyth 和 Verbyla(1999, 2009)、Smyth 等 (2001)、Smyth(2002) 系统地研究了参数 ϕ 的 REML 类型的估计. 这些方法各自有其优缺点, 可参见 Nelder 和 Lee(1992), Lee 和 Nelder(2000), Davidian 和 Carroll(1998).

然而, 双重广义线性模型基于 EQL、PL 和 DEF 的估计方法, 受异常值的影响非常大, 所以非常有必要发展一种稳健的估计方法. 本节基于稳健的角度, 推广双重广义线性模型, 研究提出了一类新的双重广义线性模型, 称为 t 型双重广义线性模型, 模型如下

$$\begin{cases} \mathrm{Var}(y_i) = \dfrac{v}{v-2} \phi_i V(\mu_i), \\ g(\mu_i) = x_i^\mathrm{T} \beta, \\ h(\phi_i) = z_i^\mathrm{T} \gamma, \\ i = 1, 2, \cdots, n. \end{cases} \tag{5.3.2}$$

其中 $\nu > 0$ 为自由度, 我们称为稳健因子, 调整数据尾部的厚度, 降低异常值对均值参数估计的影响. 当 $\nu \to \infty$ 时, 该模型就是上述的双重广义线性模型 (5.3.1). 所以, 当遇到异常或厚尾数据时, t 型双重广义线性模型 (5.3.2) 是经典双重广义线性模型 (5.3.1) 的一种稳健推广.

受 Davidian 和 Carroll (1987) 研究经典双重广义线性模型估计提出的伪似然方法和 He, Simpson 和 Wang(2000) t 型回归估计的启发, 一方面伪似然可看作正态分布当 $\mathrm{Var}(y_i) = \phi_i V(\mu_i)$ 时的对数似然; 另一方面, t 型回归估计是一种位置与尺度最优的 M 估计, 但它的好处胜于 M 估计, 可参见 He 等 (2000, 2004), Cui(2004, 2005), Hu 和 Cui(2009) 及其中的参考文献. 本节给出一种新的伪似然, 我们称为 t 型伪似然 (t-type pseudo-likelihood, TPL)

$$
\begin{aligned}
\mathrm{TP}(y_i; \mu_i, \phi_i) = &-\frac{\nu+1}{2} \sum_{i=1}^{n} \log \left\{ \nu + \frac{(y_i - \mu_i)^2}{\phi_i V(\mu_i)} \right\} \\
&-\frac{1}{2} \sum_{i=1}^{n} \log \left\{ 2\pi\phi_i V(\mu_i) \right\} + n \log \left\{ \frac{\sqrt{2} v^{v/2} \Gamma\left(\dfrac{\nu+1}{2}\right)}{\Gamma\left(\dfrac{\nu}{2}\right)} \right\}, \quad (5.3.3)
\end{aligned}
$$

当 $v \to \infty$ 时, t 型伪似然就是伪似然, 所以伪似然是 t 型伪似然的一种特例. 类似于 He 等 (2000), 在实际中取 $\nu = 3, 4$ 或 5.

Lange 等 (1989) 指出当遇到异常或厚尾数据分析时, t 分布是正态分布的一种稳健推广, 自由度是一个稳健因子, 只是适度增加了模型的计算的复杂性. 本节基于 t 型伪似然提出的 t 型双重广义线性模型, 当遇到异常或厚尾数据分析时, 也是基于伪似然双重广义线性模型的一种稳健推广.

本节主要目的是基于稳健的角度, 研究提出了 t 型双重广义线性模型 (5.3.2), 并研究该模型的变量选择, 提出了一种新的伪似然, 即 t 型伪似然. 利用联合惩罚 t 型伪似然的方法, 对 t 型双重广义线性模型 (5.3.2) 提出一种同时对均值模型和散度模型的变量选择方法, 而且该方法能同时对均值模型和散度模型进行估计和变量选择. 在适当选择调整参数的条件下, 该变量选择方法具有相合性, 回归系数的估计具有 Oracle 性质. 随机模拟研究结果表明, 该模型和方法是有用和有效的. 特别地, 当 $\nu \to \infty$ 时, 我们提出的方法也适用于经典的双重广义线性模型 (5.3.1).

本节结构安排如下: 5.3.2 节给出了变量选择过程, 证明了提出的惩罚极大似然估计具有相合性和 Oracle 性质, 给出了迭代计算. 5.3.3 节通过随机模拟研究了 t 型伪似然和伪似然下两种变量选择方法的有限样本性质. 5.3.4 节给出了 5.3.2 节中定理的证明. 5.3.5 节是小结.

5.3.2　变量选择过程

1. 惩罚极大似然估计

假设 $(y_i, x_i, z_i), i = 1, 2, \cdots, n$ 是来自于 t 型双重广义线性模型 (5.3.2) 的随机

样本. 类似于 Fan 和 Li(2001), 定义惩罚似然函数为

$$\mathcal{L}(\beta, \gamma) = \mathrm{TP}(\beta, \gamma) - n \sum_{j=1}^{p} p_{\lambda_{1j}}(|\beta_j|) - n \sum_{k=1}^{q} p_{\lambda_{2k}}(|\gamma_k|), \tag{5.3.4}$$

其中 $p_{\lambda_j}(\cdot)$ 是调整参数为 λ_j 的惩罚函数, 调整参数可以通过交叉核实 (CV) 或广义交叉核实 (Fan and Li, 2001; Tibshirani, 1996) 挑选. 5.3.5 节, 我们利用 BIC 挑选调整参数. 注意, 惩罚函数和调整参数对所有的 j 不必相同. 例如, 我们希望在最终模型中保留一些重要的变量, 因此就不惩罚它们的系数.

为了叙述简便, 重写惩罚似然函数 (5.3.4) 为

$$\mathcal{L}(\theta) = \ell(\theta) - n \sum_{j=1}^{s} p_{\lambda_j}(|\theta_j|), \tag{5.3.5}$$

其中 $\theta = (\theta_1, \cdots, \theta_s)^{\mathrm{T}} = (\beta_1, \cdots, \beta_p; \gamma_1, \cdots, \gamma_q)^{\mathrm{T}}$, $s = p + q$, 除了相差一个与参数无关的常数外,

$$\mathrm{TP}(\theta) = \mathrm{TP}(\beta, \gamma) = -\frac{\nu+1}{2} \sum_{i=1}^{n} \log \left\{ \nu + \frac{(y_i - g^{-1}(x_i^{\mathrm{T}}\beta))^2}{h^{-1}(z_i^{\mathrm{T}}\gamma) V(g^{-1}(x_i^{\mathrm{T}}\beta))} \right\}$$
$$- \frac{1}{2} \sum_{i=1}^{n} \log h^{-1}(z_i^{\mathrm{T}}\gamma) V(g^{-1}(x_i^{\mathrm{T}}\beta)).$$

极大化 (5.3.5) 中的函数 $\mathcal{L}(\theta)$ 得到 θ 的惩罚极大似然估计, 记为 $\hat{\theta}$. 在适当的惩罚函数下, 关于 θ 极大化 $\mathcal{L}(\theta)$ 导致一些参数在最终模型中消失, 相应的解释变量自动地剔除, 从而达到变量选择的目的. 因此, 通过极大化 $\mathcal{L}(\theta)$ 同时达到变量选择和参数估计的目的. 在 5.3.3 节后面将提供技术细节和惩罚极大似然估计 $\hat{\theta}$ 的迭代计算.

2. 渐近性质

在这部分, 我们考虑惩罚极大似然估计的相合性和渐近正态性. 首先介绍一些记号. 假定 θ_0 是 θ 的真值, $\theta_0 = (\theta_{01}, \cdots, \theta_{0s})^{\mathrm{T}} = ((\theta_0^{(1)})^{\mathrm{T}}, (\theta_0^{(2)})^{\mathrm{T}})^{\mathrm{T}}$. 为了下面讨论的方便, 不失一般性, 假定 $\theta_0^{(1)}$ 是 θ_0 的所有非零部分, $\theta_0^{(2)} = 0$. 除此之外, 我们假定调整参数关于 θ_0 的分量重新排列, $\theta_0^{(1)}$ 的维数为 s_1,

$$a_n = \max_{1 \leqslant j \leqslant s} \{ p'_{\lambda_n}(|\theta_{0j}|) : \theta_{0j} \neq 0 \}$$

和

$$b_n = \max_{1 \leqslant j \leqslant s} \{ |p''_{\lambda_n}(|\theta_{0j}|)| : \theta_{0j} \neq 0 \},$$

其中为了强调调整参数 λ 依赖于样本量 n, 记 $\lambda = \lambda_n$.

为了得到惩罚极大似然估计的相合性和渐近正态性, 需要下列正则条件:

(C5.3.1) $x_i = (x_{i1}, \cdots, x_{ip})^{\mathrm{T}}$ 和 $z_i = (z_{i1}, \cdots, z_{iq})^{\mathrm{T}}$ $(i = 1, \cdots, n)$ 是固定的.

(C5.3.2) 参数空间是紧的, 真实参数 θ_0 为参数空间的内点.

(C5.3.3) x_i 和 z_i 在 t 型双重广义线性模型 (5.3.2) 中是完全有界的, 即它们中的所有分量是一个有限的实数.

(C5.3.4) $y_i, i = 1, 2, \cdots, n$ 相互独立, $\mathrm{Var}(y_i) - \dfrac{v}{v-2}\phi_i V(\mu_i)$, $g(\mu_i) = x_i^{\mathrm{T}}\beta$, $h(\phi_i) = z_i^{\mathrm{T}}\gamma$.

定理 5.3.1　假设 $a_n = O_p(n^{-1/2})$, 当 $n \to \infty$ 时, $b_n \to 0$ 和 $\lambda_n \to 0$, 其中 λ_n 是 λ_{1n} 或 λ_{2n}, 取决于 θ_{0j} 是 β_0 或 $\gamma_0 (1 \leqslant j \leqslant s)$. 在条件 (C5.3.1)—(C5.3.4) 下, (5.3.5) 中惩罚似然函数 $\mathcal{L}(\theta)$ 依概率 1 存在一个局部极大似然估计 $\hat{\theta}_n$ 满足: $\|\hat{\theta} - \theta_0\| = O_p(n^{-1/2})$.

下面考虑 $\hat{\theta}_n$ 的渐近正态性. 假设

$$A_n = \mathrm{diag}\left(p_{\lambda_n}''(|\theta_{01}^{(1)}|), \cdots, p_{\lambda_n}''(|\theta_{0s_1}^{(1)}|)\right),$$

$$c_n = \left(p_{\lambda_n}'(|\theta_{01}^{(1)}|)\mathrm{sgn}(\theta_{01}^{(1)}), \cdots, p_{\lambda_n}'(|\theta_{0s_1}^{(1)}|)\mathrm{sgn}\left(\theta_{0s_1}^{(1)}\right)\right)^{\mathrm{T}},$$

其中 λ_n 的定义与定理 5.3.1 相同, $\theta_{0j}^{(1)}$ 是 $\theta_0^{(1)}$ $(1 \leqslant j \leqslant s_1)$ 第 j 个分量, $\mathcal{I}_n(\theta)$ 是 θ 的 Fisher 信息阵.

定理 5.3.2 (Oracle 性质)　假设惩罚函数 $p_{\lambda_n}(t)$ 满足

$$\liminf_{n \to \infty} \liminf_{t \to 0^+} \frac{p_{\lambda_n}'(t)}{\lambda_n} > 0,$$

而且当 $n \to \infty$ 时, $\bar{\mathcal{I}}_n = \mathcal{I}_n(\theta_0)/n$ 收敛于一个有限的正定阵 $\mathcal{I}(\theta_0)$. 在定理 5.3.1 的条件下, 当 $n \to \infty$ 时, 如果 $\lambda_n \to 0$ 而且 $\sqrt{n}\lambda_n \to \infty$, 则在定理 5.2.1 中的 $\sqrt{n}$ 相合估计 $\hat{\theta}_n = ((\hat{\theta}_n^{(1)})^{\mathrm{T}}, (\hat{\theta}_n^{(2)})^{\mathrm{T}})^{\mathrm{T}}$ 一定满足:

(i) (稀疏性) $\hat{\theta}_n^{(2)} = 0$;

(ii) (渐近正态性) $\sqrt{n}(\bar{\mathcal{I}}_n^{(1)})^{-1/2}(\bar{\mathcal{I}}_n^{(1)} + A_n)\{(\hat{\theta}_n^{(1)} - \theta_0^{(1)}) + (\bar{\mathcal{I}}_n^{(1)} + A_n)^{-1}c_n\} \xrightarrow{\mathcal{L}} \mathcal{N}_{s_1}(0, I_{s_1})$, 其中 "$\xrightarrow{\mathcal{L}}$" 是依分布收敛, $\bar{\mathcal{I}}_n^{(1)}$ 是对应于 $\theta_0^{(1)}$ 的 $\bar{\mathcal{I}}_n$ 的 $s_1 \times s_1$ 的子矩阵, 而且 I_{s_1} 是 $s_1 \times s_1$ 的单位阵.

注 1　定理 5.3.1 和定理 5.3.2 的证明见 5.3.4 节.

注 2　定理 5.3.2 表明惩罚极大似然估计具有 Oracle 性质.

3. 迭代计算

1) 算法研究

首先, 注意到对数似然函数 $\ell(\theta)$ 的一、二阶导数是连续的. 对给定的 θ_0, 对数似然函数 $\ell(\theta)$ 近似为

$$\mathrm{TP}(\theta) \approx \mathrm{TP}(\theta_0) + \left[\frac{\partial \mathrm{TP}(\theta_0)}{\partial \theta}\right]^{\mathrm{T}} (\theta - \theta_0) + \frac{1}{2}(\theta - \theta_0)^{\mathrm{T}} \left[\frac{\partial^2 \mathrm{TP}(\theta_0)}{\partial \theta \partial \theta^{\mathrm{T}}}\right] (\theta - \theta_0).$$

而且, 给定初值 θ_0, $p_\lambda(\theta)$ 可二次逼近

$$p_\lambda(|\theta|) \approx p_\lambda(|\theta_0|) + \frac{1}{2}\frac{p'_\lambda(|\theta_0|)}{|\theta_0|}(\theta^2 - \theta_0^2), \quad \theta \approx \theta_0.$$

因此, 除了相差一个与参数无关的常数项外, 惩罚似然函数 (5.3.5) 可二次逼近

$$\mathcal{L}(\theta) \approx \mathrm{TP}(\theta_0) + \left[\frac{\partial \mathrm{TP}(\theta_0)}{\partial \theta}\right]^{\mathrm{T}}(\theta - \theta_0) + \frac{1}{2}(\theta - \theta_0)^{\mathrm{T}}\left[\frac{\partial^2 \mathrm{TP}(\theta_0)}{\partial \theta \partial \theta^{\mathrm{T}}}\right](\theta - \theta_0) - \frac{n}{2}\theta^{\mathrm{T}}\Sigma_\lambda(\theta_0)\theta,$$

其中

$$\Sigma_\lambda(\theta_0) = \mathrm{diag}\left\{\frac{p'_{\lambda_{11}}(|\beta_{01}|)}{|\beta_{01}|}, \cdots, \frac{p'_{\lambda_{1p}}(|\beta_{0p}|)}{|\beta_{0p}|}, \frac{p'_{\lambda_{21}}(|\gamma_{01}|)}{|\gamma_{01}|}, \cdots, \frac{p'_{\lambda_{2q}}(|\gamma_{0q}|)}{|\gamma_{0q}|}\right\},$$

其中 $\theta = (\theta_1, \cdots, \theta_s)^{\mathrm{T}} = (\beta_1, \cdots, \beta_p; \gamma_1, \cdots, \gamma_q)^{\mathrm{T}}$ 和 $\theta_0 = (\theta_{01}, \cdots, \theta_{0s})^{\mathrm{T}} = (\beta_{01}, \cdots, \beta_{0p}; \gamma_{01}, \cdots, \gamma_{0q})^{\mathrm{T}}$. 因此, $\mathcal{L}(\theta)$ 二次最优化的解可通过下列迭代得到

$$\theta_1 \approx \theta_0 + \left\{\frac{\partial^2 \mathrm{TP}(\theta_0)}{\partial \theta \partial \theta^{\mathrm{T}}} - n\Sigma_\lambda(\theta_0)\right\}^{-1}\left\{n\Sigma_\lambda(\theta_0)\theta_0 - \frac{\partial \mathrm{TP}(\theta_0)}{\partial \theta}\right\}.$$

其次, 对数似然函数 $\ell(\theta)$ 可写为

$$\mathrm{TP}(\theta) = \mathrm{TP}(\beta, \gamma) = -\frac{\nu+1}{2}\sum_{i=1}^{n}\log\left\{\nu + \frac{(y_i - g^{-1}(x_i^{\mathrm{T}}\beta))^2}{h^{-1}(z_i^{\mathrm{T}}\gamma)V(g^{-1}(x_i^{\mathrm{T}}\beta))}\right\}$$
$$- \frac{1}{2}\sum_{i=1}^{n}\log h^{-1}(z_i^{\mathrm{T}}\gamma)V(g^{-1}(x_i^{\mathrm{T}}\beta)).$$

因此,

$$U(\theta) = \frac{\partial \ell(\theta)}{\partial \theta} = (U_1^{\mathrm{T}}(\beta), U_2^{\mathrm{T}}(\gamma))^{\mathrm{T}},$$

其中

$$\nabla \mathrm{TP}(\theta) = \frac{\partial \mathrm{TP}(\theta)}{\partial \theta} = (U_1^{\mathrm{T}}(\beta), U_2^{\mathrm{T}}(\gamma))^{\mathrm{T}},$$

式中

$$U_1(\beta) = \frac{\partial \mathrm{TP}}{\partial \beta} = \frac{\nu+1}{2}\sum_{i=1}^{n}\left\{\nu + \frac{(y_i - g^{-1}(x_i^{\mathrm{T}}\beta))^2}{h^{-1}(z_i^{\mathrm{T}}\gamma)V(g^{-1}(x_i^{\mathrm{T}}\beta))}\right\}^{-1}$$
$$\times \frac{2(y_i - g^{-1}(x_i^{\mathrm{T}}\beta))\dot{g}^{-1}(x_i^{\mathrm{T}}\beta)x_i}{h^{-1}(z_i^{\mathrm{T}}\gamma)V(g^{-1}(x_i^{\mathrm{T}}\beta))}$$

$$+ \frac{\nu+1}{2} \sum_{i=1}^{n} \left\{ \nu + \frac{(y_i - g^{-1}(x_i^{\mathrm{T}}\beta))^2}{h^{-1}(z_i^{\mathrm{T}}\gamma)V(g^{-1}(x_i^{\mathrm{T}}\beta))} \right\}^{-1}$$

$$\times \frac{(y_i - g^{-1}(x_i^{\mathrm{T}}\beta))^2 \dot{V}(g^{-1}(x_i^{\mathrm{T}}\beta))\dot{g}^{-1}(x_i^{\mathrm{T}}\beta)x_i}{h^{-1}(z_i^{\mathrm{T}}\gamma)(V(g^{-1}(x_i^{\mathrm{T}}\beta)))^2}$$

$$- \frac{1}{2} \sum_{i=1}^{n} \frac{\dot{V}(g^{-1}(x_i^{\mathrm{T}}\beta))\dot{g}^{-1}(x_i^{\mathrm{T}}\beta)x_i}{V(g^{-1}(x_i^{\mathrm{T}}\beta))},$$

$$U_2(\gamma) = \frac{\partial \mathrm{TP}}{\partial \gamma} = \frac{\nu+1}{2} \sum_{i=1}^{n} \left\{ \nu + \frac{(y_i - g^{-1}(x_i^{\mathrm{T}}\beta))^2}{h^{-1}(z_i^{\mathrm{T}}\gamma)V(g^{-1}(x_i^{\mathrm{T}}\beta))} \right\}^{-1}$$

$$\times \frac{(y_i - g^{-1}(x_i^{\mathrm{T}}\beta))^2 \dot{h}^{-1}(z_i^{\mathrm{T}}\gamma)z_i}{(h^{-1}(z_i^{\mathrm{T}}\gamma))^2 V(g^{-1}(x_i^{\mathrm{T}}\beta))}$$

$$- \frac{1}{2} \sum_{i=1}^{n} \frac{\dot{h}^{-1}(z_i^{\mathrm{T}}\gamma)z_i}{h^{-1}(z_i^{\mathrm{T}}\gamma)},$$

$$\nabla^2 \mathrm{TP}(\theta) = \frac{\partial^2 \mathrm{TP}(\theta)}{\partial \theta \partial \theta^{\mathrm{T}}} = \begin{pmatrix} \dfrac{\partial^2 \mathrm{TP}}{\partial \beta \partial \beta^{\mathrm{T}}} & \dfrac{\partial^2 \mathrm{TP}}{\partial \beta \partial \gamma^{\mathrm{T}}} \\ \dfrac{\partial^2 \mathrm{TP}}{\partial \gamma \partial \beta^{\mathrm{T}}} & \dfrac{\partial^2 \mathrm{TP}}{\partial \gamma \partial \gamma^{\mathrm{T}}} \end{pmatrix}.$$

最后, 下面的算法总结了 t 型双重广义线性模型 (5.3.2) 中参数的惩罚极大似然估计的迭代计算.

算法　步骤 1　取 β 和 γ 没有惩罚的极大似然估计 $\beta^{(0)}, \gamma^{(0)}$ 作为初始估计, 即 $\theta^{(0)} = ((\beta^{(0)})^{\mathrm{T}}, (\gamma^{(0)})^{\mathrm{T}})^{\mathrm{T}}$.

步骤 2　给定当前值 $\beta^{(k)}, \gamma^{(k)}, \theta^{(k)} = ((\beta^{(k)})^{\mathrm{T}}, (\gamma^{(k)})^{\mathrm{T}})^{\mathrm{T}}$, 迭代

$$\theta^{(k+1)} = \theta^{(k)} + \{\nabla^2 \mathrm{TP}(\theta^{(k)}) - n\Sigma_\tau(\theta^{(k)})\}^{-1}\{n\Sigma_\tau(\theta^{(k)} - \nabla \mathrm{TP}(\theta^{(k)}))\theta^{(k)}\}.$$

步骤 3　重复步骤 2 直到收敛条件满足.

2) 调整参数的选择

许多调整参数选择准则, 如交叉核实 (CV)、广义交叉核实 (GCV)、AIC 和 BIC 可以用来选择调整参数. Wang 等 (2007) 建议在线性模型和部分线性模型 SCAD 估计利用 BIC 选择调整参数, 而且证明此准则具有相合性, 即利用 BIC 准则能依概率 1 选择真实模型. 因此本节也采用 BIC 准则, 定义如下

$$\mathrm{BIC}(\lambda) = -\frac{2}{n}\mathrm{TP}(\hat{\theta}) + \mathrm{df}_\lambda \times \frac{\log(n)}{n}, \tag{5.3.6}$$

选择最优的 λ, 其中除了相差一个与参数无关的常数外

$$
\begin{aligned}
\text{TP}(\hat{\theta}) =\text{TP}(\hat{\beta}, \hat{\gamma}) = & -\frac{\nu + 1}{2} \sum_{i=1}^{n} \log \left\{ \nu + \frac{(y_i - g^{-1}(x_i^{\mathrm{T}} \hat{\beta}))^2}{h^{-1}(z_i^{\mathrm{T}} \hat{\gamma}) V(g^{-1}(x_i^{\mathrm{T}} \hat{\beta}))} \right\} \\
& - \frac{1}{2} \sum_{i=1}^{n} \log h^{-1}(z_i^{\mathrm{T}} \hat{\gamma}) V(g^{-1}(x_i^{\mathrm{T}} \hat{\beta})),
\end{aligned}
$$

$0 \leqslant \mathrm{df}_\lambda \leqslant s$ 是惩罚极大似然估计 $\hat{\theta}$ 的非零分量个数. $\hat{\beta}$ 和 $\hat{\gamma}$ 是惩罚极大似然估计. Fan 和 Li(2001) 建议实际中取 $a = 3.7$. 因此取 $a = 3.7$, 希望调整参数 λ_{1j} 和 λ_{2k} 的选取可以保证对应零系数的调整参数大于对应非零系数的调整参数. 进而, 我们可以在对非零系数给出相合估计的同时, 把零系数的估计压缩为 0, 从而达到变量选择的目的. 实际中, 取 $\lambda_{1j} = \dfrac{\lambda}{|\hat{\beta}_j^0|}$, $\lambda_{2k} = \dfrac{\lambda}{|\hat{\gamma}_k^0|}$, 其中 $\hat{\beta}_j^0$ 和 $\hat{\gamma}_k^0 (j = 1, \cdots, p,\ k = 1, \cdots, q)$ 分别是 β_j 和 γ_k 没有惩罚的极大似然估计, 调整参数可以通过下式计算得到

$$
\hat{\lambda} = \arg \min_{\lambda} \text{BIC}(\lambda). \tag{5.3.7}
$$

从 5.2.3 节的模拟研究结果可以看出, 我们所提出的调整参数的选择方法是可行的.

5.3.3 模拟研究

下面对 5.3.2 节所提出的变量选择方法的有限样本性质进行模拟研究. 类似 Li 和 Liang(2008) 与 Zhao 和 Xue(2010), 利用广义均方误差来评价 $\hat{\beta}$ 和 $\hat{\gamma}$ 的估计精度, 定义为

$$
\begin{aligned}
\text{GMSE}(\hat{\beta}) &= E \left[(\hat{\beta} - \beta_0)^{\mathrm{T}} E(XX^{\mathrm{T}})(\hat{\beta} - \beta_0) \right], \\
\text{GMSE}(\hat{\gamma}) &= E \left[(\hat{\gamma} - \gamma_0)^{\mathrm{T}} E(ZZ^{\mathrm{T}})(\hat{\gamma} - \gamma_0) \right].
\end{aligned}
$$

从下面的模型产生模拟数据

$$
\begin{cases}
y_i \sim t(\mu_i, \sigma_i^2, \nu), \quad V(\mu_i) = 1, \\
\text{Var}(y_i) = \dfrac{v}{v - 2} \sigma_i^2 V(\mu_i), \\
\mu_i = x_i^{\mathrm{T}} \beta, \\
\log(\sigma_i^2) = z_i^{\mathrm{T}} \gamma, \\
i = 1, 2, \cdots, n.
\end{cases}
$$

取 $\beta_0 = (1, 1, 0, 0, 1, 0, 0, 0)^{\mathrm{T}}$, $\gamma_0 = (0.5, 0.5, 0, 0, 0.5, 0, 0, 0)^{\mathrm{T}}$, x_i 和 z_i 的分量独立产生于 $U(-1, 1)$. 基于 1000 次重复试验, 表 5.3.1 至表 5.3.4 给出了 1000 次模拟中, 联合均值–散度模型参数的零系数估计的平均情况, "C" 表示把真实零系数估计成

0 的平均个数,"IC"表示把真实非零系数估计成 0 的平均个数,"GMSE"表示 $\hat{\beta}$ 和 $\hat{\gamma}$ 的广义均方误差.

我们对 t 型双重广义线性模型基于不同样本量、不同惩罚函数: SCAD(Fan and Li, 2001)、LASSO(Tibshirani, 1996)、Hard(Antoniadis, 1997) 和不同自由度下的变量选择方法进行比较研究, 注意基于 t 型伪似然的记为 TP-SCAD、TP-LASSO、TP-Hard; 反之, 基于伪似然的记为 P-SCAD、P-LASSO、P-Hard; 结果见表 5.3.1 至表 5.3.4.

1. 基于不同惩罚函数和不同样本量的模拟比较

表 5.3.1　基于不同惩罚函数和不同样本量的模拟比较, $\nu = 3$

模型	方法	$n = 100$			$n = 150$			$n = 200$		
		C	IC	GMSE	C	IC	GMSE	C	IC	GMSE
均值模型	TP-SCAD	4.8450	0.0060	0.0792	4.8980	0	0.0501	4.9280	0	0.0364
	P-SCAD	3.4750	0.0030	0.2173	3.5980	0	0.1703	3.5770	0	0.1520
	TP-LASSO	4.4750	0.0100	0.0847	4.6280	0	0.0480	4.5970	0	0.0379
	P-LASSO	2.9380	0.0020	0.1818	3.0510	0	0.1485	3.0510	0	0.1330
	TP-Hard	4.7700	0.0050	0.0855	4.8700	0	0.0506	4.9110	0	0.0369
	P-Hard	3.8560	0.0040	0.2180	3.9430	0	0.1757	3.9120	0	0.1560
散度模型	TP-SCAD	4.5400	0.9560	0.5092	4.7430	0.6260	0.3380	4.8140	0.3760	0.2678
	P-SCAD	2.4450	0.5150	0.8597	2.3690	0.3510	0.6184	2.2720	0.2360	0.5186
	TP-LASSO	3.7700	0.5100	0.3115	4.0260	0.2490	0.1976	4.1540	0.1420	0.1593
	P-LASSO	1.9590	0.3760	0.7722	1.8740	0.2740	0.5761	1.8020	0.1700	0.4961
	TP-Hard	3.9400	0.4750	0.5490	4.3840	0.3190	0.3501	4.6590	0.2330	0.2706
	P-Hard	2.5370	0.5520	0.8597	2.5420	0.3890	0.6203	2.4010	0.2480	0.5196

表 5.3.2　基于不同惩罚函数和不同样本量的模拟比较, $\nu = 5$

模型	方法	$n = 100$			$n = 150$			$n = 200$		
		C	IC	GMSE	C	IC	GMSE	C	IC	GMSE
均值模型	TP-SCAD	4.8710	0.0050	0.0593	4.9170	0	0.0350	4.9300	0	0.0273
	P-SCAD	4.2110	0.0010	0.1000	4.1410	0	0.0684	4.2310	0	0.0579
	TP-LASSO	4.5010	0.0040	0.0842	4.4590	0	0.0515	4.3800	0	0.0369
	P-LASSO	3.7830	0	0.0830	3.8250	0	0.0568	3.9500	0	0.0463
	TP-Hard	4.8120	0.0010	0.0604	4.8940	0	0.0356	4.9150	0	0.0277
	P-Hard	4.4830	0.0010	0.1018	4.5120	0	0.0718	4.5790	0	0.0603

续表

模型	方法	$n = 100$			$n = 150$			$n = 200$		
		C	IC	GMSE	C	IC	GMSE	C	IC	GMSE
散度模型	TP-SCAD	4.6310	0.6900	0.4431	4.7540	0.3130	0.3159	4.8280	0.1430	0.2589
	P-SCAD	3.4960	0.3940	0.4586	3.3750	0.1520	0.2919	3.3910	0.0850	0.2241
	TP-LASSO	3.5540	0.2520	0.3055	3.6440	0.0940	0.2324	3.6830	0.0420	0.1928
	P-LASSO	2.9860	0.2740	0.4097	2.9310	0.1130	0.2771	2.9350	0.0640	0.2191
	TP-Hard	4.1800	0.3820	0.4705	4.5530	0.2020	0.3245	4.7740	0.1180	0.2615
	P-Hard	3.5100	0.3880	0.4610	3.5760	0.1750	0.2934	3.5980	0.0870	0.2239

对给定自由度 ν, 从表 5.3.1 和表 5.3.2 的结果可观察到以下的结论:

(1) 基于 TP-SCAD、TP-LASSO 和 TP-Hard 的变量选择的表现分别显著好于 P-SCAD、P-LASSO 和 P-Hard. 后者不能有效地剔除不重要的变量, 而且模型误差较大. 结果表明 t 型联合均值与散度模型具有一定的稳健性, 而且也表明本节所提出的基于 TP-SCAD、TP-LASSO 和 TP-Hard 的方法具有一定的稳健性.

(2) 正如我们所料, 给定惩罚函数, 除了 TP-LASSO 变量选择方法的表现, 随着样本量 n 的增大而越来越好. $\hat{\beta}$ 和 $\hat{\gamma}$ 的广义均方误差, 随着样本量 n 的增大而越来越小.

(3) 给定样本量 n, 基于 TP-SCAD 和 TP-Hard 变量选择方法的表现类似. 而且基于 TP-SCAD 和 TP-Hard 变量选择方法的表现都好于 TP-LASSO 方法.

(4) 给定惩罚函数和样本量 n, 基于模型误差和模型复杂性, 均值模型的变量选择的表现好于散度模型.

2. 基于不同惩罚函数和不同自由度的模拟比较

对给定样本量 $n = 200$, 从表 5.3.3 的结果可观察到以下的结论:

(1) 给定惩罚函数, 不同自由度 ν 下变量选择方法的表现基本一致. 结果表明变量选择方法具有一定的稳健性.

(2) 给定自由度 ν, 基于 TP-SCAD 和 TP-Hard 变量选择方法的表现类似. 而且基于 TP-SCAD 和 TP-Hard 变量选择方法的表现都好于 TP-LASSO 方法.

(3) 给定惩罚函数和自由度 ν, 基于模型误差和模型复杂性, 均值模型的变量选择的表现好于散度模型.

表 5.3.3　基于不同惩罚函数和不同自由度的模拟比较, $n = 200$

模型	方法	$\nu = 3$			$\nu = 5$		
		C	IC	GMSE	C	IC	GMSE
均值模型	TP-SCAD	4.9280	0	0.0364	4.9300	0	0.0273
	P-SCAD	3.5770	0	0.1520	4.2310	0	0.0579
	TP-LASSO	4.5970	0	0.0379	4.3800	0	0.0369
	P-LASSO	3.0510	0	0.1330	3.9500	0	0.0463
	TP-Hard	4.9110	0	0.0369	4.9150	0	0.0277
	P-Hard	3.9120	0	0.1560	4.5790	0	0.0603
散度模型	TP-SCAD	4.8140	0.3760	0.2678	4.8280	0.1430	0.2589
	P-SCAD	2.2720	0.2360	0.5186	3.3910	0.0850	0.2241
	TP-LASSO	4.1540	0.1420	0.1593	3.6830	0.0420	0.1928
	P-LASSO	1.8020	0.1700	0.4961	2.9350	0.0640	0.2191
	TP-Hard	4.6590	0.2330	0.2706	4.7740	0.1180	0.2615
	P-Hard	2.4010	0.2480	0.5196	3.5980	0.0870	0.2239

3. 基于不同样本量和不同自由度的模拟比较

表 5.3.4　基于不同样本量和不同自由度的模拟比较, TP-SCAD

模型	n	$\nu = 3$			$\nu = 5$		
		C	IC	GMSE	C	IC	GMSE
均值模型	100	4.8450	0.0060	0.0792	4.8710	0.0050	0.0593
	150	4.8980	0	0.0501	4.9170	0	0.0350
	200	4.9280	0	0.0364	4.9300	0	0.0273
散度模型	100	4.5400	0.9560	0.5092	4.6310	0.6900	0.4431
	150	4.7430	0.6260	0.3380	4.7540	0.3130	0.3159
	200	4.8140	0.3760	0.2678	4.8280	0.1430	0.2589

对给定惩罚函数 TP-SCAD, 从表 5.3.4 的结果可观察到以下结论:

(1) 给定样本量 n, 不同自由度 ν 下变量选择方法的表现基本一致. 结果表明变量选择方法具有一定的稳健性.

(2) 给定自由度 ν, 根据模型误差和模型复杂性, 变量选择方法的表现, 随着样本量 n 的增大而越来越好.

(3) 给定样本量 n 和自由度 ν, 基于模型误差和模型复杂性, 均值模型的变量选择的表现好于散度模型.

5.3.4 定理的证明

为了书写方便, 下面用 C 表示某个正常数, 每次出现时可以代表不同的值. 在证明本章的定理之前, 首先给出一些正则化条件.

(C5.3.1) $x_i = (x_{i1}, \cdots, x_{ip})^{\mathrm{T}}$ 和 $z_i = (z_{i1}, \cdots, z_{iq})^{\mathrm{T}}$ $(i = 1, \cdots, n)$ 是固定的.

(C5.3.2) 参数空间是紧的, 真实参数 θ_0 为参数空间的内点.

(C5.3.3) x_i 和 z_i 在 t 型双重广义线性模型 (5.3.2) 中是完全有界的, 即它们中的所有分量是一个有限的实数.

(C5.3.4) $y_i, i = 1, \cdots, n$ 相互独立, $\mathrm{Var}(y_i) = \dfrac{v}{v-2}\phi_i V(\mu_i)$, $g(\mu_i) = x_i^{\mathrm{T}}\beta$, $h(\phi_i) = z_i^{\mathrm{T}}\gamma, i = 1, 2, \cdots, n$.

定理 5.3.1 的证明 对任给的 $\varepsilon > 0$, 我们将证明存在较大的常数 C 满足

$$P\left\{\sup_{||v||=C} \mathcal{L}(\theta_0 + n^{-\frac{1}{2}}v) < \mathcal{L}(\theta_0)\right\} \geqslant 1 - \varepsilon.$$

注意 $p_{\lambda_n}(0) = 0$ 和 $p_{\lambda_n}(\cdot) > 0$. 明显地, 有

$$
\begin{aligned}
&\mathcal{L}\left(\theta_0 + n^{-\frac{1}{2}}v\right) - \mathcal{L}(\theta_0) \\
&= \left[\mathrm{TP}(\theta_0 + n^{-\frac{1}{2}}v) - n\sum_{j=1}^{s} p_{\lambda_n}(|\theta_{0j} + n^{-\frac{1}{2}}v_j|)\right] - \left[\mathrm{TP}(\theta_0) - n\sum_{j=1}^{s} p_{\lambda_n}(|\theta_{0j}|)\right] \\
&\leqslant \left[\mathrm{TP}(\theta_0 + n^{-\frac{1}{2}}v) - \ell(\theta_0)\right] - n\sum_{j=1}^{s_1} \left[p_{\lambda_n}(|\theta_{0j} + n^{-\frac{1}{2}}v_j|) - p_{\lambda_n}(|\theta_{0j}|)\right] \\
&= k_1 + k_2,
\end{aligned}
$$

其中

$$k_1 = \mathrm{TP}(\theta_0 + n^{-\frac{1}{2}}v) - \mathrm{TP}(\theta_0), \quad k_2 = -n\sum_{j=1}^{s_1}\left[p_{\lambda_n}(|\theta_{0j} + n^{-\frac{1}{2}}v_j|) - p_{\lambda_n}(|\theta_{0j}|)\right].$$

首先考虑 k_1. 通过 Taylor 展开, 有

$$
\begin{aligned}
k_1 &= \left[\mathrm{TP}(\theta_0 + n^{-\frac{1}{2}}v) - \mathrm{TP}(\theta_0)\right] \\
&= n^{-\frac{1}{2}}v^{\mathrm{T}}\nabla\mathrm{TP}(\theta_0) + \frac{1}{2}n^{-1}v^{\mathrm{T}}\nabla^2\mathrm{TP}(\theta^*)v \\
&= k_{11} + k_{12},
\end{aligned}
$$

其中 θ^* 位于 θ_0 和 $\theta_0 + n^{-\frac{1}{2}}v$ 之间. 注意到 $n^{-\frac{1}{2}}||\nabla TP(\theta_0)|| = O_p(1)$. 利用 Cauchy-Schwarz 不等式, 可以得到

$$k_{11} = n^{-\frac{1}{2}}v^{\mathrm{T}}\nabla\mathrm{TP}(\theta_0) \leqslant n^{-\frac{1}{2}}||\nabla\mathrm{TP}(\theta_0)||\,||v|| = O_p(1).$$

根据 Chebyshev 不等式, 对任给的 $\varepsilon > 0$, 有

$$P\left\{\frac{1}{n}||\nabla^2\mathrm{TP}(\theta_0) - E\nabla^2\mathrm{TP}(\theta_0)|| \geqslant \varepsilon\right\} \leqslant \frac{1}{n^2\varepsilon^2},$$

$$E\left\{\sum_{j=1}^{s}\sum_{l=1}^{s}\left(\frac{\partial^2\mathrm{TP}(\theta_0)}{\partial\theta_j\partial\theta_l}-E\frac{\partial^2\mathrm{TP}(\theta_0)}{\partial\theta_j\partial\theta_l}\right)^2\right\}\leqslant\frac{Cs^2}{n\varepsilon^2}=o(1),$$

因此 $\dfrac{1}{n}\|\nabla^2\mathrm{TP}(\theta_0)-E\nabla^2\mathrm{TP}(\theta_0)\|=o_p(1)$,

$$\begin{aligned}
k_{12}&=\frac{1}{2}n^{-1}v^{\mathrm{T}}\nabla^2\mathrm{TP}(\theta^*)v=\frac{1}{2}v^{\mathrm{T}}[n^{-1}\nabla^2\mathrm{TP}(\theta_0)]v[1+o_p(1)]\\
&=\frac{1}{2}v^{\mathrm{T}}\{n^{-1}[\nabla^2\mathrm{TP}(\theta_0)-E\nabla^2\mathrm{TP}(\theta_0)-\mathcal{I}_n(\theta_0)]\}v[1+o_p(1)]\\
&=-\frac{1}{2}v^{\mathrm{T}}\mathcal{I}(\theta_0)v[1+o_p(1)].
\end{aligned}$$

因此可得存在较大的常数 C, 在 $\|v\|=C$ 下, k_{11} 被 k_{12} 一致控制.

下面研究 k_2. 利用 Taylor 展开和 Cauchy-Schwarz 不等式

$$\begin{aligned}
k_2&=-n\sum_{j=1}^{s_1}\left[p_{\lambda_n}(|\theta_{0j}+n^{-\frac{1}{2}}v_j|)-p_{\lambda_n}(|\theta_{0j}|)\right]\\
&=-n\sum_{j=1}^{s_1}\left\{n^{\frac{1}{2}}p'_{\lambda_n}(|\theta_{0j}|)\mathrm{sgn}(\theta_{0j})v_j+\frac{1}{2}p''_{\lambda_n}(|\theta_{0j}|)v_j^2[1+O_p(1)]\right\}\\
&\leqslant\sqrt{s_1}n^{\frac{1}{2}}\|v\|\max_{1\leqslant j\leqslant s}\{p'_{\lambda_n}(|\theta_{j0}|):\theta_{j0}\neq0\}+\frac{1}{2}\|v\|^2\max_{1\leqslant j\leqslant s}\{|p''_{\lambda_n}(|\theta_{j0}|)|:\theta_{j0}\neq0\}\\
&=\sqrt{s_1}n^{\frac{1}{2}}\|v\|a_n+\frac{1}{2}\|v\|^2b_n.
\end{aligned}$$

因为假定 $a_n=O_p(n^{-\frac{1}{2}})$ 和 $b_n\to0$, 存在较大的常数 C, k_2 被 k_{12} 一致控制. 因此, 对任给的 $\varepsilon>0$, 存在较大的常数 C 满足

$$P\left\{\sup_{\|v\|=C}\mathcal{L}(\theta_0+n^{-\frac{1}{2}}v)<\mathcal{L}(\theta_0)\right\}\geqslant1-\varepsilon,$$

所以, 存在一个局部极大的 $\hat\theta_n$ 满足 $\hat\theta_n$ 是一个 θ_0 的 $\sqrt{n}$ 相合估计. 定理 5.3.1 证毕.

定理 5.3.2 的证明　首先证明 (i). 根据 $\lambda_{\max}\to0$, 容易得到对较大的 n, 有 $a_n=0$. 下面证明对任给的 $\theta^{(1)}$ 满足 $\theta^{(1)}-\theta_0^{(1)}=O_p(n^{-1/2})$. 对任意常数 $C>0$, 有

$$\mathcal{L}\{((\theta^{(1)})^{\mathrm{T}},0^{\mathrm{T}})^{\mathrm{T}}\}=\max_{\|\theta^{(1)}\|\leqslant Cn^{-1/2}}\mathcal{L}\{((\theta^{(1)})^{\mathrm{T}},(\theta^{(2)})^{\mathrm{T}})^{\mathrm{T}}\}.$$

事实上, 对任意 $\theta_j(j=s_1+1,\cdots,s)$, 利用 Taylor 展开, 有

$$\begin{aligned}
\frac{\partial\mathcal{L}(\theta)}{\partial\theta_j}&=\frac{\partial\mathrm{TP}(\theta)}{\partial\theta_j}-np'_{\lambda_n}(|\theta_j|)\mathrm{sgn}(\theta_j)\\
&=\frac{\partial\mathrm{TP}(\theta_0)}{\partial\theta_j}+\sum_{l=1}^{s}\frac{\partial^2\mathrm{TP}(\theta^*)}{\partial\theta_j\partial\theta_l}(\theta_l-\theta_{0l})-np'_{\lambda_n}(|\theta_j|)\mathrm{sgn}(\theta_j),
\end{aligned}$$

其中 θ^* 在 θ 和 θ_0 之间. 而

$$\frac{1}{n}\frac{\partial \mathrm{TP}(\theta_0)}{\partial \theta_j} = O_p(n^{-1/2}) \quad \text{和} \quad \frac{1}{n}\left\{\frac{\partial^2 \mathrm{TP}(\theta_0)}{\partial \theta_j \partial \theta_l} - E\left(\frac{\partial^2 \mathrm{TP}(\theta_0)}{\partial \theta_j \partial \theta_l}\right)\right\} = O_p(1).$$

注意 $\|\hat{\theta} - \theta_0\| = O_p(n^{-1/2})$. 我们有

$$\frac{\partial \mathcal{L}(\theta)}{\partial \theta_j} = -n\lambda_n\{\lambda_n^{-1}p'_{\lambda_n}(|\theta_j|)\mathrm{sgn}(\theta_j) + O_p(\lambda_n^{-1}n^{-1/2})\}.$$

根据定理 5.3.2 的假定, 有

$$\liminf_{n\to\infty}\liminf_{\theta\to 0+}\lambda_n^{-1}p'_{\lambda_n}(\theta) > 0 \quad \text{和} \quad \lambda_n^{-1}n^{-1/2} \to 0.$$

因为

$$\frac{\partial \mathcal{L}(\theta)}{\partial \theta_j} < 0, \quad 0 < \theta_j < Cn^{-1/2}$$

和

$$\frac{\partial \mathcal{L}(\theta)}{\partial \theta_j} > 0, \quad -Cn^{-1/2} < \theta_j < 0.$$

所以, $\mathcal{L}(\theta)$ 在 $\theta = ((\theta^{(1)})^{\mathrm{T}}, 0^{\mathrm{T}})^{\mathrm{T}}$ 达到最大, 定理 5.3.2 的 (i) 证毕.

下面证明 (ii). $\hat{\theta}_n^{(1)}$ 的渐近正态性. 根据定理 5.3.1 和定理 5.3.2 的 (i), 局部极大化函数 $\mathcal{L}\{((\theta^{(1)})^{\mathrm{T}}, 0^{\mathrm{T}})^{\mathrm{T}}\}$ 存在一个惩罚极大似然估计 $\hat{\theta}_n^{(1)}$ 是 $\sqrt{n}$ 相合的. 而且估计 $\hat{\theta}_n^{(1)}$ 一定满足

$$\begin{aligned}
0 =& \frac{\partial \mathcal{L}(\theta)}{\partial \theta_j}\bigg|_{\theta=(((\hat{\theta}^{(1)})^{\mathrm{T}})^{\mathrm{T}},\,0^{\mathrm{T}})^{\mathrm{T}}} - np'_{\lambda_n}(|\hat{\theta}_{nj}^{(1)}|)\mathrm{sgn}(\hat{\theta}_{nj}^{(1)})\\
=& \frac{\partial \mathrm{TP}(\theta_0)}{\partial \theta_j} + \sum_{l=1}^{s_1}\left\{\frac{\partial^2 \mathrm{TP}(\theta_0)}{\partial \theta_j \partial \theta_l} + O_p(1)\right\}(\hat{\theta}_{nl}^{(1)} - \theta_{0l}^{(1)}) - np'_{\lambda_n}(|\theta_{0j}^{(1)}|)\mathrm{sgn}(\hat{\theta}_{0j}^{(1)})\\
& - n\left\{p''_{\lambda_n}(|\theta_{0j}^{(1)}|) + O_p(1)\right\}\\
& \times (\hat{\theta}_{nj}^{(1)} - \theta_{0j}^{(1)}).
\end{aligned}$$

换句话说, 有

$$\left\{\frac{\partial^2 \mathrm{TP}(\theta_0)}{\partial \theta^{(1)} \partial (\theta^{(1)})^{\mathrm{T}}} + nA_n + O_p(1)\right\}(\hat{\theta}_n^{(1)} - \theta_0^{(1)}) + c_n = \frac{\partial \mathrm{TP}(\theta_0)}{\partial \theta^{(1)}}.$$

利用 Lyapounov 中心极限定理, 可得

$$\frac{1}{\sqrt{n}}\frac{\partial \mathrm{TP}(\theta_0)}{\partial \theta^{(1)}} \xrightarrow{\mathcal{L}} \mathcal{N}(0, \mathcal{I}^{(1)}).$$

注意

$$\frac{1}{n}\left\{\frac{\partial^2 \mathrm{TP}(\theta_0)}{\partial\theta^{(1)}\partial(\theta^{(1)})^{\mathrm{T}}} - E\left(\frac{\partial^2 \mathrm{TP}(\theta_0)}{\partial\theta^{(1)}\partial(\theta^{(1)})^{\mathrm{T}}}\right)\right\} = O_p(1),$$

利用 Slustsky 定理可得

$$\sqrt{n}(\bar{\mathcal{I}}_n^{(1)})^{-1/2}(\bar{\mathcal{I}}_n^{(1)} + A_n)\{(\hat\theta_n^{(1)} - \theta_0^{(1)}) + (\bar{\mathcal{I}}_n^{(1)} + A_n)^{-1}c_n\} \xrightarrow{\mathcal{L}} \mathcal{N}_{s_1}(0, I_{s_1}).$$

定理 5.3.2 的 (ii) 证毕.

5.3.5 小结

本节针对异方差异常点数据, 研究提出了 t 型双重广义线性模型, 利用联合惩罚 t 型伪似然的方法, 研究了 t 型双重广义线性模型的同时变量选择. 在适当选择调整参数的情况下, 证明了提出的惩罚极大似然估计具有相合性和 Oracle 性质. 随机模拟研究了 t 型伪似然和伪似然下两种变量选择方法的有限样本性质. 研究结果表明本节所提出的变量选择方法具有一定的稳健性.

第6章　偏态数据下联合位置、尺度与偏度模型

本章主要针对两种偏态数据 (SN, StN) 下, 研究提出了联合位置、尺度与偏度模型, 并研究了该模型的变量选择问题.

6.1　偏正态数据下的变量选择

6.1.1　引言

在许多实际问题中, 如金融、经济、社会科学、气候科学、环境科学、工程技术和生物医学等领域, 经常遇到研究的数量关系的响应变量具有非对称性的情形, 而且常伴有尖峰厚尾的特征, 为更加准确、及时地分析研究这类问题, 我们认为对有偏斜的数据进行偏度建模与对均值和方差建模一样具有必要性. 本节基于这种背景下, 提出了联合位置、尺度与偏度的联合模型, 并对这类模型进行变量选择.

变量选择是回归分析中的重要内容. 目前据我们所知, 大部分变量选择方法仅局限于均值模型的变量选择, 如文献 Fan 和 Lv(2010) 及其中的参考文献. 最近几年, 对于方差模型的变量选择越来越引起专家学者的注意, Wang 和 Zhang(2009) 基于信息论的理论基础, 利用调整截面似然研究提出了一种新的 PICa 准则, 同时选择联合均值与方差模型的变量选择, Wu 等 (2012, 2013) 分别基于正态回归模型和偏正态回归模型提出了一种同时对均值模型和方差模型变量选择的方法, 并研究了基于 Box-Cox 变换下联合均值方差模型的变量选择, Wu 和 Li(2012) 给出了逆高斯分布下联合均值和散度模型的变量选择. 徐登可等 (2013) 基于双重 Logistic 回归模型对影响妊娠期高血压疾病的危险因素进行变量选择和预测分析.

以上工作大多将注意力集中在对均值模型和 (或) 方差模型的变量选择上. 事实上, 对偏度模型中影响偏度的因素进行变量选择也非常有必要. 针对偏正态数据, 本节研究提出如下感兴趣的基于偏正态分布下联合位置、尺度与偏度模型:

$$
\begin{cases}
y_i \sim \mathrm{SN}(\mu_i, \sigma_i^2, \lambda_i), \\
\mu_i = x_i^{\mathrm{T}}\beta, \\
\log \sigma_i^2 = z_i^{\mathrm{T}}\gamma, \\
\lambda_i = w_i^{\mathrm{T}}\alpha, \\
i = 1, 2, \cdots, n.
\end{cases}
\tag{6.1.1}
$$

本节主要的目的是利用联合惩罚似然方法对 SN 分布下联合位置、尺度与偏

度模型 (6.1.1) 提出一种可行有效的变量选择方法. 这种方法能同时对位置模型、尺度模型和偏度模型进行变量选择, 而且该方法能同时对模型进行参数估计和变量选择. 在适当地选择调整参数条件下, 该方法具有相合性, 回归系数的估计具有 Oracle 性质. 随机模拟和实例研究结果表明该方法是有效的.

  本节结构安排如下: 6.1.2 节给出了变量选择过程, 证明了提出的惩罚极大似然估计具有相合性和 Oracle 性质, 给出了迭代计算; 6.1.3 节通过随机模拟研究了变量选择的有限样本性质; 6.1.4 节通过实例分析说明了变量选择方法的应用; 6.1.5 节是小结.

6.1.2　变量选择过程

1. 惩罚极大似然估计

  假设 (y_i, x_i, z_i, w_i), $i = 1, 2, \cdots, n$ 是来自于基于偏正态分布下联合位置、尺度与偏度模型 (6.1.1) 的随机样本, $\ell(\beta, \gamma, \alpha)$ 为其对数似然函数, 即

$$\ell(\beta, \gamma, \alpha) = -\frac{1}{2} \sum_{i=1}^{n} z_i^{\mathrm{T}} \gamma - \frac{1}{2} \sum_{i=1}^{n} \frac{(y_i - x_i^{\mathrm{T}}\beta)^2}{\mathrm{e}^{z_i^{\mathrm{T}}\gamma}} + \sum_{i=1}^{n} \log \Phi(k_i), \tag{6.1.2}$$

其中 $k_i = \dfrac{w_i^{\mathrm{T}}\alpha(y_i - x_i^{\mathrm{T}}\beta)}{\mathrm{e}^{\frac{1}{2}z_i^{\mathrm{T}}\gamma}}$, $\Phi(\cdot)$ 为标准正态分布的分布函数. 类似 Wu 等 (2013), 定义惩罚似然函数为

$$\mathcal{L}(\beta, \gamma, \alpha) = \ell(\beta, \gamma, \alpha) - n \sum_{j=1}^{p} p_{\tau_{1j}}(|\beta_j|) - n \sum_{k=1}^{q} p_{\tau_{2k}}(|\gamma_k|) - n \sum_{m=1}^{r} p_{\tau_{3m}}(|\alpha_m|), \tag{6.1.3}$$

其中 $p_{\tau_j}(\cdot)$ 是调整参数为 τ_j 的一般的惩罚函数, 调整参数可以通过交叉核实 (CV) 或广义交叉核实 (GCV)(Fan and Li, 2001; Tibshirani, 1996) 挑选. 6.1.5 节, 利用 BIC 挑选调整参数. 注意, 惩罚函数和调整参数对所有的 j 不必相同. 例如, 我们希望在最终模型中保留一些重要的变量, 因此就不惩罚它们的系数.

  为了叙述简便, 重写惩罚似然函数 (6.1.3) 为

$$\mathcal{L}(\theta) = \ell(\theta) - n \sum_{j=1}^{s} p_{\tau_j}(|\theta_j|), \tag{6.1.4}$$

其中 $\theta = (\theta_1, \cdots, \theta_s)^{\mathrm{T}} = (\beta_1, \cdots, \beta_p; \gamma_1, \cdots, \gamma_q; \alpha_1, \cdots, \alpha_r)^{\mathrm{T}}$, $s = p + q + r$, 除了相差一个与参数无关的常数外,

$$\mathcal{L}(\theta) = \ell(\theta) - n \sum_{j=1}^{s} p_{\tau_j}(|\theta_j|),$$

其中

$$\ell(\theta) = \ell(\beta, \gamma, \alpha) = -\frac{1}{2}\sum_{i=1}^{n} z_i^{\mathrm{T}}\gamma - \frac{1}{2}\sum_{i=1}^{n}\frac{(y_i - x_i^{\mathrm{T}}\beta)^2}{\mathrm{e}^{z_i^{\mathrm{T}}\gamma}} + \sum_{i=1}^{n}\log\Phi(k_i).$$

极大化 (6.1.4) 中的函数 $\mathcal{L}(\theta)$ 得到 θ 的惩罚极大似然估计, 记为 $\hat{\theta}$. 在适当的惩罚函数下, 关于 θ 极大化 $\mathcal{L}(\theta)$ 导致一些参数在最终模型中消失, 相应的解释变量自动的剔除, 从而达到变量选择的目的. 因此, 通过极大化 $\mathcal{L}(\theta)$ 同时达到变量选择和参数估计的目的. 6.1.3 节提供技术细节和惩罚极大似然估计 $\hat{\theta}$ 的迭代计算.

2. 渐近性质

在这部分, 我们考虑惩罚极大似然估计的相合性和渐近正态性. 首先介绍一些记号. 假定 θ_0 是 θ 的真值, $\theta_0 = (\theta_{01}, \cdots, \theta_{0s})^{\mathrm{T}} = ((\theta_0^{(1)})^{\mathrm{T}}, (\theta_0^{(2)})^{\mathrm{T}})^{\mathrm{T}}$. 为了下面讨论的方便, 不失一般性, 假定 $\theta_0^{(1)}$ 是 θ_0 的所有非零部分, $\theta_0^{(2)} = 0$. 除此之外, 假定调整参数关于 θ_0 的分量重新排列, $\theta_0^{(1)}$ 的维数为 s_1,

$$a_n = \max_{1\leqslant j\leqslant s}\{p'_{\tau_n}(|\theta_{0j}|) : \theta_{0j}\neq 0\}$$

和

$$b_n = \max_{1\leqslant j\leqslant s}\{|p''_{\tau_n}(|\theta_{0j}|)| : \theta_{0j}\neq 0\},$$

其中为了强调调整参数 τ 依赖于样本量 n, 记 $\tau = \tau_n$.

为了得到惩罚极大似然估计的相合性和渐近正态性, 需要下列正则条件:

(C6.1.1) $x_i = (x_{i1}, \cdots, x_{ip})^{\mathrm{T}}$, $z_i = (z_{i1}, \cdots, z_{iq})^{\mathrm{T}}$ 和 $w_i = (w_{i1}, \cdots, w_{ir})^{\mathrm{T}}$ $(i = 1, \cdots, n)$ 是固定的.

(C6.1.2) 参数空间是紧的, 真实参数 θ_0 为参数空间的内点.

(C6.1.3) x_i, z_i 和 w_i 在基于偏正态分布下联合位置、尺度与偏度模型 (6.1.1) 中是完全有界的, 即它们中的所有分量是一个有限的实数.

(C6.1.4) $y_i, i = 1, 2, \cdots, n$ 相互独立, $y_i \sim \mathrm{SN}(\mu_i, \sigma_i^2, \lambda_i)$, 其中 $\mu_i = x_i^{\mathrm{T}}\beta_0$, $\log\sigma_i^2 = z_i^{\mathrm{T}}\gamma_0$, $\lambda_i = w_i^{\mathrm{T}}\alpha_0$.

定理 6.1.1 假设 $a_n = O_p(n^{-\frac{1}{2}})$, 当 $n \to \infty$ 时, $b_n \to 0$ 和 $\tau_n \to 0$, 其中 τ_n 是 τ_{1n} 或 τ_{2n}, 取决于 θ_{0j} 是 β_0 或 $\gamma_0(1 \leqslant j \leqslant s)$. 在条件 (C6.1.1)—(C6.1.4) 下, (6.1.5) 中惩罚似然函数 $\mathcal{L}(\theta)$ 依概率 1 存在一个局部极大似然估计 $\hat{\theta}_n$ 满足: $\|\hat{\theta} - \theta_0\| = O_p(n^{-1/2})$.

下面考虑 $\hat{\theta}_n$ 的渐近正态性. 假设

$$A_n = \mathrm{diag}(p''_{\tau_n}(|\theta_{01}^{(1)}|), \cdots, p''_{\tau_n}(|\theta_{0s_1}^{(1)}|)),$$

$$c_n = (p'_{\tau_n}(|\theta_{01}^{(1)}|)\mathrm{sgn}(\theta_{01}^{(1)}), \cdots, p'_{\tau_n}(|\theta_{0s_1}^{(1)}|)\mathrm{sgn}(\theta_{0s_1}^{(1)}))^{\mathrm{T}},$$

其中 τ_n 的定义与定理 6.1.1 相同, $\theta_{0j}^{(1)}$ 是 $\theta_0^{(1)}$ $(1 \leqslant j \leqslant s_1)$ 第 j 个分量, $\mathcal{I}_n(\theta)$ 是 θ 的 Fisher 信息阵.

定理 6.1.2 (Oracle 性质)　假设惩罚函数 $p_{\tau_n}(t)$ 满足

$$\liminf_{n \to \infty} \liminf_{t \to 0^+} \frac{p'_{\tau_n}(t)}{\tau_n} > 0,$$

而且当 $n \to \infty$ 时, $\bar{\mathcal{I}}_n = \mathcal{I}_n(\theta_0)/n$ 收敛于一个有限的正定阵 $\mathcal{I}(\theta_0)$. 在定理 6.1.1 的条件下, 当 $n \to \infty$ 时, 如果 $\tau_n \to 0$ 而且 $\sqrt{n}\tau_n \to \infty$, 则在定理 6.1.1 中的 $\sqrt{n}$ 相合估计 $\hat{\theta}_n = ((\hat{\theta}_n^{(1)})^{\mathrm{T}}, (\hat{\theta}_n^{(2)})^{\mathrm{T}})^{\mathrm{T}}$ 一定满足:

(i) (稀疏性) $\hat{\theta}_n^{(2)} = 0$;

(ii) (渐近正态性)

$$\sqrt{n}(\bar{\mathcal{I}}_n^{(1)})^{-1/2}(\bar{\mathcal{I}}_n^{(1)} + A_n)\{(\hat{\theta}_n^{(1)} - \theta_0^{(1)}) + (\bar{\mathcal{I}}_n^{(1)} + A_n)^{-1}c_n\} \xrightarrow{\mathcal{L}} \mathcal{N}_{s_1}(0, I_{s_1}),$$

其中 "$\xrightarrow{\mathcal{L}}$" 是依分布收敛, $\bar{\mathcal{I}}_n^{(1)}$ 是对应于 $\theta_0^{(1)}$ 的 $\bar{\mathcal{I}}_n$ 的 $s_1 \times s_1$ 的子矩阵, 而且 I_{s_1} 是 $s_1 \times s_1$ 的单位阵.

注 1　定理 6.1.2 表明惩罚极大似然估计具有 Oracle 性质.

注 2　定理 6.1.1 和定理 6.1.2 证明类似于定理 3.1.1 和定理 3.1.2, 从略.

3. 迭代计算

1) 算法研究

首先, 注意到对数似然函数 $\ell(\theta)$ 的一、二阶导数是连续的. 对给定的 θ_0, 对数似然函数 $\ell(\theta)$ 近似为

$$\ell(\theta) \approx \ell(\theta_0) + \left[\frac{\partial \ell(\theta_0)}{\partial \theta}\right]^{\mathrm{T}} (\theta - \theta_0) + \frac{1}{2}(\theta - \theta_0)^{\mathrm{T}} \left[\frac{\partial^2 \ell(\theta_0)}{\partial \theta \partial \theta^{\mathrm{T}}}\right] (\theta - \theta_0).$$

而且, 给定初值 θ_0, $p_\tau(\theta)$ 可二次逼近

$$p_\tau(|\theta|) \approx p_\tau(|\theta_0|) + \frac{1}{2}\frac{p'_\tau(|\theta_0|)}{|\theta_0|}(\theta^2 - \theta_0^2), \quad \theta \approx \theta_0.$$

因此, 除了相差一个与参数无关的常数项外, 惩罚似然函数 (6.1.4) 可二次逼近

$$\mathcal{L}(\theta) \approx \ell(\theta_0) + \left[\frac{\partial \ell(\theta_0)}{\partial \theta}\right]^{\mathrm{T}} (\theta - \theta_0) + \frac{1}{2}(\theta - \theta_0)^{\mathrm{T}} \left[\frac{\partial^2 \ell(\theta_0)}{\partial \theta \partial \theta^{\mathrm{T}}}\right] (\theta - \theta_0) - \frac{n}{2}\theta^{\mathrm{T}}\Sigma_\tau(\theta_0)\theta,$$

其中

$$\Sigma_\tau(\theta_0) = \mathrm{diag}\left\{\frac{p'_{\tau_{11}}(|\beta_{01}|)}{|\beta_{01}|}, \cdots, \frac{p'_{\tau_{1p}}(|\beta_{0p}|)}{|\beta_{0p}|}, \frac{p'_{\tau_{21}}(|\gamma_{01}|)}{|\gamma_{01}|}, \cdots, \right.$$

$$\frac{p'_{\tau_{2q}}(|\gamma_{0q}|)}{|\gamma_{0q}|}, \frac{p'_{\tau_{31}}(|\alpha_{01}|)}{|\alpha_{01}|}, \cdots, \frac{p'_{\tau_{3r}}(|\alpha_{0q}|)}{|\alpha_{0r}|}\right\},$$

$$\theta = (\theta_1, \cdots, \theta_s)^{\mathrm{T}} = (\beta_1, \cdots, \beta_p; \gamma_1, \cdots, \gamma_q; \alpha_1, \cdots, \alpha_r)^{\mathrm{T}},$$

$$\theta_0 = (\theta_{01}, \cdots, \theta_{0s})^{\mathrm{T}} = (\beta_{01}, \cdots, \beta_{0p}; \gamma_{01}, \cdots, \gamma_{0q}; \alpha_{01}, \cdots, \alpha_{0r})^{\mathrm{T}}.$$

其中 $\theta = (\theta_1, \cdots, \theta_s)^{\mathrm{T}} = (\beta_1, \cdots, \beta_p; \gamma_1, \cdots, \gamma_q)^{\mathrm{T}}$ 和 $\theta_0 = (\theta_{01}, \cdots, \theta_{0s})^{\mathrm{T}} = (\beta_{01}, \cdots, \beta_{0p}; \gamma_{01}, \cdots, \gamma_{0q})^{\mathrm{T}}$. 因此, $\mathcal{L}(\theta)$ 二次最优化的解可通过下列迭代得到

$$\theta_1 \approx \theta_0 + \left\{\frac{\partial^2 \ell(\theta_0)}{\partial\theta\partial\theta^{\mathrm{T}}} - n\Sigma_\tau(\theta_0)\right\}^{-1} \left\{n\Sigma_\tau(\theta_0)\theta_0 - \frac{\partial\ell(\theta_0)}{\partial\theta}\right\}.$$

其次, 对数似然函数 $\ell(\theta)$ 可写为

$$\ell(\theta) = \ell(\beta, \gamma) = -\frac{1}{2}\sum_{i=1}^{n} z_i^{\mathrm{T}}\gamma - \frac{1}{2}\sum_{i=1}^{n} \frac{(y_i - x_i^{\mathrm{T}}\beta)^2}{\mathrm{e}^{z_i^{\mathrm{T}}\gamma}} + \sum_{i=1}^{n} \log\Phi(k_i),$$

其中 $k_i = \dfrac{w_i^{\mathrm{T}}\alpha(y_i - x_i^{\mathrm{T}}\beta)}{\mathrm{e}^{\frac{1}{2}z_i^{\mathrm{T}}\gamma}}$, $\Phi(\cdot)$ 为标准正态分布的分布函数.

因此,

$$U(\theta) = \frac{\partial\ell(\theta)}{\partial\theta} = (U_1^{\mathrm{T}}(\beta), U_2^{\mathrm{T}}(\gamma), U_3^{\mathrm{T}}(\alpha))^{\mathrm{T}},$$

其中

$$U_1(\beta) = \frac{\partial\ell(\theta)}{\partial\beta} = \sum_{i=1}^{n} \frac{(y_i - x_i^{\mathrm{T}}\beta)x_i}{\mathrm{e}^{z_i^{\mathrm{T}}\gamma}} - \sum_{i=1}^{n} \frac{1}{\Phi(k_i)}\varphi(k_i)\frac{w_i^{\mathrm{T}}\alpha x_i}{\mathrm{e}^{\frac{1}{2}z_i^{\mathrm{T}}\gamma}},$$

$$U_2(\gamma) = \frac{\partial\ell(\theta)}{\partial\gamma} = -\frac{1}{2}\sum_{i=1}^{n} z_i + \frac{1}{2}\sum_{i=1}^{n} \frac{(y_i - x_i^{\mathrm{T}}\beta)^2 z_i}{\mathrm{e}^{z_i^{\mathrm{T}}\gamma}} - \frac{1}{2}\sum_{i=1}^{n} \frac{1}{\Phi(k_i)}\varphi(k_i)k_i z_i,$$

$$U_3(\alpha) = \frac{\partial\ell(\theta)}{\partial\alpha} = \sum_{i=1}^{n} \frac{1}{\Phi(k_i)}\varphi(k_i)\frac{y_i - x_i^{\mathrm{T}}\beta}{\mathrm{e}^{z_i^{\mathrm{T}}\gamma}}w_i.$$

所以

$$H(\theta) = \frac{\partial^2\ell(\theta)}{\partial\theta\partial\theta^{\mathrm{T}}} = \begin{pmatrix} \dfrac{\partial^2\ell(\theta)}{\partial\beta\partial\beta^{\mathrm{T}}} & \dfrac{\partial^2\ell(\theta)}{\partial\beta\partial\gamma^{\mathrm{T}}} & \dfrac{\partial^2\ell(\theta)}{\partial\beta\partial\alpha^{\mathrm{T}}} \\ \dfrac{\partial^2\ell(\theta)}{\partial\gamma\partial\beta^{\mathrm{T}}} & \dfrac{\partial^2\ell(\theta)}{\partial\gamma\partial\gamma^{\mathrm{T}}} & \dfrac{\partial^2\ell(\theta)}{\partial\gamma\partial\alpha^{\mathrm{T}}} \\ \dfrac{\partial^2\ell(\theta)}{\partial\alpha\partial\beta^{\mathrm{T}}} & \dfrac{\partial^2\ell(\theta)}{\partial\alpha\partial\gamma^{\mathrm{T}}} & \dfrac{\partial^2\ell(\theta)}{\partial\alpha\partial\alpha^{\mathrm{T}}} \end{pmatrix},$$

其中

$$\frac{\partial^2 \ell(\theta)}{\partial\beta\partial\beta^{\mathrm{T}}} = -\sum_{i=1}^{n}\frac{x_i x_i^{\mathrm{T}}}{\mathrm{e}^{z_i^{\mathrm{T}}\gamma}} - \sum_{i=1}^{n}\frac{1}{\Phi^2(k_i)}\varphi^2(k_i)\frac{(w_i^{\mathrm{T}}\alpha)^2 x_i x_i^{\mathrm{T}}}{\mathrm{e}^{z_i^{\mathrm{T}}\gamma}}$$
$$-\sum_{i=1}^{n}\frac{1}{\Phi(k_i)}\varphi(k_i)k_i\frac{(w_i^{\mathrm{T}}\alpha)^2 x_i x_i^{\mathrm{T}}}{\mathrm{e}^{z_i^{\mathrm{T}}\gamma}};$$

$$\frac{\partial^2 \ell(\theta)}{\partial\beta\partial\gamma^{\mathrm{T}}} = -\sum_{i=1}^{n}\frac{(y_i - x_i^{\mathrm{T}}\beta)}{\mathrm{e}^{z_i^{\mathrm{T}}\gamma}}x_i z_i^{\mathrm{T}} - \frac{1}{2}\sum_{i=1}^{n}\frac{1}{\Phi^2(k_i)}\varphi^2(k_i) \times k_i\frac{w_i^{\mathrm{T}}\alpha}{\mathrm{e}^{\frac{1}{2}z_i^{\mathrm{T}}\gamma}}x_i z_i^{\mathrm{T}}$$
$$-\frac{1}{2}\sum_{i=1}^{n}\frac{1}{\Phi(k_i)}\varphi(k_i)k_i\frac{w_i^{\mathrm{T}}\alpha}{\mathrm{e}^{\frac{1}{2}z_i^{\mathrm{T}}\gamma}}x_i z_i^{\mathrm{T}} + \frac{1}{2}\sum_{i=1}^{n}\frac{1}{\Phi(k_i)}\varphi(k_i)\frac{w_i^{\mathrm{T}}\alpha}{\mathrm{e}^{\frac{1}{2}z_i^{\mathrm{T}}\gamma}}x_i z_i^{\mathrm{T}};$$

$$\frac{\partial^2 \ell(\theta)}{\partial\beta\partial\alpha^{\mathrm{T}}} = -\sum_{i=1}^{n}\frac{1}{\Phi(k_i)}\varphi(k_i)\frac{x_i w_i^{\mathrm{T}}}{\mathrm{e}^{\frac{1}{2}z_i^{\mathrm{T}}\gamma}} + \sum_{i=1}^{n}\frac{1}{\Phi(k_i)}\varphi(k_i)k_i^2\frac{x_i w_i^{\mathrm{T}}}{\mathrm{e}^{\frac{1}{2}z_i^{\mathrm{T}}\gamma}}$$
$$+\sum_{i=1}^{n}\frac{1}{\Phi^2(k_i)}\varphi^2(k_i)k_i\frac{x_i w_i^{\mathrm{T}}}{\mathrm{e}^{\frac{1}{2}z_i^{\mathrm{T}}\gamma}};$$

$$\frac{\partial^2 \ell(\theta)}{\partial\gamma\partial\beta^{\mathrm{T}}} = -\sum_{i=1}^{n}\frac{(y_i - x_i^{\mathrm{T}}\beta)}{\mathrm{e}^{z_i^{\mathrm{T}}\gamma}}z_i x_i^{\mathrm{T}} - \frac{1}{2}\sum_{i=1}^{n}\frac{1}{\Phi^2(k_i)}\varphi^2(k_i)k_i\frac{w_i^{\mathrm{T}}\alpha}{\mathrm{e}^{\frac{1}{2}z_i^{\mathrm{T}}\gamma}}z_i x_i^{\mathrm{T}}$$
$$-\frac{1}{2}\sum_{i=1}^{n}\frac{1}{\Phi(k_i)}\varphi(k_i)k_i\frac{w_i^{\mathrm{T}}\alpha}{\mathrm{e}^{\frac{1}{2}z_i^{\mathrm{T}}\gamma}}z_i x_i^{\mathrm{T}} + \frac{1}{2}\sum_{i=1}^{n}\frac{1}{\Phi(k_i)}\varphi(k_i)\frac{w_i^{\mathrm{T}}\alpha}{\mathrm{e}^{\frac{1}{2}z_i^{\mathrm{T}}\gamma}}z_i x_i^{\mathrm{T}};$$

$$\frac{\partial^2 \ell(\theta)}{\partial\gamma\partial\gamma^{\mathrm{T}}} = -\frac{1}{2}\sum_{i=1}^{n}\frac{(y_i - x_i^{\mathrm{T}}\beta)^2}{\mathrm{e}^{z_i^{\mathrm{T}}\gamma}}z_i z_i^{\mathrm{T}} - \frac{1}{4}\sum_{i=1}^{n}\frac{1}{\Phi^2(k_i)}\varphi^2(k_i)k_i^2 z_i z_i^{\mathrm{T}}$$
$$-\frac{1}{4}\sum_{i=1}^{n}\frac{1}{\Phi(k_i)}\varphi(k_i)k_i^2 z_i z_i^{\mathrm{T}} + \frac{1}{4}\sum_{i=1}^{n}\frac{1}{\Phi(k_i)}\varphi(k_i)k_i z_i z_i^{\mathrm{T}};$$

$$\frac{\partial^2 \ell(\theta)}{\partial\gamma\partial\alpha^{\mathrm{T}}} = -\frac{1}{2}\sum_{i=1}^{n}\frac{1}{\Phi(k_i)}\varphi(k_i)\frac{y_i - x_i^{\mathrm{T}}\beta}{\mathrm{e}^{\frac{1}{2}z_i^{\mathrm{T}}\gamma}}z_i w_i^{\mathrm{T}} + \frac{1}{2}\sum_{i=1}^{n}\frac{1}{\Phi(k_i)}\varphi(k_i)k_i^2\frac{y_i - x_i^{\mathrm{T}}\beta}{\mathrm{e}^{\frac{1}{2}z_i^{\mathrm{T}}\gamma}}z_i w_i^{\mathrm{T}}$$
$$+\frac{1}{2}\sum_{i=1}^{n}\frac{1}{\Phi^2(k_i)} \times \varphi^2(k_i)k_i\frac{y_i - x_i^{\mathrm{T}}\beta}{\mathrm{e}^{\frac{1}{2}z_i^{\mathrm{T}}\gamma}}z_i w_i^{\mathrm{T}};$$

$$\frac{\partial^2 \ell(\theta)}{\partial\alpha\partial\beta^{\mathrm{T}}} = -\sum_{i=1}^{n}\frac{1}{\Phi(k_i)}\varphi(k_i)\frac{x_i w_i^{\mathrm{T}}}{\mathrm{e}^{\frac{1}{2}z_i^{\mathrm{T}}\gamma}} + \sum_{i=1}^{n}\frac{1}{\Phi(k_i)}\varphi(k_i)k_i^2\frac{x_i w_i^{\mathrm{T}}}{\mathrm{e}^{\frac{1}{2}z_i^{\mathrm{T}}\gamma}}$$
$$+\sum_{i=1}^{n}\frac{1}{\Phi^2(k_i)} \times \varphi^2(k_i)k_i\frac{x_i w_i^{\mathrm{T}}}{\mathrm{e}^{\frac{1}{2}z_i^{\mathrm{T}}\gamma}};$$

$$\frac{\partial^2 \ell(\theta)}{\partial \alpha \partial \gamma^{\mathrm{T}}} = -\frac{1}{2} \sum_{i=1}^{n} \frac{1}{\Phi(k_i)} \varphi(k_i) \frac{y_i - x_i^{\mathrm{T}} \beta}{\mathrm{e}^{\frac{1}{2} z_i^{\mathrm{T}} \gamma}} z_i w_i^{\mathrm{T}} + \frac{1}{2} \sum_{i=1}^{n} \frac{1}{\Phi(k_i)} \varphi(k_i) k_i^2 \frac{y_i - x_i^{\mathrm{T}} \beta}{\mathrm{e}^{\frac{1}{2} z_i^{\mathrm{T}} \gamma}} z_i w_i^{\mathrm{T}}$$

$$+ \frac{1}{2} \sum_{i=1}^{n} \frac{1}{\Phi^2(k_i)} \times \varphi^2(k_i) k_i \frac{y_i - x_i^{\mathrm{T}} \beta}{\mathrm{e}^{\frac{1}{2} z_i^{\mathrm{T}} \gamma}} z_i w_i^{\mathrm{T}};$$

$$\frac{\partial^2 \ell(\theta)}{\partial \alpha \partial \alpha^{\mathrm{T}}} = -\sum_{i=1}^{n} \frac{1}{\Phi(k_i)} \varphi(k_i) k_i \left(\frac{y_i - x_i^{\mathrm{T}} \beta}{\mathrm{e}^{\frac{1}{2} z_i^{\mathrm{T}} \gamma}} \right)^2 w_i w_i^{\mathrm{T}}$$

$$- \sum_{i=1}^{n} \frac{1}{\Phi^2(k_i)} \varphi^2(k_i) \left(\frac{y_i - x_i^{\mathrm{T}} \beta}{\mathrm{e}^{\frac{1}{2} z_i^{\mathrm{T}} \gamma}} \right)^2 w_i w_i^{\mathrm{T}}.$$

最后, 下面的算法总结了基于偏正态分布下联合位置、尺度与偏度模型 (6.1.1) 中参数的惩罚极大似然估计的迭代计算.

算法 步骤 1 取 β, γ 和 α 没有惩罚的极大似然估计 $\beta^{(0)}, \gamma^{(0)}, \alpha^{(0)}$ 作为初始估计, 即 $\theta^{(0)} = ((\beta^{(0)})^{\mathrm{T}}, (\gamma^{(0)})^{\mathrm{T}}, (\alpha^{(0)})^{\mathrm{T}})^{\mathrm{T}}$.

步骤 2 给定当前值 $\beta^{(k)}, \gamma^{(k)}, \alpha^{(k)}, \theta^{(k)} = ((\beta^{(k)})^{\mathrm{T}}, (\gamma^{(k)})^{\mathrm{T}}, (\alpha^{(k)})^{\mathrm{T}})^{\mathrm{T}}$, 迭代

$$\theta^{(k+1)} = \theta^{(k)} + \left\{ H(\theta^{(k)}) - n \Sigma_{\tau}(\theta^{(k)}) \right\}^{-1} \left\{ n \Sigma_{\tau}(\theta^{(k)}) \theta^{(k)} - U(\theta^{(k)}) \right\}.$$

步骤 3 重复步骤 2 直到收敛条件满足.

2) 调整参数的选择

许多调整参数选择准则, 如交叉核实 (CV)、广义交叉核实 (GCV)、AIC 和 BIC 可以用来选择调整参数. Wang 等 (2007) 建议在线性模型和部分线性模型 SCAD 估计利用 BIC 选择调整参数, 而且证明此准则具有相合性, 即利用 BIC 准则能依概率 1 选择真实模型. 因此本节也采用 BIC 准则, 定义如下

$$\mathrm{BIC}(\tau) = -\frac{2}{n} \ell(\hat{\theta}) + \mathrm{df}_{\tau} \times \frac{\log(n)}{n}, \tag{6.1.5}$$

选择最优的 τ, 其中除了相差一个与参数无关的常数外

$$\ell(\hat{\theta}) = \ell(\hat{\beta}, \hat{\gamma}, \hat{\alpha}) = -\frac{1}{2} \sum_{i=1}^{n} z_i^{\mathrm{T}} \hat{\gamma} - \frac{1}{2} \sum_{i=1}^{n} \frac{(y_i - x_i^{\mathrm{T}} \hat{\beta})^2}{\mathrm{e}^{z_i^{\mathrm{T}} \hat{\gamma}}} + \sum_{i=1}^{n} \log \Phi(k_i),$$

其中 $k_i = \dfrac{w_i^{\mathrm{T}} \hat{\alpha}(y_i - x_i^{\mathrm{T}} \hat{\beta})}{\mathrm{e}^{\frac{1}{2} z_i^{\mathrm{T}} \hat{\gamma}}}$, $\Phi(\cdot)$ 为标准正态分布的分布函数. $0 \leqslant \mathrm{df}_{\tau} \leqslant s$ 是惩罚极大似然估计 $\hat{\theta}$ 的非零分量个数. $\hat{\beta}, \hat{\gamma}$ 和 $\hat{\alpha}$ 是惩罚极大似然估计. Fan 和 Li(2001) 建议实际中取 $a = 3.7$. 因此取 $a = 3.7$, 希望调整参数 τ_{1j}, τ_{2k} 和 τ_{3m} 的选取可以保证对应零系数的调整参数大于对应非零系数的调整参数. 进而, 我们可以在对非零系数给出相合估计的同时, 把零系数的估计压缩为 0, 从而达到变量选择的目的. 实际中, 取

(i) $\tau_{1j} = \dfrac{\tau}{|\hat{\beta}_j^0|}, j = 1, \cdots, p;$

(ii) $\tau_{2k} = \dfrac{\tau}{|\hat{\gamma}_k^0|}, k = 1, \cdots, q;$

(iii) $\tau_{3m} = \dfrac{\tau}{|\hat{\alpha}_m^0|}, m = 1, \cdots, r,$

其中 $\hat{\beta}_j^0$ 和 $\hat{\gamma}_k^0$ 分别是 β_j 和 $\gamma_k (j = 1, \cdots, p,\ k = 1, \cdots, q)$ 没有惩罚的极大似然估计, 调整参数可以通过下式计算得到

$$\hat{\tau} = \arg\min_{\tau} \mathrm{BIC}(\tau). \tag{6.1.6}$$

从 6.1.3 节的模拟研究结果可以看出, 本节所提出的调整参数的选择方法是可行的.

6.1.3　模拟研究

下面对 6.1.2 节所提出的变量选择方法的有限样本性质进行模拟研究. 利用均方误差来评价 $\hat{\beta}, \hat{\gamma}$ 和 $\hat{\alpha}$ 的估计精度, 定义为

$$\mathrm{MSE}(\hat{\beta}_n) = E(\hat{\beta}_n - \beta_0)^{\mathrm{T}}(\hat{\beta}_n - \beta_0),$$
$$\mathrm{MSE}(\hat{\gamma}_n) = E(\hat{\gamma}_n - \gamma_0)^{\mathrm{T}}(\hat{\gamma}_n - \gamma_0),$$
$$\mathrm{MSE}(\hat{\alpha}_n) = E(\hat{\alpha}_n - \alpha_0)^{\mathrm{T}}(\hat{\alpha}_n - \alpha_0).$$

从下面基于偏正态分布下联合位置、尺度与偏度模型产生模拟数据

$$\begin{cases} y_i \sim \mathrm{SN}(\mu_i, \sigma_i^2, \lambda_i), \\ \mu_i = x_i^{\mathrm{T}}\beta, \\ \log \sigma_i^2 = z_i^{\mathrm{T}}\gamma, \\ \lambda_i = w_i^{\mathrm{T}}\alpha, \\ i = 1, 2, \cdots, n. \end{cases}$$

取 $\beta_0 = (1, 1, 0, 0, 1, 0, 0, 0)^{\mathrm{T}}, \gamma_0 = (0.7, 0.7, 0, 0, 0.7, 0, 0, 0)^{\mathrm{T}}$ 和 $\alpha_0 = (0.5, 0.5, 0, 0, 0.5, 0, 0, 0)^{\mathrm{T}}$, x_i, z_i 和 w_i 的分量独立产生于 $U(-1, 1)$. 基于 1000 次重复试验, 表 6.1.1 给出的 1000 次模拟中, 基于偏正态分布下联合位置、尺度与偏度模型参数的零系数估计的平均情况, "C" 表示把真实零系数估计成 0 的平均个数, "IC" 表示把真实非零系数估计成 0 的平均个数, "MSE" 表示 $\hat{\beta}, \hat{\gamma}$ 和 $\hat{\alpha}$ 的均方误差.

我们对偏正态分布下联合位置、尺度与偏度模型基于不同样本量、不同惩罚函数: SCAD(Fan and Li, 2001)、LASSO(Tibshirani, 1996)、Hard (Antoniadis, 1997) 和不同偏度下的变量选择方法进行比较研究, 结果见表 6.1.1 至表 6.1.2.

由表 6.1.1 的结果可观察到以下的结论.

(1) 对于给定的三种惩罚函数, 变量选择方法的效果随样本量的增加而越来越好, $\hat{\beta}, \hat{\gamma}$ 和 $\hat{\alpha}$ 均方误差也均随样本量的增大而越来越小.

(2) 根据模型误差和模型复杂性, 在相同样本量的条件下, 基于 Hard 惩罚函数的变量选择方法的效果最好, 而且基于 SCAD 和 Hard 变量选择方法的效果均优于LASSO 方法.

(3) 在相同惩罚函数及样本量的条件下, 基于模型误差和模型复杂性, 尺度模型的变量选择效果优于位置模型, 尺度模型的变量选择效果优于偏度模型.

表 6.1.1　不同样本量和相同惩罚函数变量选择方法比较

模型	n	SCAD			LASSO			Hard		
		C	IC	MSE	C	IC	MSE	C	IC	MSE
位置模型	200	4.7720	0	0.0391	4.1770	0	0.0523	4.9560	0	0.0398
	250	4.8000	0	0.0305	4.2250	0	0.0390	4.9600	0	0.0315
	300	4.8020	0	0.0245	4.1570	0	0.0318	4.9620	0	0.0252
尺度模型	200	4.8530	0.1980	0.2109	4.5900	0.1110	0.2583	4.8740	0.1530	0.1862
	250	4.8800	0.0950	0.1303	4.6350	0.0510	0.1848	4.9050	0.0720	0.1149
	300	4.8810	0.0300	0.0889	4.6470	0.0120	0.1320	4.9070	0.0170	0.0822
偏度模型	200	4.5380	0.5200	0.3503	4.4310	0.4840	0.2857	4.7900	0.7720	0.3431
	250	4.6350	0.3600	0.2353	4.5250	0.3230	0.2313	4.8050	0.5550	0.2278
	300	4.6490	0.2140	0.1732	4.5640	0.1770	0.1841	4.8860	0.3780	0.1682

6.1.4　实例分析

下面我们对澳大利亚运动员 BMI(Cook and Weisberg, 1994) 应用 6.1.2 节的方法进行变量选择分析. 该批数据由 Richard Telford 和 Ross Cunningham 收集, 由澳大利亚体育学院 102 名男性和 100 名女性运动员的身体各项体质特征数据组成.

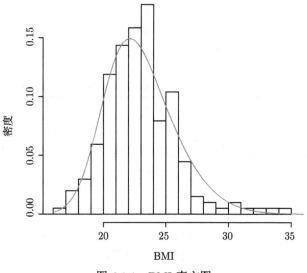

图 6.1.1　BMI 直方图

其中, 体质指数是目前公认的描述公众健康的一个重要统计指标, 我们取其为响应变量 Y, 研究 8 个解释变量, 即 X_1: 体内红细胞含量, X_2: 体内白细胞含量, X_3: 血细胞比容, X_4: 血红蛋白, X_5: 等离子铁蛋白浓度, X_6: 皮肤褶皱程度, X_7: 身体脂肪百分比, X_8: 去脂体重对体质指数 Y 的影响程度.

由图 6.1.1 可知, 数据 (BMI) 服从 (或近似服从) 偏正态分布, 即可以运用本节提出的变量选择方法进行统计分析. 建立以下联合位置、尺度和偏度模型:

$$
\begin{cases}
y_i \sim \text{SN}(\mu_i, \sigma_i^2, \lambda_i), \\
\mu_i = \beta_0 + \beta_1 X_{i1} + \beta_2 X_{i2} + \beta_3 X_{i3} + \beta_4 X_{i4} + \beta_5 X_{i5} + \beta_6 X_{i6} + \beta_7 X_{i7} + \beta_8 X_{i8}, \\
\log \sigma_i^2 = \gamma_0 + \gamma_1 X_{i1} + \gamma_2 X_{i2} + \gamma_3 X_{i3} + \gamma_4 X_{i4} + \gamma_5 X_{i5} + \gamma_6 X_{i6} + \gamma_7 X_{i7} + \gamma_8 X_{i8}, \\
\lambda_i = \alpha_0 + \alpha_1 X_{i1} + \alpha_2 X_{i2} + \alpha_3 X_{i3} + \alpha_4 X_{i4} + \alpha_5 X_{i5} + \alpha_6 X_{i6} + \alpha_7 X_{i7} + \alpha_8 X_{i8}, \\
i = 1, 2, \cdots, 202.
\end{cases}
$$

我们利用 6.1.2 节中的变量选择方法, 分别用三种惩罚函数 SCAD、LASSO、Hard 对上述模型计算得到以下结果, 见表 6.1.2.

表 6.1.2　基于偏正态分布的 BMI 联合模型的变量选择

模型	方法	常数	X_1	X_2	X_3	X_4	X_5	X_6	X_7	X_8
位置模型	SCAD	8.1565	−2.5967	0	0	1.0944	0.0044	0	0.2440	0.1058
	LASSO	4.2274	−0.5338	0	0	0.5138	0.0039	0	0.2476	0.1292
	Hard	9.5805	−2.8398	0	0	1.0612	0.0042	0	0.2481	0.1084
尺度模型	SCAD	−2.2872	0	0	0	0	0	0	0.0376	0.0407
	LASSO	−1.0922	0	0	0	0	0	0	0	0.0313
	Hard	−3.7663	0	0	0	0	0	0	0.0226	0.0241
偏度模型	SCAD	−6.5150	3.9476	0	0	−1.2281	0	0	−0.0284	0.1107
	LASSO	0.1994	0	0	0	0	0	0	−0.1435	0.0457
	Hard	−9.0547	4.8012	0	0	−1.3879	0	0	−0.0396	0.1282

从表 6.1.2 的结果我们注意到这个例子中, 基于 SCAD 和 Hard 方法的变量选择结果非常类似, 在位置模型中挑选出五个非零系数: β_1, β_4, β_5, β_7, β_8; 尺度模型中挑选出两个非零系数: γ_7 和 γ_8; 偏度模型中挑选出四个非零系数: α_1, α_4, α_7, α_8.

这表明 X_2(体内白细胞含量)、X_3(血细胞比容) 和 X_6(皮肤褶皱程度) 对体质指数 Y 的位置、尺度及偏度均未有影响, X_5(等离子铁蛋白浓度) 同样对体质指数 Y 的尺度和偏度没有影响, 另外, X_1(体内红细胞含量) 和 X_4(血红蛋白) 对 Y 的尺度也没有影响.

6.1.5 小结

本节针对偏正态数据, 利用联合惩罚似然的方法, 研究提出了一种同时对位置模型、尺度模型和偏度模型变量选择的方法, 而且该方法能同时对偏正态分布下联合模型进行参数估计和变量选择. 适当选择调整参数, 所提出的惩罚极大似然估计具有相合性和 Oracle 性质. 随机模拟和实例研究结果表明该方法是有效的.

6.2 偏 t 正态数据下的变量选择

6.2.1 引言

目前对均值建模已有大量文献提出了有效和灵活的方法, 然而在许多应用方面, 特别在经济领域和工业产品的质量改进试验中, 存在大量的异方差数据, 这使得我们非常有必要对方差建模, 有效控制方差. 与此同时, 对于存在偏斜的数据, 利用偏态分布进行研究较之对称分布能够获得更加准确、可靠的信息, 所以为了了解影响数据偏度的因素, 对偏度建模同样具有实际意义. 近年来, 偏 t 正态引起了许多学者注意, 其分布能较好地刻画具有偏斜和厚尾数据的分布规律, 应用十分广泛. Gómez 等 (2007) 指出 StN 分布能够很好地描述具有明显偏斜的厚尾数据; Cabral 等 (2008) 基于 Markov 链 Monte Carlo 算法的实现, 研究了采用 Bayes 逼近的偏 t 正态分布的混合模型; Lin 等 (2009) 研究了偏 t 正态非线性模型的统计诊断; Ho 等 (2012) 提出了基于 EM 算法的偏 t 正态分布混合模型的极大似然估计理论.

针对稳健性和数据的偏斜性, 本节研究提出如下感兴趣的基于偏 t 正态分布下联合位置、尺度与偏度模型

$$
\begin{cases}
y_i \sim \mathrm{StN}(\mu_i, \sigma_i^2, \lambda_i, \nu), \\
\mu_i = x_i^{\mathrm{T}}\beta, \\
\log \sigma_i^2 = z_i^{\mathrm{T}}\gamma, \\
\lambda_i = w_i^{\mathrm{T}}\alpha, \\
i = 1, 2, \cdots, n.
\end{cases}
\tag{6.2.1}
$$

本节提出了基于偏 t 正态分布下联合位置、尺度与偏度模型, 并研究该模型的变量选择. 基于前面几章对异方差数据和偏态数据的介绍, 本节主要的目的是利用联合惩罚似然方法对偏 t 正态分布下联合位置、尺度与偏度模型 (6.2.1) 提出一种可行有效的变量选择方法. 这种方法能同时对位置模型、尺度模型和偏度模型进行变量选择, 而且该方法能同时对模型进行参数估计和变量选择. 在适当地调整参数的条件下, 该方法具有相合性, 回归系数的估计具有 Oracle 性质. 随机模拟和实例研究结果表明该方法是有效的.

本节结构安排如下: 6.2.2 节给出了变量选择过程, 证明了提出的惩罚极大似然估计具有相合性和 Oracle 性质, 给出了迭代计算; 6.2.3 节通过随机模拟研究了变量选择的有限样本性质; 6.2.4 节通过实例分析说明了变量选择方法的应用; 6.2.5 节是小结.

6.2.2　变量选择过程

1. 惩罚极大似然估计

假设 (y_i, x_i, z_i, w_i), $i = 1, 2, \cdots, n$ 是来自于基于偏 t 正态分布下联合位置、尺度与偏度模型 (6.2.1) 的随机样本, $\ell(\beta, \gamma, \alpha)$ 为其对数似然函数, 即

$$\ell(\theta) \propto -\frac{1}{2} \sum_{i=1}^{n} z_i^{\mathrm{T}} \gamma - \frac{\nu + 1}{2} \sum_{i=1}^{n} \log \left\{ \nu + \frac{(y_i - x_i^{\mathrm{T}} \beta)^2}{\exp(z_i^{\mathrm{T}} \gamma)} \right\}$$
$$+ \sum_{i=1}^{n} \log \Phi(k_i), \tag{6.2.2}$$

其中 $k_i = \dfrac{w_i^{\mathrm{T}} \alpha (y_i - x_i^{\mathrm{T}} \beta)}{\mathrm{e}^{\frac{1}{2} z_i^{\mathrm{T}} \gamma}}$, $\Phi(\cdot)$ 为标准正态分布的分布函数. 类似 Wu 等 (2013), 定义惩罚似然函数为

$$\mathcal{L}(\beta, \gamma, \alpha) = \ell(\beta, \gamma, \alpha) - n \sum_{j=1}^{p} p_{\tau_{1j}}(|\beta_j|) - n \sum_{k=1}^{q} p_{\tau_{2k}}(|\gamma_k|) - n \sum_{m=1}^{r} p_{\tau_{3m}}(|\alpha_m|), \tag{6.2.3}$$

其中 $p_{\tau_j}(\cdot)$ 是调整参数为 τ_j 的一般的惩罚函数, 调整参数可以通过交叉核实或广义交叉核实 (Fan and Li, 2001; Tibshirani,1996) 挑选. 6.2.5 节, 我们利用 BIC 挑选调整参数. 注意, 惩罚函数和调整参数对所有的 j 不必相同. 例如, 我们希望在最终模型中保留一些重要的变量, 因此就不惩罚它们的系数.

为了叙述简便, 重写惩罚似然函数 (6.2.3) 为

$$\mathcal{L}(\theta) = \ell(\theta) - n \sum_{j=1}^{s} p_{\tau_j}(|\theta_j|), \tag{6.2.4}$$

其中 $\theta = (\theta_1, \cdots, \theta_s)^{\mathrm{T}} = (\beta_1, \cdots, \beta_p; \gamma_1, \cdots, \gamma_q; \alpha_1, \cdots, \alpha_r)^{\mathrm{T}}$, $s = p + q + r$, 除了相差一个与参数无关的常数外,

$$\mathcal{L}(\theta) = \ell(\theta) - n \sum_{j=1}^{s} p_{\tau_j}(|\theta_j|),$$

其中

$$\ell(\theta) = \ell(\beta, \gamma, \alpha) = -\frac{1}{2} \sum_{i=1}^{n} z_i^{\mathrm{T}} \gamma - \frac{\nu + 1}{2} \sum_{i=1}^{n} \log \left\{ \nu + \frac{(y_i - x_i^{\mathrm{T}} \beta)^2}{\mathrm{e}^{z_i^{\mathrm{T}} \gamma}} \right\} + \sum_{i=1}^{n} \log \Phi(k_i).$$

极大化 (6.2.4) 中的函数 $\mathcal{L}(\theta)$ 得到 θ 的惩罚极大似然估计, 记为 $\hat{\theta}$. 在适当的惩罚函数下, 关于 θ 极大化 $\mathcal{L}(\theta)$ 导致一些参数在最终模型中消失, 相应的解释变量自动的剔除, 从而达到变量选择的目的. 因此, 通过极大化 $\mathcal{L}(\theta)$ 同时达到变量选择和参数估计的目的. 6.2.3 节提供技术细节和惩罚极大似然估计 $\hat{\theta}$ 的迭代计算.

2. 渐近性质

在这部分, 我们考虑惩罚极大似然估计的相合性和渐近正态性. 首先介绍一些记号. 假定 θ_0 是 θ 的真值, $\theta_0 = (\theta_{01}, \cdots, \theta_{0s})^{\mathrm{T}} = ((\theta_0^{(1)})^{\mathrm{T}}, (\theta_0^{(2)})^{\mathrm{T}})^{\mathrm{T}}$. 为了下面讨论的方便, 不失一般性, 假定 $\theta_0^{(1)}$ 是 θ_0 的所有非零部分, $\theta_0^{(2)} = 0$. 除此之外, 假定调整参数关于 θ_0 的分量重新排列, $\theta_0^{(1)}$ 的维数为 s_1,

$$a_n = \max_{1 \leqslant j \leqslant s} \{p'_{\tau_n}(|\theta_{0j}|) : \theta_{0j} \neq 0\}$$

和

$$b_n = \max_{1 \leqslant j \leqslant s} \{|p''_{\tau_n}(|\theta_{0j}|)| : \theta_{0j} \neq 0\},$$

其中为了强调调整参数 τ 依赖于样本量 n, 记 $\tau = \tau_n$.

为了得到惩罚极大似然估计的相合性和渐近正态性, 需要下列正则条件:

(C6.2.1) $x_i = (x_{i1}, \cdots, x_{ip})^{\mathrm{T}}$, $z_i = (z_{i1}, \cdots, z_{iq})^{\mathrm{T}}$ 和 $w_i = (w_{i1}, \cdots, w_{ir})^{\mathrm{T}}$ ($i = 1, \cdots, n$) 是固定的.

(C6.2.2) 参数空间是紧的, 真实参数 θ_0 为参数空间的内点.

(C6.2.3) x_i, z_i 和 w_i 在基于偏 t 正态分布下联合位置、尺度与偏度模型 (6.2.1) 中是完全有界的, 即它们中的所有分量是一个有限的实数.

(C6.2.4) $y_i, i = 1, 2, \cdots, n$ 相互独立, $y_i \sim \mathrm{StN}(\mu_i, \sigma_i^2, \lambda_i, \nu)$, 其中 $\mu_i = x_i^{\mathrm{T}} \beta_0$, $\log \sigma_i^2 = z_i^{\mathrm{T}} \gamma_0$, $\lambda_i = w_i^{\mathrm{T}} \alpha_0$.

定理 6.2.1 假设 $a_n = O_p(n^{-1/2})$, 当 $n \to \infty$ 时, $b_n \to 0$ 和 $\tau_n \to 0$, 其中 τ_n 是 τ_{1n} 或 τ_{2n}, 取决于 θ_{0j} 是 β_0 或 $\gamma_0 (1 \leqslant j \leqslant s)$. 在条件 (C6.2.1)—(C6.2.4) 下, (6.2.5) 中惩罚似然函数 $\mathcal{L}(\theta)$ 依概率 1 存在一个局部极大似然估计 $\hat{\theta}_n$ 满足: $\|\hat{\theta} - \theta_0\| = O_p(n^{-1/2})$.

下面考虑 $\hat{\theta}_n$ 的渐近正态性. 假设

$$A_n = \mathrm{diag}(p''_{\tau_n}(|\theta_{01}^{(1)}|), \cdots, p''_{\tau_n}(|\theta_{0s_1}^{(1)}|)),$$

$$c_n = (p'_{\tau_n}(|\theta_{01}^{(1)}|)\mathrm{sgn}(\theta_{01}^{(1)}), \cdots, p'_{\tau_n}(|\theta_{0s_1}^{(1)}|)\mathrm{sgn}(\theta_{0s_1}^{(1)}))^{\mathrm{T}},$$

其中 τ_n 的定义与定理 6.2.1 相同, $\theta_{0j}^{(1)}$ 是 $\theta_0^{(1)}$ $(1 \leqslant j \leqslant s_1)$ 的第 j 个分量, $\mathcal{I}_n(\theta)$ 是 θ 的 Fisher 信息阵.

定理 6.2.2 (Oracle 性质)　假设惩罚函数 $p_{\tau_n}(t)$ 满足

$$\liminf_{n\to\infty} \liminf_{t\to 0^+} \frac{p'_{\tau_n}(t)}{\tau_n} > 0,$$

而且当 $n \to \infty$ 时, $\bar{\mathcal{I}}_n = \mathcal{I}_n(\theta_0)/n$ 收敛于一个有限的正定阵 $\mathcal{I}(\theta_0)$. 在定理 6.2.1 的条件下, 当 $n \to \infty$ 时, 如果 $\tau_n \to 0$ 而且 $\sqrt{n}\tau_n \to \infty$, 则在定理 6.2.1 中的 $\sqrt{n}$ 相合估计 $\hat{\theta}_n = ((\hat{\theta}_n^{(1)})^{\mathrm{T}}, (\hat{\theta}_n^{(2)})^{\mathrm{T}})^{\mathrm{T}}$ 一定满足:

(i) (稀疏性) $\hat{\theta}_n^{(2)} = 0$;

(ii) (渐近正态性)

$$\sqrt{n}(\bar{\mathcal{I}}_n^{(1)})^{-1/2}(\bar{\mathcal{I}}_n^{(1)} + A_n)\{(\hat{\theta}_n^{(1)} - \theta_0^{(1)}) + (\bar{\mathcal{I}}_n^{(1)} + A_n)^{-1}c_n\} \xrightarrow{\mathcal{L}} \mathcal{N}_{s_1}(0, I_{s_1}),$$

其中 "$\xrightarrow{\mathcal{L}}$" 是依分布收敛, $\bar{\mathcal{I}}_n^{(1)}$ 是对应于 $\theta_0^{(1)}$ 的 $\bar{\mathcal{I}}_n$ 的 $s_1 \times s_1$ 的子矩阵, 而且 I_{s_1} 是 $s_1 \times s_1$ 的单位阵.

注 1　定理 6.2.2 表明惩罚极大似然估计具有 Oracle 性质.

注 2　定理 6.2.1 和定理 6.2.2 证明类似于定理 3.1.1 和定理 3.1.2, 从略.

3. 迭代计算

1) 算法研究

首先, 注意到对数似然函数 $\ell(\theta)$ 的一、二阶导数是连续的. 对给定的 θ_0, 对数似然函数 $\ell(\theta)$ 近似为

$$\ell(\theta) \approx \ell(\theta_0) + \left[\frac{\partial \ell(\theta_0)}{\partial \theta}\right]^{\mathrm{T}} (\theta - \theta_0) + \frac{1}{2}(\theta - \theta_0)^{\mathrm{T}} \left[\frac{\partial^2 \ell(\theta_0)}{\partial \theta \partial \theta^{\mathrm{T}}}\right] (\theta - \theta_0).$$

而且, 给定初值 θ_0, $p_\tau(\theta)$ 可二次逼近

$$p_\tau(|\theta|) \approx p_\tau(|\theta_0|) + \frac{1}{2}\frac{p'_\tau(|\theta_0|)}{|\theta_0|}(\theta^2 - \theta_0^2), \quad \theta \approx \theta_0.$$

因此, 除了相差一个与参数无关的常数项外, 惩罚似然函数 (6.2.4) 可二次逼近

$$\mathcal{L}(\theta) \approx \ell(\theta_0) + \left[\frac{\partial \ell(\theta_0)}{\partial \theta}\right]^{\mathrm{T}} (\theta - \theta_0) + \frac{1}{2}(\theta - \theta_0)^{\mathrm{T}} \left[\frac{\partial^2 \ell(\theta_0)}{\partial \theta \partial \theta^{\mathrm{T}}}\right] (\theta - \theta_0) - \frac{n}{2}\theta^{\mathrm{T}}\Sigma_\tau(\theta_0)\theta.$$

其中

$$\Sigma_\tau(\theta_0) = \mathrm{diag}\left\{ \frac{p'_{\tau_{11}}(|\beta_{01}|)}{|\beta_{01}|}, \cdots, \frac{p'_{\tau_{1p}}(|\beta_{0p}|)}{|\beta_{0p}|}, \frac{p'_{\tau_{21}}(|\gamma_{01}|)}{|\gamma_{01}|}, \cdots, \right.$$
$$\left. \frac{p'_{\tau_{2q}}(|\gamma_{0q}|)}{|\gamma_{0q}|}, \frac{p'_{\tau_{31}}(|\alpha_{01}|)}{|\alpha_{01}|}, \cdots, \frac{p'_{\tau_{3r}}(|\alpha_{0r}|)}{|\alpha_{0r}|} \right\},$$

$$\theta = (\theta_1, \cdots, \theta_s)^{\mathrm{T}} = (\beta_1, \cdots, \beta_p; \gamma_1, \cdots, \gamma_q; \alpha_1, \cdots, \alpha_r)^{\mathrm{T}},$$

$$\theta_0 = (\theta_{01}, \cdots, \theta_{0s})^{\mathrm{T}} = (\beta_{01}, \cdots, \beta_{0p}; \gamma_{01}, \cdots, \gamma_{0q}; \alpha_{01}, \cdots, \alpha_{0r})^{\mathrm{T}},$$

其中 $\theta = (\theta_1, \cdots, \theta_s)^{\mathrm{T}} = (\beta_1, \cdots, \beta_p; \gamma_1, \cdots, \gamma_q)^{\mathrm{T}}$ 和 $\theta_0 = (\theta_{01}, \cdots, \theta_{0s})^{\mathrm{T}} = (\beta_{01}, \cdots,$ $\beta_{0p}; \gamma_{01}, \cdots, \gamma_{0q})^{\mathrm{T}}$. 因此, $\mathcal{L}(\theta)$ 二次最优化的解可通过下列迭代得到

$$\theta_1 \approx \theta_0 + \left\{ \frac{\partial^2 \ell(\theta_0)}{\partial \theta \partial \theta^{\mathrm{T}}} - n\Sigma_\tau(\theta_0) \right\}^{-1} \left\{ n\Sigma_\tau(\theta_0)\theta_0 - \frac{\partial \ell(\theta_0)}{\partial \theta} \right\}.$$

其次, 对数似然函数 $\ell(\theta)$ 可写为

$$\ell(\theta) \propto -\frac{1}{2} \sum_{i=1}^{n} z_i^{\mathrm{T}} \gamma - \frac{\nu+1}{2} \sum_{i=1}^{n} \log \left\{ \nu + \frac{(y_i - x_i^{\mathrm{T}}\beta)^2}{\exp(z_i^{\mathrm{T}}\gamma)} \right\}$$

$$+ \sum_{i=1}^{n} \log \Phi(k_i),$$

其中 $k_i = \dfrac{w_i^{\mathrm{T}}\alpha(y_i - x_i^{\mathrm{T}}\beta)}{\mathrm{e}^{\frac{1}{2}z_i^{\mathrm{T}}\gamma}}$, $\Phi(\cdot)$ 为标准正态分布的分布函数.

因此,

$$U(\theta) = \frac{\partial \ell(\theta)}{\partial \theta} = (U_1^{\mathrm{T}}(\beta), U_2^{\mathrm{T}}(\gamma), U_3^{\mathrm{T}}(\alpha))^{\mathrm{T}},$$

其中

$$U_1(\beta) = \frac{\partial \ell(\theta)}{\partial \beta}$$

$$= (\nu+1) \sum_{i=1}^{n} \left\{ \nu + \frac{(y_i - x_i^{\mathrm{T}}\beta)^2}{\mathrm{e}^{z_i^{\mathrm{T}}\gamma}} \right\}^{-1} \frac{(y_i - x_i^{\mathrm{T}}\beta)x_i}{\mathrm{e}^{z_i^{\mathrm{T}}\gamma}}$$

$$- \sum_{i=1}^{n} \frac{\varphi(k_i)}{\Phi(k_i)} \frac{w_i^{\mathrm{T}}\alpha}{\mathrm{e}^{\frac{1}{2}z_i^{\mathrm{T}}\gamma}} x_i,$$

$$U_2(\gamma) = \frac{\partial \ell(\theta)}{\partial \gamma}$$

$$= -\frac{1}{2} \sum_{i=1}^{n} z_i + \frac{\nu+1}{2} \sum_{i=1}^{n} \left\{ \nu + \frac{(y_i - x_i^{\mathrm{T}}\beta)^2}{\mathrm{e}^{z_i^{\mathrm{T}}\gamma}} \right\}^{-1}$$

$$\times \frac{(y_i - x_i^{\mathrm{T}}\beta)^2 z_i}{\mathrm{e}^{z_i^{\mathrm{T}}\gamma}} - \frac{1}{2} \sum_{i=1}^{n} \frac{\varphi(k_i)k_i}{\Phi(k_i)} z_i,$$

$$U_3(\alpha) = \frac{\partial \ell(\theta)}{\partial \alpha} = \sum_{i=1}^{n} \frac{\varphi(k_i)}{\Phi(k_i)} \frac{y_i - x_i^{\mathrm{T}}\beta}{\mathrm{e}^{z_i^{\mathrm{T}}\gamma}} w_i,$$

所以

$$
H(\theta) = \frac{\partial^2 \ell(\theta)}{\partial \theta \partial \theta^{\mathrm{T}}} = \begin{pmatrix}
\dfrac{\partial^2 \ell(\theta)}{\partial \beta \partial \beta^{\mathrm{T}}} & \dfrac{\partial^2 \ell(\theta)}{\partial \beta \partial \gamma^{\mathrm{T}}} & \dfrac{\partial^2 \ell(\theta)}{\partial \beta \partial \alpha^{\mathrm{T}}} \\[3mm]
\dfrac{\partial^2 \ell(\theta)}{\partial \gamma \partial \beta^{\mathrm{T}}} & \dfrac{\partial^2 \ell(\theta)}{\partial \gamma \partial \gamma^{\mathrm{T}}} & \dfrac{\partial^2 \ell(\theta)}{\partial \gamma \partial \alpha^{\mathrm{T}}} \\[3mm]
\dfrac{\partial^2 \ell(\theta)}{\partial \alpha \partial \beta^{\mathrm{T}}} & \dfrac{\partial^2 \ell(\theta)}{\partial \alpha \partial \gamma^{\mathrm{T}}} & \dfrac{\partial^2 \ell(\theta)}{\partial \alpha \partial \alpha^{\mathrm{T}}}
\end{pmatrix},
$$

其中

$$
\begin{aligned}
\frac{\partial^2 \ell(\theta)}{\partial \beta \partial \beta^{\mathrm{T}}} =\ & 2(\nu+1) \sum_{i=1}^{n} \left\{ \nu + \frac{(y_i - x_i^{\mathrm{T}}\beta)^2}{e^{z_i^{\mathrm{T}}\gamma}} \right\}^{-2} \frac{(y_i - x_i^{\mathrm{T}}\beta)^2}{e^{2z_i^{\mathrm{T}}\gamma}} x_i x_i^{\mathrm{T}} \\
& - (\nu+1) \sum_{i=1}^{n} \left\{ \nu + \frac{(y_i - x_i^{\mathrm{T}}\beta)^2}{e^{z_i^{\mathrm{T}}\gamma}} \right\}^{-1} \frac{x_i x_i^{\mathrm{T}}}{e^{z_i^{\mathrm{T}}\gamma}} \\
& - \sum_{i=1}^{n} \frac{\varphi^2(k_i)}{\Phi^2(k_i)} \frac{(w_i^{\mathrm{T}}\alpha)^2 x_i x_i^{\mathrm{T}}}{e^{z_i^{\mathrm{T}}\gamma}} - \sum_{i=1}^{n} \frac{\varphi(k_i) k_i}{\Phi(k_i)} \frac{(w_i^{\mathrm{T}}\alpha)^2 x_i x_i^{\mathrm{T}}}{e^{z_i^{\mathrm{T}}\gamma}},
\end{aligned}
$$

$$
\begin{aligned}
\frac{\partial^2 \ell(\theta)}{\partial \beta \partial \gamma^{\mathrm{T}}} =\ & (\nu+1) \sum_{i=1}^{n} \left\{ \nu + \frac{(y_i - x_i^{\mathrm{T}}\beta)^2}{e^{z_i^{\mathrm{T}}\gamma}} \right\}^{-2} \frac{(y_i - x_i^{\mathrm{T}}\beta)^3 x_i z_i^{\mathrm{T}}}{e^{2z_i^{\mathrm{T}}\gamma}} \\
& - (\nu+1) \sum_{i=1}^{n} \left\{ \nu + \frac{(y_i - x_i^{\mathrm{T}}\beta)^2}{e^{z_i^{\mathrm{T}}\gamma}} \right\}^{-1} \frac{(y_i - x_i^{\mathrm{T}}\beta) x_i z_i^{\mathrm{T}}}{e^{z_i^{\mathrm{T}}\gamma}} \\
& - \frac{1}{2} \sum_{i=1}^{n} \left[\frac{\varphi^2(k_i) k_i}{\Phi^2(k_i)} + \frac{\varphi(k_i)(k_i - 1)}{\Phi(k_i)} \right] \frac{w_i^{\mathrm{T}}\alpha}{e^{\frac{1}{2}z_i^{\mathrm{T}}\gamma}} x_i z_i^{\mathrm{T}},
\end{aligned}
$$

$$
\frac{\partial^2 \ell(\theta)}{\partial \beta \partial \alpha^{\mathrm{T}}} = -\sum_{i=1}^{n} \left[\frac{\varphi(k_i)(1 - k_i^2)}{\Phi(k_i)} - \frac{\varphi^2(k_i) k_i}{\Phi^2(k_i)} \right] \frac{x_i w_i^{\mathrm{T}}}{e^{\frac{1}{2}z_i^{\mathrm{T}}\gamma}},
$$

$$
\begin{aligned}
\frac{\partial^2 \ell(\theta)}{\partial \gamma \partial \gamma^{\mathrm{T}}} =\ & \frac{\nu+1}{2} \sum_{i=1}^{n} \left\{ \nu + \frac{(y_i - x_i^{\mathrm{T}}\beta)^2}{e^{z_i^{\mathrm{T}}\gamma}} \right\}^{-2} \frac{(y_i - x_i^{\mathrm{T}}\beta)^4 z_i z_i^{\mathrm{T}}}{e^{2z_i^{\mathrm{T}}\gamma}} \\
& - \frac{\nu+1}{2} \sum_{i=1}^{n} \left\{ \nu + \frac{(y_i - x_i^{\mathrm{T}}\beta)^2}{e^{z_i^{\mathrm{T}}\gamma}} \right\}^{-1} \frac{(y_i - x_i^{\mathrm{T}}\beta)^2 z_i z_i^{\mathrm{T}}}{e^{z_i^{\mathrm{T}}\gamma}} \\
& - \frac{1}{4} \sum_{i=1}^{n} \frac{\varphi^2(k_i) k_i^2}{\Phi^2(k_i)} z_i z_i^{\mathrm{T}} - \frac{1}{4} \sum_{i=1}^{n} \frac{\varphi(k_i) k_i (k_i - 1)}{\Phi(k_i)} z_i z_i^{\mathrm{T}},
\end{aligned}
$$

$$\frac{\partial^2 \ell(\theta)}{\partial \gamma \partial \alpha^{\mathrm{T}}} = -\frac{1}{2} \sum_{i=1}^{n} \left[\frac{\varphi(k_i)(1-k_i^2)}{\Phi(k_i)} - \frac{\varphi^2(k_i)k_i}{\Phi^2(k_i)} \right] \frac{y_i - x_i^{\mathrm{T}}\beta}{\mathrm{e}^{\frac{1}{2}z_i^{\mathrm{T}}\gamma}} z_i w_i^{\mathrm{T}},$$

$$\frac{\partial^2 \ell(\theta)}{\partial \alpha \partial \alpha^{\mathrm{T}}} = -\sum_{i=1}^{n} \left[\frac{\varphi(k_i)k_i}{\Phi(k_i)} + \frac{\varphi^2(k_i)}{\Phi^2(k_i)} \right] \left(\frac{y_i - x_i^{\mathrm{T}}\beta}{\mathrm{e}^{\frac{1}{2}z_i^{\mathrm{T}}\gamma}} \right)^2 w_i w_i^{\mathrm{T}}.$$

最后, 下面的算法总结了基于偏 t 正态分布下联合位置、尺度与偏度模型 (6.2.1) 中参数的惩罚极大似然估计的迭代计算.

算法　步骤 1　取 β, γ 和 α 没有惩罚的极大似然估计 $\beta^{(0)}, \gamma^{(0)}, \alpha^{(0)}$ 作为初始估计, 即 $\theta^{(0)} = ((\beta^{(0)})^{\mathrm{T}}, (\gamma^{(0)})^{\mathrm{T}}, (\alpha^{(0)})^{\mathrm{T}})^{\mathrm{T}}$.

步骤 2　给定当前值 $\beta^{(k)}, \gamma^{(k)}, \alpha^{(k)}, \theta^{(k)} = ((\beta^{(k)})^{\mathrm{T}}, (\gamma^{(k)})^{\mathrm{T}}, (\alpha^{(k)})^{\mathrm{T}})^{\mathrm{T}}$, 迭代

$$\theta^{(k+1)} = \theta^{(k)} + \left\{ H(\theta^{(k)}) - n\Sigma_\tau(\theta^{(k)}) \right\}^{-1} \left\{ n\Sigma_\tau(\theta^{(k)})\theta^{(k)} - U(\theta^{(k)}) \right\}.$$

步骤 3　重复步骤 2 直到收敛条件满足.

2) 调整参数的选择

许多调整参数选择准则, 如 CV, GCV, AIC 和 BIC 可以用来选择调整参数. Wang 等 (2007) 建议在线性模型和部分线性模型 SCAD 估计利用 BIC 选择调整参数, 而且证明此准则具有相合性, 即利用 BIC 准则能依概率 1 选择真实模型. 因此本节也采用 BIC 准则, 定义如下

$$\mathrm{BIC}(\tau) = -\frac{2}{n}\ell(\hat{\theta}) + \mathrm{df}_\tau \times \frac{\log(n)}{n}, \tag{6.2.5}$$

选择最优的 τ, 其中除了相差一个与参数无关的常数外

$$\ell(\hat{\theta}) = \ell(\hat{\beta}, \hat{\gamma}, \hat{\alpha}) = -\frac{1}{2}\sum_{i=1}^{n} z_i^{\mathrm{T}}\hat{\gamma} - \frac{1}{2}\sum_{i=1}^{n} \frac{(y_i - x_i^{\mathrm{T}}\hat{\beta})^2}{\mathrm{e}^{z_i^{\mathrm{T}}\hat{\gamma}}} + \sum_{i=1}^{n} \log \Phi(k_i),$$

其中 $k_i = \dfrac{w_i^{\mathrm{T}}\hat{\alpha}(y_i - x_i^{\mathrm{T}}\hat{\beta})}{\mathrm{e}^{\frac{1}{2}z_i^{\mathrm{T}}\hat{\gamma}}}$, $\Phi(\cdot)$ 为标准正态分布的分布函数, $0 \leqslant \mathrm{df}_\tau \leqslant s$ 是惩罚极大似然估计 $\hat{\theta}$ 的非零分量个数, $\hat{\beta}, \hat{\gamma}$ 和 $\hat{\alpha}$ 是惩罚极大似然估计. Fan 和 Li(2001) 建议实际中取 $a = 3.7$. 因此取 $a = 3.7$, 希望调整参数 τ_{1j}, τ_{2k} 和 τ_{3m} 的选取可以保证对应零系数的调整参数大于对应非零系数的调整参数. 进而, 可以在对非零系数给出相合估计的同时, 把零系数的估计压缩为 0, 从而达到变量选择的目的. 实际上, 取

(i) $\tau_{1j} = \dfrac{\tau}{|\hat{\beta}_j^0|}, j = 1, \cdots, p$;

(ii) $\tau_{2k} = \dfrac{\tau}{|\hat{\gamma}_k^0|}, k = 1, \cdots, q$;

(iii) $\tau_{3m} = \dfrac{\tau}{|\hat{\alpha}_m^0|}, m = 1, \cdots, r,$

其中 $\hat{\beta}_j^0$ 和 $\hat{\gamma}_k^0$ 分别是 β_j 和 $\gamma_k (j = 1, \cdots, p,\ k = 1, \cdots, q)$ 没有惩罚的极大似然估计, 调整参数可以通过下式计算得到

$$\hat{\tau} = \arg\min_{\tau} \mathrm{BIC}(\tau). \tag{6.2.6}$$

从 6.2.3 节的模拟研究结果可以看出, 我们所提出的调整参数的选择方法是可行的.

6.2.3　模拟研究

下面对 6.2.2 节所提出的变量选择方法的有限样本性质进行模拟研究. 利用 MSE 来评价 $\hat{\beta}, \hat{\gamma}$ 和 $\hat{\alpha}$ 的估计精度, 定义为

$$\mathrm{MSE}(\hat{\beta}_n) = E(\hat{\beta}_n - \beta_0)^{\mathrm{T}}(\hat{\beta}_n - \beta_0),$$
$$\mathrm{MSE}(\hat{\gamma}_n) = E(\hat{\gamma}_n - \gamma_0)^{\mathrm{T}}(\hat{\gamma}_n - \gamma_0),$$
$$\mathrm{MSE}(\hat{\alpha}_n) = E(\hat{\alpha}_n - \alpha_0)^{\mathrm{T}}(\hat{\alpha}_n - \alpha_0).$$

从下面基于偏 t 正态分布下联合位置、尺度与偏度模型产生模拟数据

$$\begin{cases} y_i \overset{\mathrm{ind}}{\sim} \mathrm{StN}(\mu_i, \sigma_i^2, \lambda_i, \nu), \\ \mu_i = x_i^{\mathrm{T}}\beta, \\ \log \sigma_i^2 = z_i^{\mathrm{T}}\gamma, \\ \lambda_i = w_i^{\mathrm{T}}\alpha, \\ i = 1, 2, \cdots, n. \end{cases}$$

取 $\beta_0 = (1, 1, 0, 0, 1, 0, 0, 0)^{\mathrm{T}}, \gamma_0 = (0.7, 0.7, 0, 0, 0.7, 0, 0, 0)^{\mathrm{T}}$ 和 $\alpha_0 = (0.5, 0.5, 0, 0, 0.5, 0, 0, 0)^{\mathrm{T}}$, $\nu = 3, 5$, x_i, z_i 和 w_i 的分量独立产生于 $U(-1, 1)$. 基于 1000 次重复试验, 表 6.2.1 至表 6.2.3 给出了 1000 次模拟中, 基于偏 t 正态分布下联合位置、尺度与偏度模型参数的零系数估计的平均情况, "C" 表示把真实零系数估计成 0 的平均个数, "I" 表示把真实非零系数估计成 0 的平均个数, "MSE" 表示 $\hat{\beta}, \hat{\gamma}$ 和 $\hat{\alpha}$ 的均方误差.

我们对偏 t 正态分布下联合位置、尺度与偏度模型基于不同样本量、不同惩罚函数: SCAD(Fan and Li, 2001), LASSO(Tibshirani, 1996), Hard (Antoniadis, 1997) 和不同偏度下的变量选择方法进行比较研究, 结果见表 6.2.1、表 6.2.2.

由表 6.2.1 和表 6.2.2 的结果可观察到以下的结论:

(1) 对于给定的三种惩罚函数, 变量选择方法的效果随样本量的增加而越来越好, $\hat{\beta}, \hat{\gamma}$ 和 $\hat{\alpha}$ 均方误差也均随样本量的增大而越来越小.

表 6.2.1 不同样本量和不同罚函数变量选择方法比较, $\nu = 3$

模型	n	SCAD			LASSO			Hard		
		C	IC	MSE	C	IC	MSE	C	IC	MSE
位置模型	100	4.8700	0.0120	0.1703	4.2540	0.0100	0.2811	4.8340	0.0120	0.1837
	200	4.9250	0	0.1030	4.6000	0	0.1758	4.9300	0	0.0998
	300	4.9650	0	0.0630	4.8450	0	0.1099	4.9620	0	0.0604
尺度模型	100	4.6660	0.9600	0.7654	4.4400	0.7480	0.7251	4.5600	0.7920	0.7212
	200	4.7050	0.5600	0.4742	4.6150	0.4450	0.6076	4.7200	0.5350	0.4634
	300	4.7950	0.2600	0.2561	4.8350	0.2300	0.5412	4.8650	0.2700	0.2479
偏度模型	100	4.6720	0.6380	0.3803	3.3080	0.1040	0.2196	4.7300	0.6360	0.3805
	200	4.7900	0.3600	0.2264	3.5950	0.0200	0.1351	4.8600	0.3750	0.2102
	300	4.8400	0.0900	0.0829	4.0500	0.0050	0.0798	4.9300	0.0750	0.0772

表 6.2.2 不同样本量和不同罚函数变量选择方法比较, $\nu = 5$

模型	n	SCAD			LASSO			Hard		
		C	IC	MSE	C	IC	MSE	C	IC	MSE
位置模型	100	4.8780	0.0260	0.2033	4.1520	0.0400	0.3571	4.8100	0.0220	0.2343
	200	4.8950	0	0.1272	4.5050	0.0050	0.2461	4.9100	0	0.1295
	300	4.9650	0	0.0688	4.8050	0	0.1517	4.9650	0	0.0662
尺度模型	100	4.7300	0.9480	0.6928	4.4280	0.6380	0.6527	4.6640	0.7880	0.6363
	200	4.8200	0.5400	0.4200	4.6250	0.3450	0.5394	4.8150	0.5000	0.4016
	300	4.8550	0.1914	0.2561	4.7950	0.1050	0.4082	4.8800	0.1500	0.1780
偏度模型	100	4.5880	0.8460	0.5020	3.2000	0.1660	0.2934	4.5780	0.7560	0.5149
	200	4.7650	0.4750	0.2759	3.5300	0.0550	0.1539	4.8000	0.5150	0.2791
	300	4.8250	0.1450	0.1146	4.0300	0.0200	0.0990	4.8900	0.1750	0.1158

(2) 根据模型误差和模型复杂性, 在相同样本量的条件下, 基于 Hard 惩罚函数的变量选择方法的效果最好, 而且基于 SCAD 和 Hard 变量选择方法的效果均优于 LASSO 方法.

(3) 在相同惩罚函数及样本量的条件下, 基于模型误差和模型复杂性, 位置模型的变量选择效果优于尺度模型, 尺度模型的变量选择效果优于偏度模型.

6.2.4 实例分析

下面我们对澳大利亚运动员 BMI(Cook and Weisberg, 1994)(图 6.2.1) 应用 6.2.2 节的方法进行变量选择分析. 该批数据由 Richard Telford 和 Ross Cunningham 收集, 由澳大利亚体育学院 102 名男性和 100 名女性运动员的身体各项 BMI 组成.

其中, 体质指数是目前公认的描述公众健康的一个重要统计指标, 我们取其为响应变量 Y, 研究 8 个解释变量; 即 X_1: 体内红细胞含量, X_2: 体内白细胞含量, X_3: 血细胞比容, X_4: 血红蛋白, X_5: 等离子铁蛋白浓度, X_6: 皮肤褶皱程度, X_7: 身体脂肪百分比, X_8: 去脂体重对体质指数 Y 的影响程度.

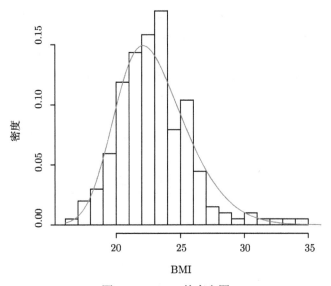

图 6.2.1　BMI 的直方图

由图 6.2.1 分析可知, 数据 (BMI) 服从 (或近似服从) 偏 t 正态分布, 即可以运用本节提出的变量选择方法进行统计分析. 建立以下联合位置、尺度和偏度模型:

$$\ell_p(\nu) = \ell(\tilde{\beta}(\nu), \tilde{\gamma}(\nu), \tilde{\alpha}(\nu), \nu)$$

$$= \frac{n\nu}{2}\log(\nu) + n\log\Gamma\left(\frac{\nu+1}{2}\right) - n\log\Gamma\left(\frac{\nu}{2}\right)$$

$$- \frac{\nu+1}{2}\sum_{i=1}^{n}\log\left\{\nu + \frac{[y_i - x_i^{\mathrm{T}}\tilde{\beta}(\nu)]^2}{\exp[z_i^{\mathrm{T}}\tilde{\gamma}(\nu)]}\right\}$$

$$- \frac{1}{2}\sum_{i=1}^{n}z_i^{\mathrm{T}}\tilde{\gamma}(\nu) + \sum_{i=1}^{n}\log\Phi(k_i(\nu)),$$

$$k_i(\nu) = \frac{w_i^{\mathrm{T}}\tilde{\alpha}(\nu)[y_i - x_i^{\mathrm{T}}\tilde{\beta}(\nu)]}{\exp(z_i^{\mathrm{T}}\tilde{\gamma}(\nu)/2)}.$$

可得, $\hat{\nu} = 3.86$.

$$
\begin{cases}
y_i \sim \text{StN}(\mu_i, \sigma_i^2, \lambda_i, \nu), & \hat{\nu} = 3.86, \\
\mu_i = \beta_0 + \beta_1 X_{i1} + \beta_2 X_{i2} + \cdots + \beta_8 X_{i8}, \\
\log \sigma_i^2 = \gamma_0 + \gamma_1 X_{i1} + \gamma_2 X_{i2} + \cdots + \gamma_8 X_{i8}, \\
\lambda_i = \alpha_0 + \alpha_1 X_{i1} + \alpha_2 X_{i2} + \cdots + \alpha_8 X_{i8}, \\
i = 1, 2, \cdots, 202.
\end{cases}
$$

利用 6.2.2 节中的变量选择方法, 分别用三种惩罚函数 SCAD, LASSO, Hard 对上述模型计算, 结果见表 6.2.3.

表 6.2.3 基于 StN 分布的体质指数联合模型的变量选择

模型	方法	常数	X_1	X_2	X_3	X_4	X_5	X_6	X_7	X_8
	SCAD	−31.4833	1.8674	−5.8179	0.3654	0.9318	−0.0110	0	0.5360	0.2492
位置模型	LASSO	−23.0420	1.5784	−1.9311	0.1173	0.5428	−0.0072	0	0.2581	0.1206
	Hard	−31.4916	1.7673	−5.7813	0.3722	0.9381	−0.0109	0	0.5371	0.2471
	SCAD	7.0534	−0.1333	0.3244	−0.0284	0	0	0	−0.0158	0
尺度模型	LASSO	6.5806	−0.1492	0.1300	−0.0191	0.0289	0	0	0	0
	Hard	7.0544	−0.1271	0.3224	−0.0289	0	0	0	−0.0159	0
	SCAD	13.9388	21.8682	−0.7605	1.6106	−12.0149	0	−0.0622	0.0624	0.4234
偏度模型	LASSO	10.6491	−0.3135	0.0893	0.2663	−0.2804	0	0.0335	−0.1760	0
	Hard	13.7397	19.7302	−0.6301	1.4854	−10.9999	0	−0.0556	0.0479	0.3857

从表 6.2.3 的结果我们注意到这个例子中, 基于 SCAD 和 Hard 方法的变量选择结果非常类似, 在位置模型中挑选出七个非零系数: $\beta_1, \beta_2, \beta_3, \beta_4, \beta_5, \beta_7, \beta_8$; 尺度模型中挑选出四个非零系数: $\gamma_1, \gamma_2, \gamma_3, \gamma_7$; 偏度模型中挑选出七个非零系数: $\alpha_1, \alpha_2, \alpha_3, \alpha_4, \alpha_6, \alpha_7, \alpha_8$.

这表明 X_6(皮肤褶皱程度) 对体质指数 Y 的位置、尺度均没有影响, X_5(等离子铁蛋白浓度) 和 X_8(去脂体重) 同样对体质指数 Y 的尺度没有影响, 另外, X_5(等离子铁蛋白浓度) 对 Y 的偏度也没有影响.

6.2.5 小结

本节针对偏 t 正态数据, 利用联合惩罚似然的方法, 研究提出了一种同时对位置模型、尺度模型和偏度模型变量选择的方法, 而且该方法能同时对偏 t 正态分布下联合模型进行参数估计和变量选择. 适当选择调整参数, 所提出的惩罚极大似然估计具有相合性和 Oracle 性质. 随机模拟结果和实例分析表明该方法是有效的.

参 考 文 献

陈放, 李高荣, 冯三营, 薛留根. 2010. 右删失数据下非线性回归模型的经验似然推断. 应用数学学报, 33(1): 130–141.

陈海露. 2011. 双重广义线性模型的参数估计与变量选择. 北京工业大学硕士学位论文.

陈希孺. 2002. 广义线性模型 (一). 数理统计与管理, 21(5): 54–61.

陈希孺. 2011. 广义线性模型的拟似然法. 合肥: 中国科学技术大学出版社.

戴琳, 陶冶, 吴刘仓. 2017. 联合均值与方差模型的统计诊断. 统计与信息论坛, 32(1): 14–19.

丁先文, 徐亮, 林金官. 2012. 非线性回归模型的经验似然诊断. 应用数学学报, 35(4): 693–702.

方开泰, 许建伦. 1987. 统计分布. 北京: 科学出版社.

冯三营, 李高荣, 薛留根, 陈放. 2010. 非线性半参数 EV 模型的经验似然置信域. 高校应用数学学报, 25(1): 53–63.

高惠璇. 2001. 实用统计方法与 SAS 系统. 北京: 北京大学出版社.

金勇进, 邵军. 2009. 缺失数据的统计处理. 北京: 中国统计出版社.

李玲雪, 吴刘仓, 詹金龙. 2014. 缺失偏态数据下联合位置与尺度模型的统计推断. 统计与信息论坛, 29(3): 63–69.

李英华, 秦永松. 2008. 缺失数据下线性模型回归系数估计的大样本性质. 数学研究, 41(4): 426–433.

李志强, 薛留根. 2007. 缺失数据下广义变系数模型的均值借补估计. 数理统计与管理, 26(3): 444–448.

李志强, 薛留根. 2008. 响应变量随机缺失下的广义变系数模型的估计. 系统科学与数学, 28(10): 1297–1307.

马婷, 吴刘仓, 黄丽. 2013. 基于偏正态分布联合位置、尺度与偏度模型的极大似然估计. 数理统计与管理, 3(3): 433–439.

邱贻涛, 吴刘仓, 马婷. 2015. 缺失数据下联合均值与方差模型的参数估计. 数理统计与管理, 34(4): 621–627.

万文, 吴刘仓, 马梦蝶. 2017. 偏正态数据下联合位置与尺度模型的统计诊断. 应用数学, 30(2): 313–321.

王大荣. 2009. 分散度量模型中的变量选择. 北京工业大学博士学位论文.

王大荣, 张忠占. 2009. 线性回归模型中变量选择方法综述. 数理统计与管理, 29(4): 615–627.

王启华. 2004. 经验似然统计推断方法发展综述. 数学进展, 33(2): 141–150.

王松桂, 史建红, 尹素菊, 吴密霞. 2004. 线性模型引论. 北京: 科学出版社.

王秀丽, 盖玉洁, 林路. 2011. 协变量缺失下线性模型中参数的经验似然推断. 山东大学学报 (理学版), 46(1): 92–96.

王子豪, 吴刘仓, 戴琳. 2015. 双重广义线性模型的经验似然推断. 高校应用数学学报, 30(1): 10–16.

韦博成. 2006. 参数统计教程. 北京: 高等教育出版社.

韦博成, 林金官, 吕庆哲. 2003. 回归模型中异方差或变离差检验问题综述. 应用概率统计, 19(2): 210–220.

韦博成, 林金官, 解锋昌. 2009. 统计诊断. 北京: 高等教育出版社.

吴刘仓, 黄丽, 戴琳. 2012. Box-Cox 变换下联合均值与方差模型的极大似然估计. 统计与信息论坛, 27(5): 3–8.

吴刘仓, 李会琼. 2012. 极值分布下联合位置与散度模型的变量选择. 工程数学学报, 29(5): 670–680.

吴刘仓, 马婷, 詹金龙. 2013. 基于 StN 分布联合位置、尺度和偏度模型的极大似然估计. 高校应用数学学报, 26(4): 431–438.

吴刘仓, 邱贻涛, 詹金龙. 2014. 缺失数据下双重广义线性模型的参数估计. 应用数学, 27(4): 714–724.

吴刘仓, 王子豪, 詹金龙. 2016. 缺失数据下双重广义线性模型的经验似然推断. 应用数学, 29(2): 252–257.

吴刘仓, 张家茂, 李玲雪. 2015. 缺失偏 t 正态数据下线性回归模型的统计推断. 应用数学, 28(1): 16–25.

吴刘仓, 张家茂, 邱贻涛. 2013. 缺失偏态数据下线性回归模型的统计推断. 统计与信息论坛, 28(9): 22–26.

吴刘仓, 张忠占, 徐登可. 2012. 联合均值与方差模型的变量选择. 系统工程理论与实践, 32(8): 1754–1760.

吴刘仓. 2011. 联合均值与散度模型的变量选择. 北京工业大学博士后出站报告.

徐登可, 张忠占, 张松, 张蕾. 2012. 妊娠期高血压疾病危险因素的统计分析. 应用概率统计, 28(2): 134–142.

徐登可. 2013. 异方差模型的统计推断. 北京工业大学博士学位论文.

闫莉, 陈夏. 2013. 缺失数据下广义线性模型的经验似然推断. 统计与信息论坛, 28(2): 14–17.

杨宜平, 薛留根, 程维虎. 2010. 响应变量存在缺失时部分线性模型的经验似然推断. 高校应用数学学报, 25(1): 43–52.

杨宜平. 2011. 协变量随机缺失下线性模型的经验似然推断及其应用. 数理统计与管理, 30(4): 89–97.

赵培信, 薛留根. 2010. 响应变量随机缺失下的变系数部分线性模型的经验似然推断. 工程数学学报, 27(5): 15–24.

Aitkin M. 1987. Modelling variance heterogeneity in normal regression using GLIM. Journal of the Royal Statistical Society, Series C, 36: 332–339.

Akaike H. 1973. Information theory and an extension of the maximum likelihood principle//Petrov B N, Csaki F, ed. Proceedings of the Second International Symposium on Information Theory. Budapest: 267–281.

Antoniadis A. 1997. Wavelets in statistics: A review (with discussion). Journal of the Italian Statistical Association, 92: 97–144.

Arnold B C, Beaver R J. 2002. Skewed multivariate models related to hidden truncation and/or selective reporting (with discussion). Test, 11(1): 7–54.

Atkinson A C. 1982. Regression diagnostics, transformations and constructed variables (with discussion). Journal of the Royal Statistical Society, Series B, 44 (1): 1–36.

Azzalini A. 1985. A class of distributions which includes the normal ones. Scandinavian Journal of Statistics, 12: 171–178.

Azzalini A. 1986. Further results on a class of distributions which includes the normal ones. Statistica, 46: 199–208.

Azzalini A, Capitanio A. 1999. Statistical applications of the multivariate skew normal distribution. Journal of Royal Statistical Society, Series B, 3: 579–602.

Azzalini A, Capitanio A. 2003. Distributions generate by perturbation of symmetry with emphasis on a multivariate skew-t distribution. Journal of the Royal Statistical Society, Series B, 65: 367–389.

Azzalini A, Chiogna M. 2004. Some results on the stress-strength model for skew-normal variates. Metron, 3: 315–326.

Azzalini A, Valle A D. 1996. The multivariate skew-normal distribution. Biometrika, 83(4): 715–726.

Barroso L P, Cordeiro G M. 2005. Bartlett corrections in heteroskedastic t regression models. Statistics and Probability Letters, 75: 86–96.

Box G E P, Cox D R. 1964. An analysis of transformation (with discussion). Journal of the Royal Statistical Society, Series B, 26: 211–252.

Breiman L. 1995. Better subset regression using the nonnegative garrote. Technometrics, 37: 373–384.

Burnham K P, Anderson D R. 2002. Model Selection and Inference: A Practical Information-Theoretic Approach. 2nd ed. New York: Springer.

Cabral C R B, Bolfarine H, Pereira J R G. 2008. Bayesian density estimation using skew student-t-normal mixtures. Computational Statistics and Data Analysis, 52: 5075–5090.

Cancho V G, Lachos V H, Ortega E M. 2010. A nonlinear regression model with skew-normal errors. Statistical Papers, 51: 547–558.

Candes E, Tao T. 2007. The Dantzig selector: Statistical estimation when p is much larger than n (with discussion). The Annals of Statistics, 35: 2313–2351.

Carroll R J, Ruppert. 1988. Transforming and Weighting in Regression. London: Chapman and Hall.

Carroll R J. 1987. The effect of variance function estimation on prediction and calibration: An example//Berger J O, Gupta S S, ed. Statistical Decision Theory and Related Topics IV. vol. II. Heidelberg: Springer.

Cepeda E, Gamerman D. 2001. Bayesian modeling of variance heterogeneity in normal regression models. Brazilian Journal of Probability and Statistics, 14(1): 207–221.

Chatterjee S, Hadi A S. 2006. Regression Analysis by Example. 4th ed. New York: John Wiley and Sons.

Chen J W, Fan J, Li K H, Zhou H. 2006. Local quasi-likelihood estimation with data missing at random. Statistica Sinica, 16: 1071–1100.

Cho H, Ibrahim J G, Sinha D, et al. 2009. Bayesian case influence diagnostics for survival models. Biometrics, 65(1): 116–24.

Christensen R. 1987. Plane Answers to Complex Questions: The Theory of Linear Models. New York: Springer-Verlag.

Cook A D, Weisberg S. 1994. An Introduction to Regression Graphics. New York: John Wiley and Sons.

Cook R D. 1986. Assessment of local influence. Journal of the Royal Statistical Society, Series B, 48(2): 133–169.

Cook R D, Weisberg S. 1982. Residuals and Influence in Regression. New York: Chapman and Hall.

Cook R D, Weisberg S. 1983. Diagnostics for heteroscedasticity in regression. Biometrika, 70: 1–10.

Csiszár I. 1967. Information-type measures of difference of probability distributions and indirect observations. Studia Scientiarum Mathematicarum Hungarica, 2(2): 299–318.

Cui H J. 2004. On asymptotic of t-type regression estimation in multiple linear model. Science China Mathematics, 47: 628–639.

Cui H J. 2005. T-type regression and L_1, L_2 approaches. 12th CAAS: 5–10.

Davidian M, Carroll R J. 1987. Variance function estimation. Journal of the American Statistical Association, 82: 1079–1091.

Davidian M, Carroll R J. 1988. A note on extended quasi-likelihood. Journal of the Royal Statistical Society, Series B, 50: 74–82.

Dey D K, Galfand A E, Peng F. 1997. Overdispersed generalized linear models. Journal of Statistical Planning and Inference, 64: 93–107.

Dey D K, Birmiwal L R. 1994. Robust Bayesian analysis using divergence measures. Statistics and Probability Letters, 20(4): 287–294.

Efron B. 1986. Double exponential families and their use in generalized linear regression. Journal of the American Statistical Association, 81: 809–721.

Engel J, Huele A F. 1996. A generalized linear modeling approach to robust design. Technometrics, 38: 365–373.

Fan J Q, Li R Z. 2001. Variable selection via nonconcave penalized likelihood and its oracle properties. Journal of the American Statistical Association, 96: 1348–1360.

Fan J Q, Li R Z. 2006. Statistical Challenges with High Dimensionality: Feature Selection in Knowledge Discovery. Sanz-Sole M, Soria J, Varona J L, et al., ed. Proceedings of the International Congress of Mathematicians. Zurich: European Mathematical Society, vol. III: 595–622.

Fan J Q, Lv J C. 2010. A selective overview of variable selection in high dimensional feature space. Statistica Sinica, 20: 101–148.

Frank I E, Friedman J H. 1993. A statistical view of some chemometrics regression tools. Technometrics, 35: 109–148.

Fu W J. 1998. Penalized regression: The bridge versus the Lasso. Journal of Computational and Graphical Statistics, 7: 397–416.

Galfand A E, Dalal S R. 1990. A note on overdispersed exponential families. Biometrika, 77: 55–64.

Geisser S. 1993. Predictive Inference: An Introduction. London: Chapman and Hall.

Gelfand A E, Dey D K. 1994. Bayesian model choice: Asymptotics and exact calculations. Journal of the Royal Statistical Society, Series B, 56(3): 501–514.

Gelfand A E, Dey D K, Chang H. 1992. Model Determination Using Predictive Distributions with Implementation via Sampling-Based Methods//Bernardao J M et al., ed. Bayesian Statistics 4. Oxford: Oxford University Press: 147–167.

Gelman A, Roberts G O, Gilks W R. 1995. Efficient metropolis jumping rules. Bayesian Statistics, 599–607.

Gijbels I, Prosdocimi I, Claeskens G. 2010. Nonparametric estimation of mean and dispersion functions in extended generalized linear models. Test, 19(3): 580–608.

Gómez H W, Venegas O, Bolfarine H. 2007. Skew-symmetric distributions generated by the distribution function of the normal distribution. Environmetrics, 18: 395–407.

Gupta A K, Chen T. 2001. Goodness of fit tests for the skew-normal distribution. Communication in Statistics–Computation and Simulation, 30: 907–930.

Gupta R C, Gupta R D. 2004. Generalized skew normal model. Test, 12(2): 501–524.

Gupta R D, Gupta R C. 2008. Analyzing skewed data by power normal model. Test, 17(1): 197–210.

Harvey A C. 1976. Estimating regression models with multiplicative heteroscedasticity. Econometrica, 44: 460–465.

Haughton D. 1988. On the choice of a model to fit data from an exponential family. The Annals of Statistics, 16: 342–355.

He X M, Cui H J, Simpson D G. 2004. Longitudinal data analysis using t-type regression. Journal of Statistical Planning and Inference, 122: 253–269.

He X M, Simpson D G, Wang G Y. 2000. Breakdown points of t-type regression estimators. Biome-trika, 87: 675–687.

Ho H J, Pyne S, Lin T I. 2012. Maximum likelihood inference for mixtures of skew Student-i-normal distributions through practical EM-type algorithms. Statistics and Computing, 22: 287–299.

Hu T, Cui H J. 2009. t-type regression estimators for a class linear errors-in-variables models. Statistica Sinica, 19: 1013–1036.

Ibrahim J G, Zhu H T, Tang N S. 2011. Rejoinder: Bayesian local influence for survival models. Lifetime Data Analysis, 17(1): 43–70.

Jeffrey M W. 2007. Inverse probability weighted estimation for general missing data problems. Journal of Econometrics, 141: 1281–1301.

Johnson W, Geisser S. 1983. A predictive view of the detection and characterization of influential observations in regression analysis. Journal of the American Statistical Association, 78(381): 137–144.

Johnson W, Geisser S. 1985. Estimative influence measures for the multivariate general linear model. Journal of Statistical Planning and Inference, 11(1): 33–56.

Kolaczyk E D. 1994. Empirical likelihood for generalized linear models. Statistica Sinica, 4: 199–218.

Konishi S, Kitagawa G. 1996. Generalised information criteria in model selection. Biometrika, 83: 875–890.

Lange K L, Little R J A, Taylor J M G. 1989. Robust statistical modelling using the t distribution. Journal of American Statistical Association, 84: 881–896.

Lee S Y, Zhu H T. 2000. Statistical analysis of nonlinear structural equation models with continuous and polytomous data. British Journal of Mathematical and Statistical Psychology, 53: 209-232.

Lee Y, Nelder J A. 1996. Hierarchical generalized linear models (with Discussion). Journal of the Royal Statistical Society, Series B, 58(4): 619–678.

Lee Y, Nelder J A. 1998. Generalized linear models for the analysis of quality improvement experiments. Canadian Journal of Statistics, 26(1): 95–105.

Lee Y, Nelder J A. 2000. The relationship between double-exponential families and extended quasi-likelihood families, with application to modelling Geissler's human sex ratio data. Applied Statistics, 49: 413–419.

Lee Y, Nelder J A. 2006. Double hierarchical generalized linear models. Applied Statistics, 55(2): 139–185.

Lee Y, Nelder J A, Pawitan Y. 2006. Generalized Linear Models with Random Effects: Unified Analysis via H-likelihood. London: Chapman and Hall/CRC.

Li H Q, Wu L C, Ma T. 2017. Variable selection in joint location, scale and skewness models based on the skew-normal distribution. Journal of Systems Science and Complexity,

30: 694–709.

Li R Z, Liang H. 2008. Variable selection in semiparametric regression modeling. The Annals of Statistics, 36: 261–286.

Lin J G, Wei B C, Zhang N S. 2004. Varying dispersion diagnostics for inverse Gaussian regression models. Journal of Applied Statistics, 31: 1157–1170.

Lin J G, Xie F C, Wei B C. 2009. Statistical diagnostics for skew-t-Normal nonlinear models. Communications in Statistics–Simulation and Computation, 38: 10, 2096–2110.

Lin J G, Zhu L X, Xie F C. 2009. Heteroscedasticity diagnostics for t linear regression models. Metrika, 70: 59–77.

Linde A V D. 2007. Local influence on posterior distributions under multiplicative modes of perturbation. Bayesian Analysis, 2(2): 319–332.

Little R J A, Rubin D B. 2002. Statistical Analysis with Missing Data. Hoboken: Wiley-Interscience.

Little R J A, Rubin D B. 2004. 缺失数据统计分析. 孙山泽译. 北京：中国统计出版社.

Lucas A. 1997. Robustness of the Student t based M-estimator. Communications in Statistics: Theory and Methods, 26: 1165–1182.

Mallows C L. 1973. Some comments on C_p. Technometrics, 15: 661–675.

McCulloch R E. 1989. Local model influence. Journal of the American Statistical Association, 84(406): 473–478.

McLachlan G J, Krishnan T. 2008. The EM Algorithm and Extensions. New York: John Wiley and Sons.

McQuarrie A, Shumway R, Tsai C L. 1997. The model selection criterion AICu. Statistics and Probability Letters, 34: 285–292.

Mickey M R, Dunn O J, Clark V. 1967. Note on the use of stepwise regression in detecting outliers. Computers and Biomedical Research, 1(2): 105–111.

Nelder J A, Lee Y. 1991. Generalized linear models for the analysis of Taguchi-type experiments. Applied Stochastic Models and Data Analysis, 7: 107–120.

Nelder J A, Lee Y. 1992. Likelihood, quasi-likelihood and pseudo-likelihood: some comparisons. Journal of the Royal Statistical Society, Series B, 54: 273–284.

Nelder J A, Pregibon D. 1987. An extended quasi-likelihood function. Biometrika, 74(2): 221–232.

Nelder J A, Wedderburn R W M. 1972. Generalized linear models. Journal of the Royal Statistical Society, Series A, 135(3): 370–384.

Nishii R. 1984. Asymptotic properties of criteria for selection of variables in multiple regression. The Annals of Statistics, 12: 758–765.

Owen A. 1988. Empirical likelihood ratio confidence intervals. Biometrika, 75: 237–249.

Owen A. 1991. Empirical likelihood for linear models. The Annals of Statistics, 19(4):

1725–1747.

Park R E. 1966. Estimation with heteroscedastic error terms. Econometrica, 34: 888.

Paula G A. 2013. On diagnostics in double generalized linear models. Computational Statistics and Data Analysis, 68: 44–51.

Peng F, Dey D K. 1995. Bayesian analysis of outlier problems using divergence measures. Canadian Journal of Statistics, 23(2): 199–213.

Pregibon D. 1984. Review of generalized linear models. The Annals of Statistics, 12: 1589–1596.

Qin J, Lawless J. 1993. Estimation likelihood in biased sample problems. The Annals of Statistics, 21(3): 1182–1196.

Qin J, Zhang B. 2007. Empirical likelihood based inference in missing response problems and its application in observational studies. Journal of the Royal Statistical Society, Series B, 69: 101–122.

Rao C R, Toutenburg H. 1995. Linear Model: Least Squares and Alternatives. New York: Springer-Verlag.

Rao C R, Wu Y. 2001. On Model Selection//Lahiri P, ed. ISM Lecture Notes- Monograph Series. Ohio: Beachwood, 38: 1–57.

Ratkowsky D A. 1993. Nonlinear Regression in Modeling: A Unified Practical Approach. New York: Marcal Dekker.

Ryan T A, Joiner B L, Ryan B E F. 1976. Minitab Student Handbook. North Scituate: Duxbury.

Schwarz G. 1978. Estimating the dimension of a model. The Annals of Statistics, 6: 461–464.

Searle S R. 1971. Linear Models. New York: John Wiley and Sons.

Shen X T, Huang H C. 2006. Optimal model assessment, selection, and combination. Journal of the American Statistical Association, 101: 554–568.

Shibata R. 1980. Asymptotically efficient selection of the order of the model for estimating parameters of a linear process. The Annals of Statistics, 8: 147–164.

Shibata R. 1981. An optimal selection of regression variables. Biometrika, 68: 45–54.

Smyth G K. 1989. Generalized linear models with varying dispersion. Journal of the Royal Statistical Society, Series B, 51: 47–60.

Smyth G K. 2002. An efficient algorithm for REML in heteroscedastic regression. Journal of Graphical and Computational Statistics, 11: 836–847.

Smyth G K, Huele A F, Verbyla A P. 2001. Exact and approximate REML for heteroscedastic regression. Statistical Modelling, 1: 161–175.

Smyth G K, Verbyla A P. 1999. Adjusted likelihood methods for modelling dispersion in generalized linear models. Environmetrics, 10: 696–709.

Smyth G K, Verbyla A P. 2009. Leverage adjustments for dispersion modeling in generalized nonlinear models. Australian and New Zealand Journal of Statistics, 51(4): 433–448.

Stone M. 1979. Comments on model selection criteria of Akaike and Schwarz. Journal of the Royal Statistical Society, Series B, 41: 276–278.

Takeuchi K. 1976. Distribution of Information Statistics and a Criterion of Model Fitting. Suri-Kagaku (Mathematical Sciences), 153: 12–18 (in Japanese).

Taylor J T, Verbyla A P. 2004. Joint modelling of location and scale parameters of the t distribution. Statistical Modelling, 4: 91–112.

Tibshirani R. 1996. Regression shrinkage and selection via the lasso. Journal of the Royal Statistical Society, Series B, 58: 267–288.

Vallea A R B, Ozanb S, Bolfarineb H, Lachosb V H. 2005. Skew normal measurement error models. Journal of Multivariate Analysis, 96: 265–281.

Verbyla A P. 1993. Variance heterogeneity: residual maximum likelihood and diagnostics. Journal of the Royal Statistical Society, Series B, 52: 493–508.

Wang D R, Zhang Z Z. 2009. Variable selection in joint generalized linear models. Chinese Journal of Applied Probability and Statistics, 25: 245–256.

Wang H S, Li R Z, Tsai C L. 2007. Tuning parameter selectors for the smoothly clipped absolute deviation method. Biometrika, 94: 553–568.

Wang Q H, Jing B Y. 1999. Empirical likelihood for partial linear model with fixed designs. Statistics and Probability Letters, 41: 425–433.

Wang Q H, Rao J N K. 2001. Empirical likelihood for linear regression models under imputation for missing responses. Canadian Journal of Statistics, 29(4): 597–608.

Wang Q H, Rao J N K. 2002. Empirical likelihood-based inference under imputation for missing response data. The Annals of Statistics, 30: 896–924.

Wang Q H, Rao J N K. 2002. Empirical likelihood-based inference in linear models with missing data. Scandinavian Journal of Statistics, 29(3): 563–576.

Wang S G, Chow, S C. 1994. Advanced Linear Model. New York: Marcel Dekker Inc.

Wedderburn R W M. 1974. Quasi-likelihood functions, generalized linear models and the Gauss-Newton method. Biometrika, 61: 439–447.

Weisberg S. 1985. Applied Linear Regression. New York: John Wiley and Sons.

Weiss R E, Cho M. 1998. Bayesian marginal influence assessment. Journal of Statistical Planning and Inference, 71: 163–177.

Weiss R E, Cook R D. 1992. A graphical case statistic for assessing posterior influence. Biometrika, 79(1): 51–55.

Wu L C. 2014. Variable selection in joint location and scale models of the skew-t-normal distribution. Communications in Statistics–Simulation and Computation, 43(3): 615–630.

Wu L C, Li H Q. 2012. Variable selection for joint mean and dispersion models of the inverse Gaussian distribution. Metrika, 75(6): 795–808.

Wu L C, Tian G L, Zhang Y Q, Ma T. 2017. Variable selection in joint location, scale and skewness models with a skew-t-normal distribution. Statistics and Its Interface, 10(2): 217–277.

Wu L C, Zhang Z Z, Tian G L, Xu D K. 2016. A robust variable selection to t-type joint generalized linear models via penalized t-type pseudo-likelihood. Communications in Statistics–Simulation and Computation, 45(7): 2320–2337.

Wu L C, Zhang Z Z, Xu D K. 2012a. Variable selection for joint mean and dispersion models of the Lognormal distribution. Hacettepe Journal of Mathematics and Statistics, 41(2): 307–320.

Wu L C, Zhang Z Z, Xu D K. 2012b. Variable selection in joint mean and variance models of Box-Cox transformation. Journal of Applied Statistics, 39(12): 2543–2555.

Wu L C, Zhang Z Z, Xu D K. 2013. Variable selection in joint location and scale models of the skew-normal distribution. Journal of Statistical Computation and Simulation, 83(7): 1266–1278.

Xie F C, Lin J G, Wei B C. 2009a. Diagnostics for skew-normal nonlinear regression models with AR(1) errors. Computational Statistics and Data Analysis, 53(12): 4403–4416.

Xie F C, Wei B C, Lin J G. 2009b. Homogeneity diagnostics for skew-normal nonlinear regression models. Statistics and Probability Letters, 79: 821–827.

Xu D K, Zhang Z Z. 2013. A semiparametric Bayesian approach to joint mean and variance models. Statistics and Probability Letters, 83: 1624–1631.

Xu D K, Zhang Z Z, Wu L C. 2014. Variable selection in high-dimensional double generalized linear models. Statistical Papers, 55: 327–347.

Xue D, Xue L G, Cheng W H. 2011. Empirical likelihood for generalized linear models with missing responses. Journal of Statistical Planning and Inference, 141: 2007–2020.

Yang Y H. 2005. Can the strengths of AIC and BIC be shared? A conflict between model indentification and regression estimation. Biometrika, 92: 937–950.

You J H, Zhou Y. 2006. Empirical likelihood for semiparametric varying-coefficient partially linear regression models. Statistics and Probability Letters, 76(4): 412–422.

Zhang Z Z, Wang D R. 2011. Simultaneous variable selection for heteroscedastic regression models. Science China Mathematics, 54: 515–530.

Zhao P X, Xue L G. 2010. Variable selection for semiparametric varying coefficient partially linear errors-in-variables models. Journal of Multivariate Analysis, 101: 1872–1883.

Zou H. 2006. The adaptive Lasso and its oracle properties. Journal of the American Statistical Association, 101: 1418–1429.

Zhu H T, Ibrahim J G, Cho H, et al. 2012. Bayesian case influence measures for statistical models with missing data. Journal of Computational and Graphical Statistics, 21(1): 253–271.

Zhu H T, Ibrahim J G, Tang N S. 2011. Bayesian influence analysis: A geometric approach.

Biometrika, 98(2): 307–323.

Zou H, Hastie T. 2005. Regularization and variable selection via the elastic net. Journal of the Royal Statistical Society, Series B, 67: 301–320.

索　引